音声DL付き

英語を聞きとる力が加速する！
段階学習メソッド

3速リスニング

長尾和夫 + トーマス・マーティン

DHC

はじめに

　読者のみなさんは、英語のリスニングでどのような困難を感じているでしょうか? もちろん年齢や学習中の英語のレベルの違いによって、聞き取れるときと聞き取れないときがあることでしょう。例えば、中学生が英語のニュースを聞いたとき、いかにそれがゆっくり読まれていたとしても、ほとんど理解することはできないかもしれません。それはなぜか? その点を考えるところから本書『3速リスニング』の企画はスタートしました。

　まず、中学生の**ボキャブラリーが不足していること**が最初の大きな難関となります。ニュースのボキャブラリーを知らない、意味がわからない。この場合、いかにやさしい文法や文型で書かれていても内容を理解することは困難でしょう。第一に、**知らない語句が多すぎると、英語は聞き取れない**のです。

　もし同じ人がたまたまその分野の話が大好きで、単語の意味やその分野の現状などをよく知っていたとしましょう。しかしそれだけで同じ内容のニュースが聞き取れるかどうかはわかりません。なぜならその人が**英単語のアクセントや発音について知らなければ、これまた聞き取りに困難を生じてしまう**からです。単語は意味だけでなく、発音やアクセントもセットで身につけていなければ意味をなさないのです。

　では、アクセントや発音までしっかりと覚えていれば、その分野の英文は聞き取れるでしょうか? いえ、その場合でも中学生の**知っている文型や文法レベルを超えた表現法が採用されているとしたら**どうでしょう? この場合には、なんとなく話の大筋はわかるかもしれませんが、相手が伝えようとしていることをほんとうにしっかりと把握することはできないでしょう。

　このように、話されている英語を聞き取り理解するためには、大まかに3つの段階 ── **❶ ボキャブラリーの知識、❷ 発音やアクセントの知識、❸ 文法や構文などの知識** ──をクリアしなければならないわけです。『3速リスニング』の学習法は、この考えに基づいて導き出されました。

　まずは初級レベルの内容、スピード、ボキャブラリー、文法や構文を使った英語を聞き取ること。次に中級レベルで同じ学習を行うこと。最後に上級レベルの学習を同様に行うこと。このように段階的に学習を進めることで、学習

者は初級から上級英語の聞き取りへ自然と導かれてゆきます。上級へ向かうにつれ、語いは徐々に難しくなり、使われている文法や構文は次第に複雑になります。さらに徐々に長くなる英文を読むスピードも、スロースピードから、ミドル、さらにハイスピードへと次第に高速化し、音声変化の度合いも大きくなっていきます。

　本書では、3つのレベルでの学習というステップを一歩一歩踏むことで、学習者のみなさんの聞き取り能力を、無理なく徐々に引き上げていきます。本書での学習の中で、新しいボキャブラリーを少しずつ習得し、その発音やアクセント、音声の変化に慣れ、さらには実力を少し超えた難しい文法知識も身につけていくことが可能です。「無理なく少しずつ、コツコツと着実に」が本書の最大のスローガンと言ってもいいでしょう。

　本書の詳しい学習法などはあとに譲りますが、述べてきたとおり、本書はどのレベルの学習者にとっても有益なものです。初級の学習者、中級の学習者、上級の学習者、どのレベルの方にも、必ずや学び取れることがあります。とにかく自分のリスニング力を少しでも底上げしたいと考えているみなさんにとって、とても頼もしい相棒となってくれるに違いありません。

　ぜひとも本書での学習を最後までやりきり、これまで聞こえなかった高速スピードのネイティヴ英語が聞き取れる耳作りを行っていただきたいと思います。本書がみなさんの英語力の総合的な向上の一助となってくれたとしたら、著者としてこれに勝るよろこびはありません。

　最後になりますが、本書の出版企画に携わっていただいたDHCのスタッフのみなさん、特に編集部の柿下智子氏にお礼を申し上げたいと思います。また、企画から、編集実務、また原稿の修正などでは、外部編集者の本多真佑子氏にもお世話になりました。この場をお借りしてお礼を申し上げておきたいと思います。

2021年9月3日
A+Café代表　長　尾　和　夫

＊本書の一部の記事は実際の出来事をベースに書き起こしたものですが、日付・場所・数値・名称等の詳細は実際の出来事とは異なっている場合があります。その他の多くの記事はフィクションであり、登場する人物・団体・名称等は実在のものとは関係がありません。

CONTENTS

はじめに ——— 2
3速リスニングって？ ——— 6
本書の音声変化に関する用語 ——— 7
本書の使い方＋効果的な学習方法 ——— 8
音声ダウンロードの手順 ——— 11

3速リスニング50ユニット×LEVEL-1→LEVEL-3＝150本トレーニング

Unit 1	Warehouse Fire	14
Unit 2	Forger Caught	18
Unit 3	Matsuyama Wins	22
Unit 4	Hurricane Hits	26
Unit 5	Wall Street Report	30
Unit 6	Monkey Business	34
Unit 7	Refugee Disaster	38
Unit 8	Paint Patent	42
Unit 9	Cutting the Cord	46
Unit 10	Craft Beer	50
Unit 11	Boa Bounty	54
Unit 12	Weather Forecast	58
Unit 13	Supersonic Flight	62
Unit 14	Shipping Mishaps	66
Unit 15	Grass Banned	70
Unit 16	Starlink Success	74
Unit 17	Cruising to Space	78
Unit 18	Forest Fire	82
Unit 19	Volcano Erupts	86
Unit 20	Fashion Trends	90
Unit 21	Out of Juice	94

Unit 22	Manhunt Underway	98
Unit 23	TV Analyst Fired	102
Unit 24	Angels Come Back	106
Unit 25	New Dinosaur	110
Unit 26	Morning Traffic	114
Unit 27	Happy Thanksgiving	118
Unit 28	Boston Mayor Out	122
Unit 29	USMNT Loses	126
Unit 30	Tuna Price Tag	130
Unit 31	Bear Attack	134
Unit 32	Fatal Crash	138
Unit 33	New Hit Movie	142
Unit 34	Bullying Awareness	146
Unit 35	New Eatery in LV	150
Unit 36	G7 Leaders Meet	154
Unit 37	Drug Approval	158
Unit 38	Climate Report	162
Unit 39	Black Friday	166
Unit 40	Nobel Winner Dies	170
Unit 41	Winter Storm Hits	174
Unit 42	London Protests	178
Unit 43	New Trade Deal	182
Unit 44	New Casino Resort	186
Unit 45	Camping Boom	190
Unit 46	Hollywood Divorce	194
Unit 47	Flight Diverted	198
Unit 48	Meat Alternatives	202
Unit 49	No Gators Allowed	206
Unit 50	Message in a Bottle	210

ニュース・ボキャブラリー・リスト 214

3速リスニングって？

「3速リスニング」は、英語のリスニング力がみるみるうちに加速する、段階学習メソッドです。**ひとつの同一のテーマで3つのレベルに分けて作成された記事を聞き取り、3段階の解説を読むこと**で、リスニング力を段階的にアップさせます。記事と解説について、もう少し具体的にお話ししましょう。

● 英文記事と音声について

ひとつのテーマ（ユニット）の中には、3つのレベルに分かれた3つの記事とその音声が収録されています。各レベルの目安は次のとおりです。

	Word数	難易度	音声Speed
LEVEL-1	約40語	中学レベル	ゆっくり
LEVEL-2	約60語	高校〜大学受験レベル	少し速い
LEVEL-3	約100語	ビジネスレベル	ネイティヴ・ニュース・スピード

上の表からもわかるように、3つのレベルに分けているのは、難易度だけではありません。**英文の長さ（Word数）、難易度、音声スピードのいずれの視点からもレベルを細かく設定し、3段階のレベルの英文記事を用意しました。**

同じ英文記事を使って、音声だけをスピード別に収録したコンテンツ・学習方法はよく見かけますが、それはやや不自然に感じられます。記事や内容によって適切なスピードがあると考えるからです。**話す相手、場面、内容などによって、使う単語や表現の難易度が変化したり、話すスピードがさまざまであったりするのは、日本語でも同じことです。**例えば、子どもに話しかけるときは、かんたんな単語・表現で短く、ゆっくり伝えようとする人が多いはずです。しかし、大人になるにつれて、さらに難しい単語・表現を使って、もう少し長い内容を、速いスピードで伝えることもできるようになります。

このように、**私たちは難易度、文章の長さ、スピードなどを徐々に、段階的にレベルアップしながら言語を習得しています。**それが外国語である英語になったとしても、同じことが当てはまると考えています。最初から難しい英文をネイティヴのナチュラル・スピード（日本人にとっては高速スピード）で聞き取ろうとしても難しいのは当然のことです。

本書では、私たちが言語を習得する過程で自然と身につけている「段階学習」を3つのレベルに分けることで再現しました。

● 解説について

各レベルの英文記事のあとに　**聞き取りの3段チェックリスト**　が載っています。①単語力、②発音・アクセント力、③文法・構文力の3段理解ができてこそ、英文が聞き取れるようになるのです。

☞ 詳しい使い方は、p.8を参照してください！

本書の音声変化に関する用語

本書の各ユニットの 聞き取りの3段チェックリスト の②では、聞き取りにくい単語やフレーズの発音やアクセントについて解説を施しています。解説の中に出てくる音声変化に関する用語をここで簡潔にまとめておきますので、学習時の参考にしてください。

❶ 脱落

「脱落」とは英単語の一部の音が消失することで、エリジオンとも呼ばれます。「脱落」は、t, p, k, d, b, gなどの破裂音が連続する場合によく起こります。例えば、estimated toではestimatedの［d］音の次にtoの［t］音が続くため、estimatedの［d］音が脱落し［エスティメイディッ_トゥ］のように聞こえます。本書では脱落を［_］の記号で示してあります。estimated toなら［estəmeiɾi_tu］という表記になります。

❷ 連結

「連結」とは英語の前の単語と後ろの単語がつながって1語のように発話されることで、リエゾンとも呼ばれます。「連結」は、子音で終わる単語と母音で始まる単語が並ぶ場面でよく起こります。例えば、in itでは［n］+［i］の音が連なって［イニット］という発音がなされます。本書では連結した2語は1語のように発音記号を連ねて示しています。in itでは［init］という表記になります。

❸ 弾音化

「弾音化」とはおもに破裂音［t］のあとに母音が連なっている場面でよく起こります。例えば、get awayというフレーズでは［t］+［ə］の音が連結しますが、そのとき［ゲタウェイ］という発音が［ゲダウェイ］や［ゲラウェイ］という音に変化します。舌が硬口蓋を弾いてこのような音を出すため、フラッピングとも呼ばれています。本書では弾音を［ɾ］の発音記号で示してあります。get awayは［geɾəwei］という表記がなされます。

❹ 声門閉鎖音化

「声門閉鎖音化」とはcurtainのような単語で［tn］の音の連続がある場合によく起こります。［t］の音が変化して［クートゥン］ではなく［クーンン］のように聞こえる音声変化です。喉の声門が咳払いをする直前のような状態で閉じられているため、「声門閉鎖音化」と呼ばれます。本書では「声門閉鎖音」を［ˀ］の記号で示しています。curtainでは［kːrˀn］という表記になっています。

❺ 同化

「同化」はふたつの音が混じり合って、もとの音とは別の音に変わってしまう変化です。例えば、meet youでは［t］+［j］の音が混じり合って同化し［ミーチュウ］と聞こえます。本書では音声が変化した状態を発音記号で表し、meet youの場合には［miːtʃu］のように表記しています。

本書の使い方＋効果的な学習方法

本書の使い方

A ─ レベル表示です。各ユニット内に1〜3までのレベルの記事と音声が収録されています。

B ─ **音声トラック番号と、再生回数の目安**です。
再生回数の目安とは、何回まで繰り返し音声を聞いてから、解説を読んで答え合わせをすればよいかという目安です。LEVEL-1では3回、LEVEL-2では5回、LEVEL-3では8回を目安としています。得意なテーマは数回聞いただけでも聞き取りやすく、苦手なテーマは再生回数の目安にある回数を聞いても聞き取りにくいはずです。

C ─ Bで収録されている**音声の英文スクリプトと訳**です。英文内の記号は、次のとおりに分類されています。

○ **緑色の太字になっている単語や表現**（例：evacuated）

　聞き取りの3段チェックリスト　②にある、**単語の発音・アクセントを確認する**チェックリストに登場する単語です。

○ **緑で下線が引かれ、太字になっている表現や文**（例：unknown）

　聞き取りの3段チェックリスト　③にある、**文や表現の意味が理解できたか**（文法や語法、文の構造を理解できたか）を確認するチェックリストに登場する表現や文です。そのうち、**特に前のレベルにはなかったり、新たに追加されたりした表現**に、この緑下線が引かれています。

○ **緑でハイライトが引かれ、太字になっている表現や文**（例：broke out）

　聞き取りの3段チェックリスト　③にある、**文や表現の意味が理解できたか**（文

法や語法、文の構造を理解できたか）を確認するチェックリストに登場する表現や文です。そのうち、**特に前のレベルからレベルアップした表現**に、緑ハイライトが引かれています。これらの下線やハイライトによって、文法や語法、文の構造をどこまで理解できているかをチェックしながら、前のレベルとの表現の比較もできるようになっています。

D 聞き取りの3段チェックリスト です。

聞き取りに必要な3つの力を3段階に分けて、チェックリスト・解説を掲載しています。

① 単語力のチェック

そもそも、その単語とその意味を知らなかったために聞き取れなかった、というのは**リスニングができない最大の原因のひとつ**。
各記事で出てくる単語で頻出の単語、覚えておきたい単語を取り上げています。

② 発音・アクセント力のチェック

単語のスペルを見れば意味はわかったのに、発音やアクセントを正しく理解していなかったために、音声になると聞き取れなかった、というのもよくあるリスニングで失敗する原因のひとつ。もちろん、その単語の意味も知らず、発音・アクセントも知らなかった、ということもあります。特にカタカナとしても使われている単語や固有名詞はアクセントが日本語と違うために、聞き取れないこともしばしば。
また、**単語そのものではなく、音声変化を知らなかった・慣れていなかったためにいくつかの単語のかたまりがまるごと聞き取れていないことも**あります（→「本書の音声変化に関する用語」p. 7 参照）。本書に登場する例に触れ、音声変化にも慣れていきましょう！

③ 文の意味の理解（文法、語法、文の構造の理解）のチェック

意外かもしれませんが、①の単語力、②の発音・アクセント力がつくと聞き取れそうな気がするのに、それでもまだ聞き取れないことがあります。それは、文法・語法・文の構造の理解が追いついてない場合です。
特に、本書のLEVEL-2やLEVEL-3のように1文が長くなればなるほど、単語単位での意味や音を理解しているだけでは、文全体の意味を理解するのは難しくなります。逆に言えば、イディオムや文の構造、文法がわかっていると、聞き取りにくかった部分の推測が可能になり、その推測力が鍛えられると「音を追う」だけのリスニングではなく、「必要な部分を取捨選択して聞き取る」リスニングに変わるはずです。日本語でも1語1句、音を聞き取って理解しているわけでなく、必要な部分を取捨選択して聞き取れているのは、自然と文の構造を見抜く力や文法力が備わっているからなのです。

● Tidbits / 関連語句

Tidbits
アメリカは日本と異なり、緊急通報の電話番号は911 (nine-one-one) のひとつしかない。この番号にかければ、警察、消防、救急 (paramedic) につながる。Call 911 (911に電話して!) と言うと、「緊急事態なので通報してくれ」と、周囲の人に助けを求める言い方になる。アメリカでは毎年、2億4千万件以上の通報がなされている。

関連語句
- bear market/bull market「弱気市場／強気市場」
- portfolio「ポートフォリオ」▶ 投資家が保有している現金、預金、貴金属、株式、債券、不動産などの金融商品の組み合わせ。
- IPO「新規上場株式」▶ Initial Public Offering の略。株を投資家に売り出して、証券取引所に上場すること。

各ユニットの記事の理解をさらに深めるためのTidbits、関連語句も掲載しています。

● 巻末：ニュース・ボキャブラリー・リスト

本書の50ユニットをすべて終えてから、単語力を確認するために使ってもよいし、本書の各ユニットに入る前に、このリストでひととおりの単語力を身につけてから使ってもよいでしょう。

■ 効果的な学習方法

まずは、LEVEL-1から順にレベルを上げて進めていくことをお勧めします。Unit 1から順に進めても、気になるテーマのユニットから順に進めても問題ありません。LEVEL-1を聞いて、聞き取りの3段チェックリストの解説がすべて理解できた（つまり、☑がついた）ら、次はLEVEL-2に進みます。LEVEL-1と同じ要領でLEVEL-2の聞き取りの3段チェックリストにすべて☑がついたら、LEVEL-3に進みます。これが、どの読者の方にも、まずは最初に進めていただきたい学習順序です。

いくつかのユニットを進めてみて、LEVEL-1がかんたんだと感じる方は、LEVEL-2から始めてみましょう。LEVEL-2からがちょうどよい（すべて理解できるわけではないがおおかた理解でき、いくつか理解できないところもある程度）と感じる方は、すべてのユニットでLEVEL-2から始めて、LEVEL-3に進んでください。もちろん、LEVEL-2もかんたんだと感じる方は、LEVEL-3から始めてもよいでしょう。

LEVEL-2から始めてみたものの、ユニットによって聞きとりの差があると感じた方は、LEVEL-1の英文スクリプトと訳を読んで解説を見ながら理解が正しいか確認したあとに（この場合、音声は聞かなくてもよい）、LEVEL-2の音声の聞きとりを進めるとよいでしょう。LEVEL-1の英文と解説を読むことで、そのユニットにおける基礎知識や概要を理解した上でLEVEL-2の音声を聞くことになり、理解しやすくなるはずです。

UNIT●
LEVEL-1→
LEVEL-2→LEVEL-3
▼
UNIT○
LEVEL-1→
LEVEL-2→LEVEL-3
▼
（繰り返し）

UNIT●
LEVEL-2→LEVEL-3
▼
UNIT○
LEVEL-2→LEVEL-3
▼
（繰り返し）

UNIT●
LEVEL-1のスクリプト・解説を読む→LEVEL-2→LEVEL-3
▼
UNIT○
LEVEL-1のスクリプト・解説を読む→LEVEL-2→LEVEL-3
▼
（繰り返し）

音声ダウンロードの手順

本書をお買い上げの方は、音声サービス特典をご利用いただけます。以下の手順でDHC語学アプリからお聴きいただくか、弊社ウェブサイトからもダウンロードしてお聴きいただけます。

※ダウンロードファイルはZIPされているため、ZIP解凍ソフトをあらかじめご用意ください。パソコンにはすでに装備されていることが多いですが、スマートフォンやタブレットの場合は装備されていないことが多いので、ご注意ください。

DHC音声アプリをダウンロードする場合

DHC語学系通信講座の補助アプリです。

① インストール

iOS版
Apple AppStore から無料でダウンロードしていただけます。ご利用の端末で下のリンクをクリックするか、「DHC語学」でストアを検索してください。[対応環境：iOS 9.0 以上]

Android版
Google Play ストアから無料でダウンロードしていただけます。ご利用の端末で下のリンクをクリックするか、「DHC語学」でストアを検索してください。[対応環境：Android 5.0 以上]

② セットアップ

アプリを起動すると、ログイン画面が表示されます。受講生番号に【0000】、パスワードに【book】と入力し、【ログイン】ボタンを押してください。ログインすると講座・書籍の一覧が表示されます。

③ アプリの利用

音声データのダウンロード
該当の書籍名の行をタップするとダウンロードが始まります。

音声データの再生
ダウンロードの終了後、同じ行を再度タップすると音声再生の画面に移ります。
ログインおよびダウンロード時はネットワーク接続が必要です。容量が大きいためWi-Fi接続をご利用ください。なお、通信料金はお客様のご負担になります。

アプリではなくウェブサイトからダウンロードする場合

① インターネットで専用ウェブサイトにアクセス

音声ダウンロード専用サイト
https://top.dhc.co.jp/shop/book/3soku/

② ダウンロード開始（MP3ファイル）

3速リスニング50ユニット
×LEVEL-1→LEVEL-3
＝150本トレーニング

LEVEL-1→LEVEL-2→LEVEL-3
段階的にレベルアップしながら、
聞く力も徐々にアップさせよう！

50 Units Included

CRIME & ACCIDENTS
ENTERTAINMENT
FINANCE
LIFESTYLE
NATURE & ENVIRONMENT
OBITUARY
POLITICS
SCIENCE & TECHNOLOGY
SOCIETY
SPORTS
TRAFFIC
TRAVEL
WEATHER & NATURAL DISASTERS
など、さまざまなテーマの150本の英文記事を収載!

UNIT 1　Warehouse Fire

各レベルの音声がある程度聞き取れたら、 スクリプトと訳 を見て答え合わせをしよう。その下にある 聞き取りの3段チェックリスト の□にすべて✓がつくまで、繰り返し音声を聞いて、解説を読もう。□が埋まったら、次のレベルに進もう。

LEVEL-1 ★☆☆

音声DL-001 ／ 再生回数の目安 **3**回

スクリプトと訳

There was a fire early this morning. The fire happened at a large warehouse. People nearby were **evacuated**. The warehouse was empty. The fire **lasted** almost four hours. Nobody was **injured**. The cause of the fire is **unknown**.

今朝早くに火災が発生しました。火災は大規模な倉庫で起こりました。近隣の人々は避難させられました。倉庫は空でした。火災は4時間近く続きました。ケガをした人はいませんでした。火災の原因は不明です。

聞き取りの3段チェックリスト

1 聞き取れて、かつ意味も正しく理解できた単語や表現にチェックしよう。

- □ warehouse「倉庫」
- □ evacuate「避難させる」
- □ last「続く；継続する」
- □ unknown「不明の；未確認の」

2 聞き取れて、かつ発音やアクセントも正しく理解できた単語や表現にチェックしよう。

- □ **evacuated** [əvǽkjuèitid] ▶ 最初のeの音が曖昧なア［ə］になり、聞こえづらい。
- □ **injured** [índʒərd] ▶ 第2音節ではなく、第1音節にアクセントがあることに注意。
- □ **unknown** [ʌnnóun] ▶ a knownと聞き間違って理解がストップしてしまうかもしれない。その場合、あとにくるはずの名詞がないことなどからunknownという形容詞だと文法的に推測できるとよい。

3 文の意味が理解できたところをチェックしよう。

☐ **last**には「続く」という動詞としての用法もある。その場合、スクリプトのように「時間」といっしょに使い、「[主語が〜時間] 続く」と、「一定期間続く」ときに使うことが多い。

LEVEL-2 ★★☆   🔊 音声DL-002 ／ 再生回数の目安 **5**回

スクリプトと訳

A fire **broke out at a** warehouse in the **early hours** of this morning. As a precaution, several nearby homes were evacuated. **It took** nearly four hours for **firefighters** to **put out the** fire **that spread through the large building**. The warehouse was empty and there were no injuries reported. The cause of the fire is unknown and **currently being investigated**.

火災が今朝未明に、ある倉庫で発生しました。用心のため数軒の近隣の家庭は避難させられました。大規模な建物中に広がった火災を消防士が消火するのに4時間近くかかりました。倉庫は空で報告されたケガ人はいません。火災の原因は不明で現在調査が行われています。

聞き取りの3段チェックリスト

1 聞き取れて、かつ意味も正しく理解できた単語や表現にチェックしよう。

☐ early hours「未明」
　※深夜から日の出までの時間帯
☐ precaution「用心；予防策；警戒」
☐ put out「（明かり・火などを）消す」
☐ spread through …「…中に広がる」
☐ injury「ケガ」
☐ investigate「調査する；捜査する」

2 聞き取れて、かつ発音やアクセントも正しく理解できた単語や表現にチェックしよう。

☐ at a [ərə] ▶ 連結部が弾音化し［アッダ〔ラ〕］のように変化する。
☐ It took [i_tuk] ▶ ［イッ_トゥック］。破裂音のtの連続で、最初のt音が脱落する。
☐ firefighters [fáiərfaiərz] ▶ 単語の後半は［ファイダ〔ラ〕ーズ］と弾音化しやすい。

- ☐ **put out the** [pʊɾaʊ_ðə] ▶ 弾音化と脱落によって［プッダ〔ラ〕ウ_ザ］と聞こえる。theのあとはfireと子音なので、ザ［ðə］となる。

3 文の意味が理解できたところをチェックしよう。

- ☐ 1文目は、**break out**「発生する」という句動詞を使うことで、Level 1よりナチュラルな表現に変化している。また、Level 1のearly「早く」が、**early hours**「未明」と、より具体的な描写になっている。
- ☐ 3文目は、**that spread through the large building** という関係詞節で先行詞fireを修飾することで、火災の様子をより詳細に述べていることを見抜きたい。
- ☐ 最後の1文、**currently being investigated** の主語は is unknown と同様に、The cause of the fire であることに注意。

LEVEL-3 ★★★

音声DL-003 ／ 再生回数の目安 **8** 回

スクリプトと訳

Firefighters **responded to** a warehouse fire in the early hours of this morning. As a precaution, several nearby homes were evacuated since initially it wasn't known what was stored there. It took almost four hours **to extinguish the blaze that completely engulfed the 20,000-square-foot structure**. **Fortunately, it appears that the** warehouse was vacant and there were no injuries reported. The cause of the fire is under investigation, and officials say that they haven't ruled out arson as a **possibility**. **Calls to the company that currently owns the facility went unanswered**.

消防士たちが今朝の未明の倉庫火災に対応しました。用心のため、いくつかの家庭が避難させられました。当初倉庫になにが貯蔵されているのか不明だったためです。2万平方フィートの建造物を完全に覆った火災を消火するのにほぼ4時間を要しました。幸運にも倉庫は空だったようで、ケガ人の報告はありません。火災の原因は調査中で、当局者は放火の可能性を除外していないと語っています。現在、施設を所有している企業への呼びかけに返答はありません。

聞き取りの3段チェックリスト

1 聞き取れて、かつ意味も正しく理解できた単語や表現にチェックしよう。

- □ blaze「炎；火災」
- □ engulf「覆う；取り囲む」
- □ official「当局者」
- □ rule out「除外する」
- □ arson「放火」
- □ facility「施設」
- □ unanswered「返答のない」

2 聞き取れて、かつ発音やアクセントも正しく理解できた単語や表現にチェックしよう。

- □ **responded to**[rispɑndi_tu] ▶ 破裂音の連続で前にあるd音が脱落する。
- □ **20,000** ▶ twenty thousandと読む。英語の数は3桁ごとが基本なので覚えておくと聞き取りやすい。
- □ **that the**[ðə_ðə] ▶ that末尾のt音が脱落しやすく、[ザ_ザ]と発話されている。
- □ **possibility**[pɑ̀səbíləri] ▶ t音が弾音化。後半 -bilityは[ビリディ〔リ〕]と発話されている。

3 文の意味が理解できたところをチェックしよう。

- □ It took almost ... から始まる3文目はIt ... to ... の構文になっている。また、消火活動と火災の様子を、**extinguish**, **blaze**, **engulf**などの高度な語いを交えながらLevel 2に比べてより詳細に描き、**20,000-square-foot structure**で建物の規模をより具体的に表現している。**to extinguish ...** 以降は、**that completely engulfed ...** という長い関係詞節が先行詞blazeを修飾していることに気づくと文意が取れる。
- □ 4文目は、気持ちを伝える副詞**Fortunately**や推測を表す表現**it appears that ...** 「…のようだ」を加え、よりニュースらしいセンテンスとなっている。
- □ 最後の1文は、**Calls to the ... the facility**と主語が長いので、主語と動詞を文意から聞き取り、理解しよう。

\ Tidbits /

アメリカは日本と異なり、緊急通報の電話番号は911 (nine-one-one) のひとつしかない。この番号にかければ、警察、消防、救急 (paramedic) につながる。Call 911!(911に電話して!) と言うと、「緊急事態なので通報してくれ」と、周囲の人に助けを求める言い方になる。アメリカでは毎年、2億4千万件以上の通報がなされている。

UNIT 2 Forger Caught

各レベルの音声がある程度聞き取れたら、**スクリプトと訳** を見て答え合わせをしよう。その下にある **聞き取りの3段チェックリスト** の□にすべて☑がつくまで、繰り返し音声を聞いて、解説を読もう。□が埋まったら、次のレベルに進もう。

LEVEL-1 ★☆☆

音声DL-004 / 再生回数の目安 **3**回

スクリプトと訳

A New York man was arrested. He was selling fake **coronavirus vaccination** cards. These cards **prove** someone received the vaccine. Someone called police on John Farmer (49). State police began an **investigation**. He was selling the cards for $20. He sold them to plain-clothed police. Then he was arrested.

ニューヨークの男性が逮捕されました。彼は偽のコロナウイルスワクチン接種カードを販売していました。このカードはその人がワクチンを受けたことを証明するものです。ある人物が、ジョン・ファーマー（49歳）に関して警察に通報しました。州警察は急遽捜査をスタートしました。彼はカードを20ドルで販売していました。彼は私服警官にカードを販売し、逮捕されました。

聞き取りの3段チェックリスト

1 聞き取れて、かつ意味も正しく理解できた単語や表現にチェックしよう。

- □ prove「証明する」
- □ state police「州警察」
- □ investigation「捜査」
- □ plain-clothed「私服の」

2 聞き取れて、かつ発音やアクセントも正しく理解できた単語や表現にチェックしよう。

- □ **coronavirus** [kəróunəvàirəs] ▶ 第2音節のroの部分にアクセントが置かれる。
- □ **vaccination** [væ̀ksənéiʃən] ▶ 日本語の「ワクチン」とかなり異なる発音に注意。
- □ **investigation** [invèstəgéiʃən] ▶ 動詞のinvestigateは第2音節にアクセントがあるが、名詞のinvestigationでは後ろ、第4音節のga部分にアクセントが移動する。

3 文の意味が理解できたところをチェックしよう。

☐ **prove** の後ろの名詞節を作るthatが省略されていて、理解が難しくなっている。
These cards prove that someone received the vaccine. がもともとのセンテンスだ。

LEVEL-2 ★★☆   音声DL-005 ／ 再生回数の目安 5 回

スクリプトと訳

A New York man was arrested **for making and selling** fake coronavirus vaccination cards. These cards **are used to certify that the person possessing them was inoculated**. Thanks to an **anonymous** informer, state police started an investigation. After selling the $20 cards to undercover detectives, 49-year-old bar owner John Farmer was arrested. Farmer has been charged with several counts including **falsifying** medical records and forgery.

ニューヨークの男性が偽のコロナウイルスワクチン接種カードの製造・販売によって逮捕されました。このカードはそれを所有している人がワクチン接種を受けたことを証明するために利用されます。匿名の情報提供者のおかげで、州警察は捜査を開始しました。おとり捜査官に20ドルのカードを販売したあと、49歳のバーオーナーのあるジョン・ファーマーが逮捕されました。ファーマーは医療記録の改ざんや偽造を含むいくつかの訴因で告発されています。

聞き取りの3段チェックリスト

1 聞き取れて、かつ意味も正しく理解できた単語や表現にチェックしよう。

☐ certify「証明する；保証する」
☐ possess「所有する」
☐ inoculate「ワクチンを接種する」
☐ anonymous「匿名の」
☐ informer「情報提供者」
☐ undercover detective「おとり捜査官」
☐ detective「刑事」
☐ charge with ...「…で告発する」
☐ count「訴因」
☐ falsify「改ざんする」
☐ forgery「偽造」

2 聞き取れて、かつ発音やアクセントも正しく理解できた単語や表現にチェックしよう。

- ☐ **inoculated** [inάkjəlèiṭid] ▶ アクセントは第2音節で、末尾のtedで弾音化している。
- ☐ **anonymous** [ənάnəməs] ▶ ［アノニマス］ではなく［アナナマス］。
- ☐ **falsifying** [fɔ́ːlsifàiiŋ] ▶ アクセントは第1音節にある。lの音はダークLで「ゥ」のような音になるので、［**フォーゥシファイイング**］と聞こえる。

3 文の意味が理解できたところをチェックしよう。

- ☐ 1文目は、原因・理由を表すfor -ingのフレーズを使って **for making and selling** とし、Level 1の最初のふたつのセンテンスを1センテンスにまとめている。
- ☐ 2文目はLevel 1のprove ... が **are used to certify ...** に言い換えられている。

LEVEL-3 ★★★

音声DL-006 ／ 再生回数の目安 **8**回

スクリプトと訳

A bar owner in New York has been charged with making and selling **counterfeit** coronavirus vaccination cards**, which certify the bearer as having been vaccinated**. According to media reports, state investigators received an anonymous tip about the false cards and **began an** undercover operation. The agents stated that they bought cards for $20 each from John Farmer on several different visits to the Last Call Saloon. Farmer **was taken into custody** on the **premises** late Tuesday evening. **The charges 49-year-old Farmer faces include falsifying medical records, forgery, and several counts of identity theft.**

ニューヨークのバーのオーナーが、偽のコロナウイルスワクチン接種カードの製造と販売の罪で告訴されました。カードは所持者をワクチン接種済みであると保証するものです。メディアの報道によると、州の捜査官が偽のカードに関する匿名のたれ込みを受け、おとり捜査を開始しました。諜報捜査官たちは、ラスト・コール・サルーンへの数回の訪問で、それぞれ20ドルでジョン・ファーマーからカードを購入したと述べました。ファーマーは先週の火曜日の夕方遅くに店舗で身柄を拘束されました。49歳のファーマーが直面している容疑には、医療記録の改ざん、偽造といくつかの個人情報搾取が含まれています。

聞き取りの3段チェックリスト

1 聞き取れて、かつ意味も正しく理解できた単語や表現にチェックしよう。

- ☐ counterfeit「偽造の」
- ☐ bearer「所持者」
- ☐ report「報道」
- ☐ investigator「捜査員」
- ☐ tip「たれ込み；密告」
- ☐ undercover operation「おとり捜査」
- ☐ agent「秘密情報員；諜報員；捜査員」
- ☐ state「述べる；表明する」
- ☐ custody「拘束；拘留；留置」
- ☐ premises「店舗；敷地」
- ☐ charge「告訴；嫌疑」
- ☐ theft「窃盗（罪）」

2 聞き取れて、かつ発音やアクセントも正しく理解できた単語や表現にチェックしよう。

- ☐ **counterfeit** [káuntərfìt] ▶ 末尾は［フェイト］ではなく［フィット］と発音される。綴りと読みが大きく異なることに注意。アクセントが第1音節にあることにも注意。
- ☐ **began an** [bigǽnən] ▶ 連結して［ビギャナン］のように1語に聞こえる。
- ☐ **custody** [kʌ́stədi] ▶ 第1音節にアクセントが置かれる。
- ☐ **premises** [prémisiz] ▶ 動詞は［プレマイズ］で、名詞では［プレミス（ィズ）］と発音する。動詞では第2音節に、名詞では第1音節にアクセントがくる。

3 文の意味が理解できたところをチェックしよう。

- ☐ 1文目はLevel 2のA New York man ... These cards are ... という2センテンスを、1センテンスにまとめている。関係詞節 **, which certify ...**「そしてそれは…を保証する」を使うことで、Level 2より文章を高度化している。
- ☐ 4文目は、Level 2の4文目でwas arrestedと表現されていた部分が**was taken into custody**と言い換えられているとわかると意味を理解しやすい。
- ☐ 最後の1文、**The charges 49-year-old ...** はfaces includeと動詞が続くので、文の構造が捉えにくい。The charges ... facesが主語でincludeがこの文の動詞だ。

\ Tidbits /

アメリカの現行の連邦法では喫煙できる年齢は18歳、飲酒できる年齢は21歳となっていて、バーや酒を売っている店、カジノなどでは州発行のIDを要求することになっている。IDはどの年齢でも必ず提示しなければならないため、特に大学生の間で偽造ID（fake ID）が非常に一般的なものとなっている。

UNIT 3 Matsuyama Wins

各レベルの音声がある程度聞き取れたら、スクリプトと訳 を見て答え合わせをしよう。その下にある 聞き取りの3段チェックリスト の□にすべて✓がつくまで、繰り返し音声を聞いて、解説を読もう。□が埋まったら、次のレベルに進もう。

LEVEL-1 ★☆☆　　🔊 音声DL-007 ／ 再生回数の目安 3回

スクリプトと訳

Japanese golfer Hideki Matsuyama **won** the Master's Tournament. He is **the first male Japanese player to win a major**. He was born in Ehime, Japan **and joined the** PGA tour in 2013. He has won six times now in the US.

日本人ゴルファーの松山英樹がマスターズトーナメントで優勝しました。彼はメジャーで優勝した最初の男子日本人選手です。彼は日本の愛媛県で生まれ、2013年にPGAツアーに参加しました。現在、彼はアメリカで6度の優勝を果たしています。

聞き取りの3段チェックリスト

1 聞き取れて、かつ意味も正しく理解できた単語や表現にチェックしよう。

- ☐ Master's Tournament「マスターズ・ゴルフトーナメント」※the US Master'sとも呼ばれる。
- ☐ major「主要大会」
- ☐ be born in ...「…に生まれる」
- ☐ PGA = Professional Golfers' Association「プロゴルフ選手協会」
- ☐ tour「（スポーツの遠征）ツアー」

2 聞き取れて、かつ発音やアクセントも正しく理解できた単語や表現にチェックしよう。

- ☐ won [wán] ▶ 発音は綴りどおりの［ウォン］ではなく、［ワン］であることに注意。
- ☐ win a [wínə] ▶ winとaが連結して［ウィナ］と発話される。
- ☐ and joined the [ən_dʒɔin_ðə] ▶ andとjoinedのd音が脱落しやすい。

3 文の意味が理解できたところをチェックしよう。

☐ **the first male Japanese player to win a major** の後半の不定詞 to win … は「…に勝利した」という意味で、前の the first male Japanese player を後置修飾している。不定詞の形容詞的用法だと気づきたい。

LEVEL-2 ★★☆

🔊 音声DL-008 ／ 再生回数の目安 **5** 回

スクリプトと訳

With his victory at the Masters in April, Hideki Matsuyama **made history**. He became the first male Japanese player to win a major tournament on the PGA tour. **Originally** from Ehime, Japan, Matsuyama has played on the US tour since 2013**, winning six events and earning more than** $33,000,000. He also has eight **titles** from his home country and another international **trophy** from the 2016 Hero World Challenge.

4月のマスターズでの勝利で、松山英樹は歴史を作りました。彼はPGAツアーのメジャートーナメントで勝利した最初の男子日本人選手となったのです。もともと日本の愛媛県出身の松山は2013年からアメリカのメジャーツアーでプレーし、6つの試合に勝利し3,300万ドル以上を獲得しました。また彼は日本で8つのタイトルを保持し、2016年のヒーローワールドチャレンジでももうひとつの国際トロフィーを獲得しています。

聞き取りの3段チェックリスト

1 聞き取れて、かつ意味も正しく理解できた単語や表現にチェックしよう。

☐ major tournament
　「主要トーナメント」
☐ originally from …
　「もともと…の出身で」
☐ winning … and earning 〜
　「…に勝利し〜を稼いだ」
☐ event「試合」
☐ Hero World Challenge
　「ヒーローワールドチャレンジ」
　※毎年12月に開催されるタイガーウッズ主催のPGAツアー非公認の招待大会。

2 聞き取れて、かつ発音やアクセントも正しく理解できた単語や表現にチェックしよう。

- ☐ **Originally** [ərídʒənəli] ▶ アクセントの位置が第2音節の [リ] の部分にくることに注意。
- ☐ **$33,000,000** ▶ thirty three million dollarsと読まれる。2番目のカンマは百万の位。
- ☐ **titles** [táɪrlz] ▶ -tlesのt音が弾音化して、lがダークLであるため聞き取りにくい。
- ☐ **trophy** [tróufi] ▶ アクセントは最初に置かれる。[トゥロウフィ] と発音。

3 文の意味が理解できたところをチェックしよう。

- ☐ 1文目は、**made history**「歴史を作った」という表現が加わり、Level 1よりニュースらしい言い回しになっている。
- ☐ 3文目は、**, winning six events and earning ...** という出来事や動作の連続を表す現在分詞を利用して、本来、ふたつのセンテンスである部分を1センテンスにまとめて表現している。そのため、より文が複雑化していると気づくと文意を理解しやすい。

LEVEL-3 ★★★

音声DL-009 ／ 再生回数の目安 **8回**

スクリプトと訳

Japanese golf pro, Hideki Matsuyama became the first male Japanese player in history to win a major championship with his victory **at the** Master's in April. The 29-year-old from Ehime, Japan and eight-year veteran of the tour has **notched six career PGA wins with total earnings surpassing $33,000,000**. His **resume** also boasts eight titles in Japan as well as the 2016 World Hero Challenge. **With his consistent play and highly competitive nature,** many of his peers and fans were not surprised at his breakthrough in the majors.

日本のゴルフプロ松山英樹は、4月のマスターズでの勝利により、主要な選手権大会で勝利した史上初の男子日本人選手となりました。8年の豊富なツアー経験がある日本の愛媛出身の29歳は、キャリア通算でPGAで6つの勝利を収め、トータルで3,300万ドルを超える賞金を獲得しました。彼の経歴は、2016年のヒーローワールドチャレンジのタイトルとともに、日本での8つのタイトルも誇っています。堅実なプレーと非常に負けず嫌いな性格から、松山のメジャー大会での画期的な成功は、多くのライバルやファンにとって驚きではありませんでした。

聞き取りの3段チェックリスト

1 聞き取れて、かつ意味も正しく理解できた単語や表現にチェックしよう。

- ☐ notch a win「勝つ」
- ☐ surpass「超える」
- ☐ resume「経歴」
- ☐ boast「誇る」
- ☐ consistent「堅実な；一貫した」
- ☐ competitive「競争心のある」
- ☐ peer「同僚；同等の人物；ライバル」
- ☐ breakthrough 「飛躍的な進歩；画期的な成功」

2 聞き取れて、かつ発音やアクセントも正しく理解できた単語や表現にチェックしよう。

- ☐ at the [ə_ðə] ▶ at の t 音は脱落しやすい。at や an, a はいずれも [ə] と聞こえることが多いが、文脈や文法から考えて適切な語を理解できるとよい。
- ☐ resume [rézəmèi] ▶ 「経歴」という意味の名詞の resume は [レズメイ] と発音される。動詞の場合、[リジューム] になる。
- ☐ competitive [kəmpétəriv] ▶ 2カ所ある t 音は弾音化しやすい。

3 文の意味が理解できたところをチェックしよう。

- ☐ 2文目では、Level 2 の winning six events という表現から、notch a win を応用して **notched six career PGA wins**「キャリア通算6回のPGAでの勝利を達成した」と、よりニュースらしい表現に変化している。また、Level 2 で earning more than $33,000,000 と分詞構文になっていた部分を、**with total earnings surpassing $33,000,000** と付帯状況の with を使って言い換えている。
- ☐ 最後の1文、**With his consistent play and highly competitive nature,** の With … は「原因・理由」を表している。with の使い方はさまざまだが、「人や物がひとつの場所にある」「いっしょになにかをしている」ことを伝えるときに使う前置詞であると理解しておくと、意味を把握する助けになる。

\Tidbits/

男子ゴルフには4大メジャー大会がある。マスターズとUSオープン、PGAチャンピオンシップ、ブリティッシュオープンだ。中でもアトランタ近くの超一流のオーガスタ・ナショナルゴルフクラブで開催されるマスターズは、選手にとってもファンにとっても、もっとも憧れのイベントとなっている。

UNIT 4 Hurricane Hits

各レベルの音声がある程度聞き取れたら、 スクリプトと訳 を見て答え合わせをしよう。その下にある 聞き取りの3段チェックリスト の□にすべて✓がつくまで、繰り返し音声を聞いて、解説を読もう。□が埋まったら、次のレベルに進もう。

LEVEL-1 ★☆☆　　音声DL-010 ／ 再生回数の目安 3回

スクリプトと訳

Hurricane Harry hit Miami early this morning. The storm was classified as a **category** four hurricane. Many people in Miami **fled** the oncoming storm. More than **200,000** homes have no **electricity**. Currently, no deaths have been reported.

ハリケーン・ハリーが今朝早くにマイアミを襲いました。この嵐はカテゴリー4のハリケーンに分類されました。マイアミの多くの人が接近する嵐から避難しました。20万以上の家庭が停電しています。現在、死者の報告はありません。

聞き取りの3段チェックリスト

1 聞き取れて、かつ意味も正しく理解できた単語や表現にチェックしよう。

- □ hit「襲う」
- □ classify「分類する」
- □ flee …「…から逃げる；避難する」
  ※fledは過去形。
- □ oncoming「近づいて来る；迫り来る」

2 聞き取れて、かつ発音やアクセントも正しく理解できた単語や表現にチェックしよう。

- □ category [kǽtəgɔ̀ri] ▶ アクセントは第1音節にある。t音が弾音化し［**カダ**〔ラ〕ゴリ］と読まれている。
- □ 200,000 ▶ このカンマ区切りはthousandなので、two hundred thousandと読まれる。
- □ electricity [ilèktrísəri] ▶ アクセントは第3音節にある。-tyのt音が弾音化していて、-cityのciの母音は曖昧な［ア］になるので、［シディ〔リ〕］ではなく、［サディ〔リ〕］のように発話される。

3 文の意味が理解できたところをチェックしよう。

☐ **fled** は flee「…（場所など）から逃げる」の過去形で他動詞。後ろに目的語として逃れる対象である嵐が置かれている。

LEVEL-2 ★★☆ 🔊 音声DL-011 ／ 再生回数の目安 **5**回

スクリプトと訳

Hurricane Harry **made a direct hit on Miami in the wee hours of this morning**. The storm lost some of its power as it approached land and was downgraded to a "CAT-4." Florida residents <u>had been</u> preparing for the storm for over a week. **Hundreds of thousands of people** in Metro Miami were <u>forced to</u> leave their homes. **The storm flooded many areas and <u>cut</u> power** to over 200,000 homes. No deaths have been reported.

ハリケーン・ハリーは今朝未明マイアミを直撃しました。ハリーは陸地に近づくにつれいくぶん威力を落とし、カテゴリー4に勢力が下がりました。フロリダの住人たちは1週間以上、嵐への備えを行ってきました。マイアミ都市圏の何十万もの人々は家を離れざるを得ませんでした。ハリーは多くの地域を洪水にし、20万を超える家屋への電力を断ち切りました。死者の報告は上がってきていません。

聞き取りの3段チェックリスト

1 聞き取れて、かつ意味も正しく理解できた単語や表現にチェックしよう。

- ☐ make a direct hit「直撃する」
- ☐ wee hours「未明；真夜中過ぎ」
- ☐ downgrade「グレードを下げる」
- ☐ CAT-4 ＝ category four
- ☐ flood「水浸しにする；溢れさせる」
- ☐ power「電力」

2 聞き取れて、かつ発音やアクセントも正しく理解できた単語や表現にチェックしよう。

- ☐ **wee**［wiː］▶ ［ウィー］と発音される。weと聞き間違えやすいが、wee hoursというフレーズを知っていれば、文脈からweではないとわかる。
- ☐ **had been**［hə_bin］▶ 破裂音の連続で先にあるd音が脱落しやすい。
- ☐ **forced to**［fɔːrs_tuː］▶ forcedの語尾、-dの破裂音のt音にtoの語頭のt音が続き、

UNIT4 Hurricane Hits

先にきているt音が脱落する。

- [ ] **cut power**［kʌ_pauər］ ▶ 破裂音t＋pの連続で、先にあるt音が脱落する。

3 文の意味が理解できたところをチェックしよう。

- [ ] 1文目は、**made a direct hit on ...**「…を直撃した」、**in the wee hours of this morning**「今朝未明に」などLevel 1よりニュースらしい表現が用いられている。
- [ ] 3文目は、過去のある時点までの周辺の状況を説明しているので**had been preparing for ...** と過去完了進行形になっている。
- [ ] 4文目の **Hundreds of thousands of ...** は thousands of ...「何千もの」× hundreds of ...「何百もの」で「何十万もの」。hundreds of billions of ... で「何千億の」、hundreds of millions of ... で「何億の」。hundreds of ... とともに tens of ...「何十の」もいっしょに覚えよう。このふたつで3桁区切りの間の2桁を表現できる。
- [ ] 最後の1文は、**The storm** という主語に対して、**flooded (many areas)** と **cut** の2つの動詞が並んでいる。どちらも過去形。

LEVEL-3 ★★★

音声DL-012 ／ 再生回数の目安 **8**回

スクリプトと訳

Hurricane Harry made landfall in Miami just after 1 AM this morning. The storm had been measured as a **category** five storm **but was** downgraded to a "CAT-4" as it approached Florida. Residents had been **bracing** for the storm for over a week, and hundreds of thousands of people in the greater Miami area **were evacuated**. **With devastating winds of over 100 MPH and a storm surge of more than 15 feet,** vast areas have been flooded and more than 200,000 homes are without power. Miraculously, **at the** time of this broadcast, no **fatalities** have been reported.

ハリケーン・ハリーは今朝ちょうど1時過ぎにマイアミに上陸しました。ハリーはカテゴリー5の嵐と評価されていましたが、フロリダに接近するにつれカテゴリー4へと威力の評価を落としました。住民たちは1週間以上嵐への備えを行っていて、マイアミ都市圏の何十万もの人々が避難させられました。時速100マイル以上の強烈な風と15フィート以上の高潮により、広大な地域が洪水となり、20万以上の家屋が停電しました。奇跡的に、この放送の時点で死者の報告はゼロとなっています。

聞き取りの3段チェックリスト

1 聞き取れて、かつ意味も正しく理解できた単語や表現にチェックしよう。

- ☐ landfall「上陸」
- ☐ brace「準備する；備える」
- ☐ greater Miami area「マイアミ都市圏」
- ☐ devastating「強烈な；破壊的な」
- ☐ ... MPH = ... miles per hour「時速…マイル」
- ☐ storm surge「高潮」
- ☐ vast「広大な」
- ☐ fatalities「死者」

2 聞き取れて、かつ発音やアクセントも正しく理解できた単語や表現にチェックしよう。

- ☐ **category** [kǽrəgɔ̀ri] ▶ tは弾音化しやすく、[カダ〔ラ〕ゴリ] のように発音されている。アクセントも語頭にあり、日本語の「カテゴリー」とは異なる。
- ☐ **but was** [bə_wəz] ▶ butのt音が脱落し [バッ_ワズ] のように聞こえる。
- ☐ **at the** [ə_ðə] ▶ atからt音が脱落しやすく [アッ_ザ] と聞こえる。atがaに聞こえても、a theのように冠詞がふたつ続くことはないので、atを推測できる。
- ☐ **fatalities** [feitǽləriz] ▶ アクセントは第2音節。tiesのt音は弾音化しやすい。語頭のfaは「フェイ」。

3 文の意味が理解できたところをチェックしよう。

- ☐ 3文目は、文章をさらにニュースらしくする動詞、brace「困難に備えて準備する」の進行形 **bracing** に気づきたい。過去完了進行形（had been bracing）で過去のある時点まで継続していたことを表す。また、Level 2の were forced to leave が **were evacuated**「避難させられた」と語いが高度化している。
- ☐ 4文目、**With devastating ...,** は分詞で洪水や停電が生じた原因・理由を表している。
- ☐ 最後の1文、**fatalities**「死亡者（数）」は複数形で使われる。災害ニュースに頻出の語いなので覚えておきたい。

\Tidbits/

アメリカではハリケーンに名前をつける。米国国立ハリケーンセンターが、男女交互の並びになっているリストを利用して命名する。被害が大きかったものの名前は、被害者の気持ちを考え、その後は使われなくなる。太平洋側と大西洋側で別のリストがあり、リストは6年ごとに再利用される。

UNIT 5　Wall Street Report

各レベルの音声がある程度聞き取れたら、**スクリプトと訳**を見て答え合わせをしよう。その下にある**聞き取りの3段チェックリスト**の□にすべて✓がつくまで、繰り返し音声を聞いて、解説を読もう。□が埋まったら、次のレベルに進もう。

LEVEL-1 ★☆☆　　音声DL-013 ／ 再生回数の目安 3回

スクリプトと訳

Stock prices increased a **little** on Wednesday. This is **the third day in a row** with positive gains. At the close the S&P was a **little** higher than it started. Technology stocks did the best. The Nasdaq Index **improved** 0.6%.

株価は水曜日、少々値上がりしました。これで3日連続のプラスとなります。大引けではS&Pはスタートより少々の高値となりました。技術関連株がもっとも好調でした。ナスダック指数は0.6％改善しました。

聞き取りの3段チェックリスト

1 聞き取れて、かつ意味も正しく理解できた単語や表現にチェックしよう。

- □ stock prices「株価」
- □ increase「増加する；増す」
- □ with positive gains「プラスとなって」
- □ close「大引け；終わり」
- □ S&P「S&Pダウジョーンズインデックス」

2 聞き取れて、かつ発音やアクセントも正しく理解できた単語や表現にチェックしよう。

- □ little [lítl] ▶ t音が弾音化しやすく、［リドゥ〔ル〕］のように発音されることが多い。
- □ in a row [ɪnərou] ▶ 3語が連結して［イナロウ］。in arrowと聞き間違えないこと。「連続して」という意味では、two days in a row「2日連続で」、three competitions in a row「立て続けに3大会」のように数詞といっしょに使われることが多い。
- □ improved [imprúːvd] ▶ アクセントは第2音節に置かれることに注意。

3 文の意味が理解できたところをチェックしよう。

☐ **the third day in a row** は「連続3日目」という意味になる。rowは「列；並び」、in a rowで「連続して」という意味だ。同じことが数日続いた場合にニュースによく登場するフレーズ。

LEVEL-2 ★★☆   🔊 音声DL-014 ／ 再生回数の目安 **5** 回

スクリプトと訳

Stock prices **rose slightly** on Wednesday, **making this three consecutive days with positive gains**. **At the end of** trading, the S&P moved slightly higher than the start of the day. Technology stocks performed the best **throughout the day**, and the Nasdaq Index **finished up** **0.6%**. This was a surprise because of the **announcement** of semiconductor chip shortages.

水曜日、株価はわずかに上昇し、3日連続のプラスとなりました。取引の終わりに、S&Pは取引開始よりわずかに値を上げました。技術関連株は終始もっとも好調でナスダック指数は0.6%上げて終えました。半導体チップ不足の発表があったため、これは思いがけない展開でした。

聞き取りの3段チェックリスト

1 聞き取れて、かつ意味も正しく理解できた単語や表現にチェックしよう。

☐ slightly「わずかに；少々」
☐ consecutive「連続した」
☐ perform
   「利益を上げる；達成する」
☐ up 0.6%「0.6%上げて」
☐ semiconductor「半導体」
☐ shortage「不足」

2 聞き取れて、かつ発音やアクセントも正しく理解できた単語や表現にチェックしよう。

☐ **consecutive** [kənsékjətiv] ▶ アクセントは第2音節に置かれる。
☐ **At the end of** [ə_ði endəv] ▶ 脱落や連結によって［アッ_ズィ エンダヴ］と発音。脱落でatがaに聞こえる例はいくつか出てきたがofも脱落や連結によって聞き取りに

UNIT5 Wall Street Report

くくなる音のひとつ。[オヴ] と発音されることはほぼなく、[アヴ] のように聞こえたり、人によっては v 音がほぼ聞こえないことも。また、the のあとが母音（end）なので [ðə] ではなく [ði] で [ズィ] となる。

- ☐ **0.6%** ▶ zero point six percent と読む。
- ☐ **announcement** [ənáunsmənt] ▶ 第2音節にアクセントが置かれる。カタカナ語の「アナウンスメント」に近いが、語頭の a は曖昧な [ア] で音が弱く、聞こえにくい。

3 文の意味が理解できたところをチェックしよう。

- ☐ 1文目は、Level 1 の increased a little から **rose slightly** へと語いが難化。**making this ...** は、これ以前の部分を受け、その結果どうなったかを表す分詞構文。
- ☐ 3文目では、Level 1 にはなかった、付加情報として **throughout the day**「1日中；始終」が加わったことでニュースがさらに詳細になっている。また、**finished up 0.6%** のような表現は株価情報などでよく用いられるので覚えておこう。

LEVEL-3 ★★★   🔊 音声DL-015 ／ 再生回数の目安 8回

スクリプトと訳

Stocks closed slightly higher Wednesday to add to gains from the previous two days. **At the bell**, the S&P 500 **ticked above the flat line**. Earlier, the technology sector was the leader during regular trading, and the Nasdaq **outperformed** expectations with a gain of 0.6%. **This despite the announcement that semiconductor chip shortages would hamper production during the second half of 2021**. Shares of USX fell in late trading despite posting first-quarter results that beat estimates, **likely due to USX announcing the departure of its chief financial officer**.

株式市場は水曜日、前日と前々日の利益にさらにプラスし、わずかに値を上げて終了しました。大引けに S&P500 はわずかにプラスに値を動かしました。前場では技術関連セクターが通常取引を引っ張り、ナスダックは 0.6% の値上がりで予想を凌ぎました。半導体チップの不足が 2021 年後半の生産の妨げとなるかもしれないという発表にもかかわらず、この動きとなりました。後場では予想を上回る第1四半期の業績を公表したにもかかわらず、USX の株価が下落しました。これはおそらく USX が CFO の辞任を公表したことによるものと思われます。

聞き取りの3段チェックリスト

1 聞き取れて、かつ意味も正しく理解できた
単語や表現にチェックしよう。

- ☐ at the bell「終わりに；はじめに」
- ☐ tick「小幅に値動きする」
- ☐ flat line「平らな線」
- ☐ earlier「前場で」
- ☐ outperform「凌ぐ」
- ☐ hamper「妨げる；邪魔をする」
- ☐ second half「後半」
- ☐ late trading「後場」
- ☐ post「業績などを公表する」
- ☐ departure「辞任；辞職」

2 聞き取れて、かつ発音やアクセントも
正しく理解できた単語や表現にチェックしよう。

- ☐ **At the bell** [ə_ðə bel] ▶ at the では at から t 音が脱落しやすい。
- ☐ **outperformed** [àu_pəfɔ́ːmd] ▶ アクセントは第3音節。out の t 音は脱落しやすい。
- ☐ **This** ▶ this のあとに、ポーズが置かれて、意味の区切りを表している。
- ☐ **2021** ▶ twenty, twenty-one と読まれる。twenty は［トゥエニー］に変化しやすい。

3 文の意味が理解できたところをチェックしよう。

- ☐ 2文目の **At the bell**「証券取引所の取引開始時に；終了時に」、**ticked above the flat line**「わずかに値を上げた」はネイティヴらしい慣用的な表現で、株や金融の話題では頻出の表現なのでそのまま覚えておきたい。
- ☐ 4文目、**This despite the announcement ...** は This が主語だが、動詞が存在していない。ニュース特有の言い回しだ。This despite ... で「…にもかかわらずこれが生じた」という意味になっている。日本人ならば、This happened despite ... と表現したいところだが、ここでは通常動詞を省略する。
- ☐ 最後の1文にある、<u>likely due to ...</u> は「おそらく…によるものだ」という意味。理由を推測しながら述べる表現。

関連語句

- bear market/bull market「弱気市場／強気市場」
- portfolio「ポートフォリオ」▶ 投資家が保有している現金、預金、貴金属、株式、債券、不動産などの金融商品の組み合わせ。
- IPO「新規上場株式」▶ Initial Public Offering の略。株を投資家に売り出して、証券取引所に上場すること。

UNIT 6 Monkey Business

各レベルの音声がある程度聞き取れたら、 スクリプトと訳 を見て答え合わせをしよう。その下にある 聞き取りの3段チェックリスト の□にすべて☑がつくまで、繰り返し音声を聞いて、解説を読もう。□が埋まったら、次のレベルに進もう。

LEVEL-1 ★☆☆   音声DL-016 ／ 再生回数の目安 3回

スクリプトと訳

Some monkeys can change their accents. **This became known after studying** two kinds of monkeys in **Brazil**. These monkeys make similar sounds. **However**, their calls are a **little** different. When they are **together**, one group changes their accents to match those around them.

サルにはアクセントを変えられる種類がいます。これはブラジルの2種類のサルを研究して知られるようになりました。これらのサルは似た音を発します。しかし、彼らの叫び声は少々異なっています。2種類のサルがいっしょにいるときには、一方のグループが周囲にいるサルに適合するようにアクセントを変えるのです。

聞き取りの3段チェックリスト

1 聞き取れて、かつ意味も正しく理解できた単語や表現にチェックしよう。

- □ call「動物の鳴き声；叫び声」
- □ match「適合する」

2 聞き取れて、かつ発音やアクセントも正しく理解できた単語や表現にチェックしよう。

- □ Brazil [brəzíl] ▶ アクセントが後半に置かれることに注意。
- □ little [líṛl] ▶ t音が弾音化し ［リドゥ〔ル〕］ のような発音に変化する。
- □ together [təgéðər] ▶ アクセントは第2音節にある。

3 文の意味が理解できたところをチェックしよう。

- □ **This became known after studying** は「研究したあと、これが知られるように

なった」という意味。また、**However, ...**「しかしながら…」という逆接表現でふたつのセンテンスをつなぎ、ハキハキしたリズム感を出している。

LEVEL-2 ★★☆

🔊 音声DL-017 ／ 再生回数の目安 **5** 回

スクリプトと訳

Scientists have learned that some monkeys are able to change their "accents." They do this **in order** to be friendly to their neighbors. **Researchers studied** two types of tamarin monkeys in the Brazilian **rainforest**. Both species share a similar language, but they make their calls **differently**. The research showed that when they are in the same place together, one group **alters its calls to match those of the other species**.

科学者たちは、いくつかのサルがアクセントを変えることができることを突き止めました。サルたちは自分たちのご近所と友好な関係をもつためにアクセントを変えます。研究者たちはブラジルの熱帯雨林で2種類のタマリンモンキーを調査しました。どちらの種もともに類似した言語をもっていますが、異なった鳴き声を発します。2種が同じ場所にいっしょにいるとき、ひとつのグループが他の種の声に適合するように鳴き声を変えることが研究によってわかりました。

聞き取りの3段チェックリスト

1 聞き取れて、かつ意味も正しく理解できた単語や表現にチェックしよう。

- ☐ learn「経験を通して知る；わかる」
- ☐ rainforest「熱帯雨林」
- ☐ species「種」
- ☐ alter「変える」

2 聞き取れて、かつ発音やアクセントも正しく理解できた単語や表現にチェックしよう。

- ☐ in order [ɪnɔrdər] ▶ in orderは連結しやすい。[イノーダー]。
- ☐ rainforest [réinfɔ̀:rist] ▶ アクセントは第1音節にあることに注意。[**レイン**フォリストゥ]と-rest部分は [レスト] よりも [リストゥ] と聞こえる。
- ☐ differently [dífərən_li] ▶ アクセントは頭にある。ntlと子音が続き、tの音が脱落しやすいので、後半の音は聞き取りにくい。
- ☐ alters [ɔ́ltərz] ▶ [アルターズ] ではなく [**オゥ**ターズ] に近い発音になる。

UNIT6 Monkey Business

3 文の意味が理解できたところをチェックしよう。

☐ 1文目では、**Scientists have learned that ...** と「科学者たち」が研究の主体であることを示している。that 以降にくる文の内容を「科学者たちが認識したこと」だと予測して、英語を頭から順に理解できるようになるとよい。また、3文目では、それを **Researchers studied ...** と言い換えているが、これらは同じ人々を指している。英語では同じ語の繰り返しを避ける傾向があることを知っておこう。

☐ 最後の1文の **its calls to match those of the other species** の those は直前の calls の代わりに用いられた語。

LEVEL-3 ★★★   音声DL-018 ／ 再生回数の目安 8回

スクリプトと訳

New research has revealed that monkeys **are capable of changing** their "accents" to be more friendly to their neighbors. The study looked at two species of **tamarin monkeys that reside in the Amazon rainforest**. Both species share a limited **repertoire** of calls, **ranging from warnings against predators to mating calls**. Although they "speak a similar language," each species vocalize these calls in a slightly different manner, **somewhat like the difference between British and North American English**. The researchers discovered that when the monkeys share the same **environment**, one group changed the frequency and duration of their calls to make them sound like their neighbors.

新たな研究によって、隣人に対してより友好的になるために、サルたちにアクセントを変える能力があることが明らかになりました。研究はアマゾンの熱帯雨林に生息する2種類のタマリンモンキーを対象としました。両方の種は、捕食動物に対する警告から求愛鳴きに至る鳴き声のレパートリーを限定的に共有しているのです。2種は類似した言語を話しますが、それぞれの種はこれらの鳴き声をわずかに異なった方法で音声化します。これは英国英語と北米英語の違いにやや似ています。サルたちが同じ環境下にあるとき、ひとつのグループが彼らの隣人の鳴き声のように聞こえるように、声の回数や長さを変えることを研究者たちは発見したのです。

聞き取りの3段チェックリスト

1 聞き取れて、かつ意味も正しく理解できた単語や表現にチェックしよう。

- ☐ reveal「示す；明らかにする」
- ☐ reside「居住する」
- ☐ repertoire「レパートリー」
- ☐ predator「捕食動物」
- ☐ mating call「求愛鳴き」
- ☐ vocalize「声に出す」
- ☐ manner「方法」
- ☐ duration「継続期間」

2 聞き取れて、かつ発音やアクセントも正しく理解できた単語や表現にチェックしよう。

- ☐ **repertoire** [répərtwὰr] ▶ [レパトゥワー] と発音。フランス語由来で、日本語の「レパートリー」とは異なる発音に注意。
- ☐ **predators** [prédətərz] ▶ 第1音節にアクセント。
- ☐ **mating calls** [méiriŋ_kɔ́lz] ▶ mating で弾音化と脱落が生じている。
- ☐ **somewhat like** [sʌ́mhwʌ_láik] ▶ somewhat から t 音が脱落し [サムワッ_] と聞こえる。like の [k] の語尾の音も聞き取りにくい。
- ☐ **environment** [enváiər(ə)nmənt] ▶ 第2音節にアクセントが置かれることに注意。

3 文の意味が理解できたところをチェックしよう。

- ☐ 1文目は、**be capable of changing**「変える能力がある」という、より洗練された表現に気づきたい。
- ☐ 2文目は、**tamarin monkeys that reside in ...**「…に居住するタマリンモンキー」と主格の関係代名詞 that を用いて情報を膨らませている。
- ☐ 3文目の **ranging from warnings against ...** は共有する鳴き声の範疇を ranging from A to B「AからBに至る」と現在分詞を用いて表現している。A=warnings against predators, B=mating calls だ。
- ☐ 4文目の **somewhat like ...** は「いくぶん…のように」と例示を加える表現。

\Tidbits/

アメリカの訛りはおもにエリア別に、東部ニューイングランド、ニューヨーク市、北中西部、西海岸、南部の5つに大別される。日本語と違って、アメリカ英語では単語自体は変化せず、発音やアクセントだけが変わる。例えば、北部で you all [ユウ・オーゥ] と発音されるが、これを南部では y'all [ヨーゥ] と発音する。

UNIT 7 Refugee Disaster

各レベルの音声がある程度聞き取れたら、 スクリプトと訳 を見て答え合わせをしよう。その下にある 聞き取りの3段チェックリスト の□にすべて✓がつくまで、繰り返し音声を聞いて、解説を読もう。□が埋まったら、次のレベルに進もう。

LEVEL-1 ★☆☆　　音声DL-019 ／ 再生回数の目安 3回

スクリプトと訳

A **boat sank** in the **Mediterranean** Sea **last night**. It was carrying 33 people. They were all **refugees**. Ten of the people on the boat were saved. The others are still missing. Recently, many **refugees** try to escape their home countries.

昨夜、1隻のボートが地中海で沈没しました。その船は33名の人を運んでいました。彼らは全員難民でした。ボートに乗っていた人のうち10名は救助されました。その他の行方はいまだに不明です。昨今多くの難民が、祖国を逃れようと試みています。

聞き取りの3段チェックリスト

1 聞き取れて、かつ意味も正しく理解できた単語や表現にチェックしよう。

- □ sink「沈む；沈没する」
- □ Mediterranean Sea「地中海」
- □ refugee「難民」
- □ missing「行方不明の」

2 聞き取れて、かつ発音やアクセントも正しく理解できた単語や表現にチェックしよう。

- □ **boat**[bóut] ▶ 日本語の「ボート」とは異なり［ボウトゥ］と発音される。
- □ **Mediterranean**[mèditəréiniən] ▶ アクセント位置は第4音節にあるので注意。
- □ **last night**[lǽs_nait] ▶ last末尾のt音が脱落しやすい。
- □ **refugees**[rèfjudʒíːz] ▶ アクセントは第3音節にあるが、第1音節に置かれる場合もある。

3 文の意味が理解できたところをチェックしよう。

☐ sank [sǽŋk] を thank [θǽŋk] と聞き間違えないように。この sank は sink「沈む」の過去形で sink（現在形）-sank（過去形）-sunk（過去分詞形）と不規則変化する。

LEVEL-2 ★★☆　　音声DL-020 ／ 再生回数の目安 5回

スクリプトと訳

A boat **with 33 refugees onboard** sank in the Mediterranean Sea last night. Ten of the passengers were rescued by the Spanish Coast Guard, but the **remaining passengers have** not been **found**. In recent years, war, civil **unrest** and economic problems have forced many refugees to leave their home countries for the European Union. **Dealing with** asylum **seekers has become a political issue**.

33名の難民が乗ったボートが昨夜、地中海で沈没しました。乗船者のうち10名はスペインの沿岸警備隊に救助されましたが、残りの乗船者は見つかっていません。近年、戦争や国内の暴動、経済問題で多くの難民が故国を捨てEUを目指すことを余儀なくされています。亡命を求める人々への対処は政治問題化しています。

聞き取りの3段チェックリスト

1 聞き取れて、かつ意味も正しく理解できた単語や表現にチェックしよう。

- ☐ onboard「船に乗った」
- ☐ passenger「乗客」
- ☐ civil unrest「国内の（市民の）暴動」
- ☐ deal with ...「…に対処する」
- ☐ asylum seekers「亡命を求める人々」
- ☐ political issue「政治問題」

2 聞き取れて、かつ発音やアクセントも正しく理解できた単語や表現にチェックしよう。

☐ **not been** [nɑ_bin] ▶ 破裂音の連続でtの脱落。［ナッ_ビン］と発音されやすい。been は［ビン］と聞こえることが多い。

☐ **unrest** [ʌnrést] ▶ 第2音節にアクセントが置かれる。そのため、un が聞き取りにくい。unrest はおもに社会・政治的な不安、暴動に使う語なので、civil や social といっしょ

に使われることが多いと知っていると、civil unrest を推測しやすくなる。
- **asylum** [əsáiləm] ▶ sy の部分は［サイ］と発音。アクセントは sy 部分にある。

3 文の意味が理解できたところをチェックしよう。

- 1文目は、**with 33 refugees onboard**「33名の難民が乗った」と付帯状況を表す with でボートの詳細を表現し、Level 1 の最初の2センテンスをひとつにまとめて簡潔に説明している。
- 2文目は、Level 1 の5文目で The others と表現していた部分を **remaining passengers** に、are still missing としていた部分を **have not been found** にそれぞれ言い換えている。
- 最後の1文、**Dealing with asylum seekers has become a political issue.** は、Dealing with asylum seekers が主語で、「亡命を求める人々に対処すること」という動名詞。

LEVEL-3 ★★★ 　🔊 音声DL-021 ／ 再生回数の目安 **8**回

スクリプトと訳

According to **international** news outlets, a boat carrying 33 refugees capsized in the Mediterranean Sea last night. Ten of the passengers were rescued by the Spanish Coast Guard, and **while a search is ongoing, the others are feared to have all perished**. Over the last decade, **war, civil unrest and economic strife has caused a flood of refugees seeking to find better lives by making their way to countries in the European Union.** How to handle this **influx of asylum seekers** has become a **flashpoint of political contention** in many of those border countries.

国際的な報道機関によると、昨夜33名の難民を運んでいたボートが地中海で転覆しました。10名の乗船者はスペインの沿岸警備隊によって救出され、さらに捜索が続けられていますが、他の乗客の全員の死亡が懸念されています。過去10年間で、戦争や国内の暴動、経済的な対立によって、EU諸国へと向かうことでよりよい暮らしを見つけ出そうとする難民の殺到が引き起こされました。この亡命を希望する人々の流入をどのように扱うかが、多くのそういった国境の国で政治的議論の発火点となっています。

聞き取りの3段チェックリスト

1 聞き取れて、かつ意味も正しく理解できた単語や表現にチェックしよう。

- ☐ news outlet「報道機関」
- ☐ capsize「転覆する」
- ☐ ongoing「継続中で；進行中の」
- ☐ be feared to ...
  「…すると懸念されている」
- ☐ perish「死ぬ；非業の死を遂げる」
- ☐ decade「10年」
- ☐ strife「紛争；闘争；対立」
- ☐ a flood of ...「…の殺到」
- ☐ influx「殺到；流入」
- ☐ flashpoint
  「発火点；一触即発の状況」
- ☐ contention「議論」

2 聞き取れて、かつ発音やアクセントも正しく理解できた単語や表現にチェックしよう。

- ☐ international [ìnɚnǽʃənəl] ▶ アクセントはna部分。interからt音が脱落。
- ☐ while a [hwáilə] ▶ 2語が連結して［ワイラ］と1語のように聞こえる。
- ☐ feared to [fíɚ_tu] ▶ 破裂音のdとtが連続するため、前のd音が脱落しやすい。
- ☐ war, civil unrest and economic strife ▶ 並列するものがまだ続く場合は上げ調子になる。warとcivil unrestのあとで上げ調子に読まれていることに注意。

3 文の意味が理解できたところをチェックしよう。

- ☐ 2文目は1センテンスが長いが、**while a search is ongoing, ...** の部分でwhile A, B「AではあるがB」と譲歩の表現を使って、複雑な情報をまとめている。
- ☐ 3文目は **economic strife**「経済的な対立」、**seeking to find ...**「…を見つけようとする」、**by making their way to ...**「…へ向かうことで」などのニュースらしい語句を理解しよう。
- ☐ 最後の1文は **influx of asylum seekers** と表現して難民の多さを具体的に表現している。また、Level 2 の political issue「政治的な問題」から **flashpoint of political contention**「政治的議論の発火点」へと表現が変化し、より詳細になっている。

\ Tidbits /

難民とはよりよい生活を求めて祖国を離れる人々のことだが、難民となる理由は宗教上の迫害から政府による弾圧、戦争、飢餓までさまざまだ。UNHCRによると2020年には8,200万の人々が強制的に国を追われ、この25%が難民であると考えられている。またその半数は18歳未満だ。

UNIT 8　Paint Patent

各レベルの音声がある程度聞き取れたら、スクリプトと訳を見て答え合わせをしよう。その下にある聞き取りの3段チェックリストの□にすべて✓がつくまで、繰り返し音声を聞いて、解説を読もう。□が埋まったら、次のレベルに進もう。

LEVEL-1 ★☆☆　音声DL-022 ／ 再生回数の目安 3回

スクリプトと訳

A new paint has been **invented**. The very bright white-colored paint can **reflect** 98% of sunlight. This paint can actually cool a building. It is still new, so it is **expensive** to manufacture. Another problem is **how to keep the paint clean**.

新しい塗料が発明されました。とても明るい白色の塗料は太陽光の98％を反射できます。この塗料は、実際にビルを冷やすことができるのです。まだ新しいため、製造は高価です。塗装をきれいに保つ方法がもうひとつの問題となっています。

聞き取りの3段チェックリスト

1 聞き取れて、かつ意味も正しく理解できた単語や表現にチェックしよう。

- □ reflect「反射する」
- □ manufacture「製造する」

2 聞き取れて、かつ発音やアクセントも正しく理解できた単語や表現にチェックしよう。

- □ invented [invéntid] ▶ アクセントは第2音節に置かれる。
- □ reflect [riflékt] ▶ 第2音節にアクセントがあることに注意。
- □ expensive [ikspénsiv] ▶ アクセントは第2音節にくる。名詞のexpenseでも同じ位置。

3 文の意味が理解できたところをチェックしよう。

- □ **how to keep the paint clean** は「塗装をきれいに保つ方法；どのように塗装をきれいに保つべきか」という意味になる名詞句。

LEVEL-2 ★★☆ 音声DL-023 ／ 再生回数の目安 5 回

スクリプトと訳

Researchers have announced they can now create a super-bright white paint. This new paint can reflect 98% of the sun's rays, **thereby providing a cooling effect**. The **applications** for this are unknown, but **it is obvious that it could lead to a reduction in energy cost and consumption. The current production costs and how to keep it clean once it is applied are two points of concern**.

研究者たちが、いまや非常に明るい白色の塗料を製造できることを発表しました。この新しい塗料は太陽光線の98％を反射でき、それによって冷却効果を提供します。この塗料の応用については判明していませんが、エネルギーコストと消費を削減することにつながる可能性があることは明らかです。現在の製造コストと、いったん塗ったあとにきれいに保つ方法が、懸念されるふたつの点です。

聞き取りの3段チェックリスト

1 聞き取れて、かつ意味も正しく理解できた単語や表現にチェックしよう。

- □ the sun's rays「太陽光線」
- □ thereby「それによって」
- □ provide「提供する」
- □ application「応用」
- □ apply「(薬・塗料をなどを) 塗る」
- □ point of concern「懸念される点」

2 聞き取れて、かつ発音やアクセントも正しく理解できた単語や表現にチェックしよう。

- □ 98%［náinri ei_ pərsent］ ▶ ninetyではt音が弾音化、eightではt音が脱落している。
- □ obvious［ábviəs］ ▶ アクセントが第1音節にくることに注意。obviouslyでも同じ。
- □ lead to［liː_tuː］ ▶ 破裂音d＋tの部分でd音が脱落する。
- □ keep it clean［kiːpi_kliːn］ ▶ keep itは連結、it末尾のt音が脱落し［キーピッ_クリーン］のように発話される。

3 文の意味が理解できたところをチェックしよう。

- [ ] 2文目の **thereby providing a cooling effect** は現在分詞を用いて前の動作や出来事の帰結を表している。
- [ ] 3文目の **applications** には「応用」という意味があることも覚えておきたい。**it is obvious that ...** は「…ということは明白だ」という意味の it ... that ... 構文。it is obvious that と聞こえたら、that 節に続く文の内容が「明らかなこと」だと予想して、英文の順に内容を聞き取って理解できるようにしたい。
- [ ] **The current production costs and how to keep it clean ...** の最後の1文は、A and B are two points of concern. という文構造で A=The current production costs, B=how to keep it clean once it is applied になっていることがわかれば、全体の意味が取れるようになる。

LEVEL-3 ★★★ 音声DL-024 ／ 再生回数の目安 8回

スクリプトと訳

Recent news and scientific journal reports have revealed the development of a bright-white paint that can reflect all but 2% of sunlight. This allows the coating to actually release heat from a structure, providing a cooling effect without the need for energy-consuming air conditioning. It is still expensive to manufacture, and longevity (how it will perform as dirt accumulates) is an unknown concern. However, it is being heralded as a tool that may greatly help the fight against global warming and propel humanity toward living in a carbon-neutral footprint.

最近のニュースと科学ジャーナルの報告で、2%を除いて太陽光のすべてを反射できる明白色塗料の開発が明らかになりました。これによって塗装が実際に建造物から熱を放出でき、エネルギーを消費するエアコンの必要なしに冷却効果を提供します。いまだに製造コストが高価で、寿命が判明していない（泥が積もるにつれ、どのように機能するのか）という懸念もあります。しかし、地球温暖化との闘いの大きな助けとなり、人類が二酸化炭素排出量の均衡を保った暮らしを送ることを促す可能性のある道具として評価されつつあります。

聞き取りの3段チェックリスト

1 聞き取れて、かつ意味も正しく理解できた単語や表現にチェックしよう。

- ☐ journal「会報；定期刊行物」
- ☐ energy-consuming「エネルギーを消費する」
- ☐ longevity「寿命」
- ☐ accumulate「蓄積する」
- ☐ herald「賞賛する；評価する」
- ☐ propel「前進させる；促す」
- ☐ live in a carbon-neutral footprint「二酸化炭素の排出の均衡を保って生活する」

2 聞き取れて、かつ発音やアクセントも正しく理解できた単語や表現にチェックしよう。

- ☐ **scientific**［sàiəntífik］▶ アクセントが第3音節にある。sci は［サイ］と発音される。
- ☐ **coating**［kóuɾiŋ］▶ t音が弾音化しているため聞き取りにくい。
- ☐ **longevity**［lɑndʒévəti］▶ アクセントは第2音節で発音注意。［ランジェヴァティ］。
- ☐ **footprint**［fú_prìnt］▶ 破裂音 t ＋ p の部分で先にくる t 音が脱落する。

3 文の意味が理解できたところをチェックしよう。

- ☐ 1文目は、**Recent news and scientific journal reports** でより詳細に情報の出所を示している。reports のあとに完了形がきているため、1文目の動詞は reports ではなく、次にきている **have revealed** であるとわかる。**all but ...** は「…を除いたすべて」。
- ☐ 2文目 **This allows ... from a structure, providing a ... air conditioning**. は、This allows the coating to A, B-ing.「これによって塗装がAすることを可能とし、その結果Bとなっている」の形になっている。A=actually release heat ..., B=providing a cooling ... だ。B-ing 部分は分詞で前の動作や出来事の帰結を表す。
- ☐ 4文目は、**it is being heralded as ...**「…として評価されつつある」以降が長い。tool にかかっているのが関係代名詞節中の may (greatly) help と (may) propel のふたつの動詞だと見抜きたい。

＼Tidbits／

温暖化や気候変動による危機が叫ばれる中、核融合発電が再注目されている。原子力発電のように核のゴミやメルトダウンなどの問題がない安全な発電方式だからだ。さらに、研究室で生まれる代用肉や持続可能な農業も注目のエリアだ。また技術者たちは超巨大容量のバッテリーや電気自動車の開発でもレースを繰り広げている。

UNIT 9　Cutting the Cord

各レベルの音声がある程度聞き取れたら、**スクリプトと訳**を見て答え合わせをしよう。その下にある**聞き取りの3段チェックリスト**の□にすべて✔がつくまで、繰り返し音声を聞いて、解説を読もう。□が埋まったら、次のレベルに進もう。

LEVEL-1 ★☆☆　　音声DL-025 ／ 再生回数の目安 3回

スクリプトと訳

Many people are no longer paying for traditional TV. Traditional TV includes services like cable or satellite TV. Most are choosing online **streaming, which is** cheaper and more convenient. Netflix and Amazon Prime are two of the largest **providers** of online content.

多くの人が、もはや旧来のテレビへの支払いを行っていません。旧来のテレビサービスにはケーブルテレビや衛星テレビが含まれています。ほとんどの人はオンラインストリーミングを選択していて、そちらのほうがより安価で便利なのです。NetflixとAmazonプライムが、オンラインコンテンツを提供する最大手2社となっています。

聞き取りの3段チェックリスト

1 聞き取れて、かつ意味も正しく理解できた単語や表現にチェックしよう。

- □ no longer ...「もはや…ない」
- □ satellite TV「衛星テレビ」
- □ provider「提供者」

2 聞き取れて、かつ発音やアクセントも正しく理解できた単語や表現にチェックしよう。

- □ **streaming** [stríːmiŋ] ▶ アクセントは第1音節。stは［スチュ］と変化しやすい。
- □ **providers** [prəváidərz] ▶ 第2音節にアクセントが置かれる。

3 文の意味が理解できたところをチェックしよう。

- □ **..., which is 〜**「…、そしてそれは〜だ」の形。関係代名詞の叙述用法で、前にあ

る先行詞（online streaming）の情報をさらに詳しく説明している。

LEVEL-2 ★★☆　音声DL-026 ／ 再生回数の目安 5回

スクリプトと訳

It is becoming quite common for people to **stop paying** for so-called "traditional" TV services like cable or **satellite** TV. This is often **referred to** as "**cord cutting**." Millions of people each year are choosing the **cheaper and more convenient option of online streaming**. **Netflix and Amazon Prime, two of the largest providers of online content**, are **investing** billions to build on this trend.

ケーブルテレビや衛星テレビのようないわゆる旧来的なテレビサービスへの支払いをやめることが、かなり一般化してきています。これはよくコードカッティングと呼ばれています。毎年何百万もの人が、より安価で便利なオンラインストリーミングという選択肢を選びつつあります。オンラインコンテンツを提供する最大手の2社であるNetflixとAmazonプライムは、この潮流をさらに発展させるために何十億ドルもの投資を行っています。

聞き取りの3段チェックリスト

1 聞き取れて、かつ意味も正しく理解できた単語や表現にチェックしよう。

- □ so-called「いわゆる」
- □ be referred to as ...「…と呼ばれている」
- □ invest「投資する」
- □ build on ...「…をさらに増強する」

2 聞き取れて、かつ発音やアクセントも正しく理解できた単語や表現にチェックしよう。

- □ **stop paying** [stɑ_peiiŋ] ▶ p＋pの破裂音の連続で、前方のp音が脱落する。
- □ **satellite** [sǽrəlàit] ▶ アクセントは第1音節にくる。satのt音が弾音化している。
- □ **referred to** [rifə́ːr_tu] ▶ d＋tの破裂音の連続で、前方のd音が脱落する。
- □ **investing** [invéstiŋ] ▶ 第2音節のvestにアクセントがある。-ingの音は明確には聞き取りにくい。

3 文の意味が理解できたところをチェックしよう。

- ☐ 1文目は、Level 1の最初の2センテンスを **It is becoming quite common ...** とひとまとめにしている。It ... for ... to ... の構文を見極めて文意を理解してほしい。
- ☐ 2文目の **cord cutting** とはケーブルテレビのコードを切るという意味。ケーブルテレビなどの契約を取りやめることを意味する言葉だ。
- ☐ 3文目の **cheaper and more convenient option of online streaming** は option=online streaming で同格。この of の前後は同じことを述べている。
- ☐ 最後の1文、**Netflix and Amazon Prime, two of the largest providers of online content** も同格表現。こちらはカンマの前後が同じものを述べている。

LEVEL-3 ★★★

🔊 音声DL-027 ／ 再生回数の目安 **8**回

スクリプトと訳

The trend of "cord cutting," where households stop using and paying for traditional television providers like local, cable or satellite TV, is continuing to build in the U.S. Fueling this trend is the continued expansion of online streaming content providers such as Netflix or Amazon Prime, where many customers get to peruse vast catalogs of titles at much lower prices. The latest data estimates that the traditional pay-TV industry is losing subscribers at a rate of approximately 6 million households per year. As more and more people look to cut costs on their TV-viewing experience, this exodus is expected to continue.

コードカッティング（ローカルやケーブル、衛星テレビといった旧来のテレビ提供者に家庭が利用したり支払うことをやめる）の流行がアメリカで継続して高まりつつあります。このトレンドを助長しているのは、NetflixやAmazonプライムのようなオンラインストリーミングコンテンツの提供者が引き続き拡大を続けていることです。そこでは多くの顧客たちは、かなり安価に膨大なタイトルカタログを丹念に調べる機会を与えられています。最新データでは、伝統的な料金支払い型のテレビ産業がおよそ年間600万家庭のペースで契約者を失いつつあると見積もっています。さらに多くの人々が自らのテレビ視聴体験のコストを削減することを期待しているため、この大移動は継続するものと予想されています。

聞き取りの3段チェックリスト

1 聞き取れて、かつ意味も正しく理解できた単語や表現にチェックしよう。

- ☐ build「徐々に高まる」
- ☐ fuel「助長する；煽る」
- ☐ expansion「拡大」
- ☐ peruse「精読する；精査する」
- ☐ look to ...「…に期待する；当てにする；注目する；目を向ける」
- ☐ exodus「大移動」

2 聞き取れて、かつ発音やアクセントも正しく理解できた単語や表現にチェックしよう。

- ☐ local [lóukəl] ▶ 「ローカル」とは異なる発音に注意。lo は [ロウ]、cal はダークLで [カゥ] のように聞こえる。[**ロウカゥ**] と発音されるので紛らわしい。
- ☐ latest data [léirist déirə] ▶ 両方の語でt音が弾音化しやすい。data は [dǽtə] と読むこともある。
- ☐ at a [ərə] ▶ 連結部の弾音化で [アダ〔ラ〕] のような発音になる。

3 文の意味が理解できたところをチェックしよう。

- ☐ 1センテンスが非常に長い1文目は、**The trend of ... like local, cable or satellite TV,** までのA, where B「A、そしてそこではB」の形に気づきたい。Aという場所で生じることをBで述べている。このセンテンスの場合、A=The trend of "cord cutting," B=households stop using and paying for traditional television providers like local, cable or satellite TVだ。このセンテンスの動詞はis continuingである。
- ☐ 2文目の **..., where many customers ... lower prices** 部分の関係副詞の非制限用法ではオンラインストリーミングの長所を取り上げてニュースに厚みをもたせている。
- ☐ 3文目も1センテンスが非常に長く、構造を確認したい。**The latest data estimates that ...** で「最新のデータが…を見積もっている」でthat節以降に見積もっている内容がくる。that節内の文の動詞はis losingで、主語はthe traditional pay-TV industryだ。

Tidbits

2018年のあるレポートによると、アメリカの家庭のケーブル／衛星テレビの費用は平均で217ドルだった。テレビのコンテンツがネット上に移動し、モバイル化するにつれ、視聴者はNetflixやAmazonプライムなどのオンデマンドサービスに集まるようになっている。ケーブルテレビの売りだったスポーツ中継でも同様だ。

UNIT 10 Craft Beer

各レベルの音声がある程度聞き取れたら、 スクリプトと訳 を見て答え合わせをしよう。その下にある 聞き取りの3段チェックリスト の□にすべて✓がつくまで、繰り返し音声を聞いて、解説を読もう。□が埋まったら、次のレベルに進もう。

LEVEL-1 ★☆☆　　音声DL-028 ／ 再生回数の目安 3回

スクリプトと訳

Craft or "local" beers have been very popular over the last twenty years. In the U.S., this trend is **expected to** slow. In East **Asian** countries, **however**, it is expected to increase. Non-**alcohol** and lower-alcohol beers are gaining **popularity** there among health-conscious consumers.

クラフトビールあるいは地ビールは、過去20年の間、大人気を博してきました。アメリカではこのトレンドが減速すると予想されています。しかしながら、東アジア諸国では、強まる予想です。東アジアでは、ノンアルコールや低アルコールビールが、健康意識の高い消費者の間で人気を獲得しつつあります。

聞き取りの3段チェックリスト

1 聞き取れて、かつ意味も正しく理解できた単語や表現にチェックしよう。

- □ slow「減速する」
- □ health-conscious「健康意識の高い」

2 聞き取れて、かつ発音やアクセントも正しく理解できた単語や表現にチェックしよう。

- □ **expected to** [ikspekti_tə] ▶ d＋tの破裂音の連続によりd音が脱落しやすい。
- □ **Asian** [éiʒən] ▶ 日本人英語の「アジアン」ではなく［**エイジャン**］と発音する点に注意。
- □ **alcohol** [ǽlkəhɔ̀ːl] ▶ 第1音節にアクセント。「アルコール」と異なり［**アゥカホーゥ**］のような音になる。
- □ **popularity** [pɑ̀pjəlǽrəti] ▶ アクセントは第3音節にある。tyの部分で弾音化が生じやすい。

3 文の意味が理解できたところをチェックしよう。

☐ **however, ...**「しかしながら…」は譲歩や対比を表す。前後のセンテンスを対比して正反対の傾向を述べている。

LEVEL-2 ★★☆

音声DL-029 ／ 再生回数の目安 **5** 回

スクリプトと訳

For the past twenty years, small and **independently**-owned **breweries** have been growing at an incredible rate. **Based on new market data,** that growth is expected to slow **considerably** in the U.S. Internationally, East Asia appears to be the next hot spot for cold craft beer. **Some challenges exist there,** as **consumers concerned about health** are drinking more non-**alcoholic** and lower-alcohol brews, **which goes against the grain of traditional craft brewing**.

過去20年の間、小規模で独立経営のビール醸造業者が驚くほどのスピードで成長してきました。新しい市場データによると、その成長はアメリカではかなり鈍化すると予想されています。国際的には、東アジアが冷えたクラフトビールの次のホットスポットとなるようです。そこにはいくらかの困難が立ちはだかっています。健康に気を遣う消費者が、より多くノンアルコールや低アルコールのビールを飲んでいるためです。これは伝統的なクラフトビール醸造とは相容れないものなのです。

聞き取りの3段チェックリスト

1 聞き取れて、かつ意味も正しく理解できた単語や表現にチェックしよう。

☐ independently-owned
「独立経営の」
☐ brewery「ビール醸造業者」
☐ incredible「驚くべき」
☐ considerably「かなり；相当」

☐ hot spot
「賑やかな・活気のある地域」
☐ go against the grain of ...
「…にそぐわない；相性が悪い」
☐ brewing「ビール醸造」

2 聞き取れて、かつ発音やアクセントも正しく理解できた単語や表現にチェックしよう。

- [ ] **independently** [ìndipéndəntli] ▶ 第3音節にアクセントが置かれる点に注意。
- [ ] **breweries** [brúːəriz] ▶ 第1音節にアクセントが置かれる。
- [ ] **considerably** [kənsídərəbli] ▶ アクセントは第2音節にある。d音は弾音化しやすい。
- [ ] **alcoholic** [æ̀lkəhɔ́ːlik] ▶ アクセントは第3音節。alcoholの場合は第1音節。

3 文の意味が理解できたところをチェックしよう。

- [ ] 2文目の **Based on new market data, ...** は情報のソースに触れる便利な表現。
- [ ] 最後の1文で **Some challenges exist there,** とLevel 1では言及のなかったchallenges「困難」の存在を引き合いに出している。as以降は、その困難の理由。**consumers concerned about health** までがas節の主語だ。**, which goes against ...** 以降は関係代名詞の叙述用法で、さらに情報を付加するときに便利な表現だ。

LEVEL-3 ★★★

音声DL-030 ／ 再生回数の目安 **8** 回

スクリプトと訳

After more than two decades of **explosive** growth, craft breweries in the U.S. are starting to **enter a phase of market saturation**. According to recent survey data, there are still more than 1,000 new microbreweries **compared to** one year ago. Domestically this expansion is predicted to slow dramatically, while globally, particularly in East Asia, the thirst for craft beer is catching on and expected to increase. **One key difference, however, is that while traditionally craft beers tend to be high in alcohol content, Asian countries are seeing a rise in popularity of non-alcoholic and lower-alcohol beers.**

20年以上の爆発的成長のあと、アメリカのクラフトビール醸造所は市場飽和の段階に入りつつあります。最近の調査データによると、それでも1年前と比較して、新たな小規模な地ビール醸造所が1,000以上も存在しているのです。国内ではこの拡大は劇的に鈍化すると予想されていますが、一方で国際的には特に東アジアでクラフトビール需要は人気を博しつつあり、増加するものと予想されています。しかし、

鍵となる食い違いは、伝統的にクラフトビールがアルコール度数が高い傾向であるのに、アジア諸国ではノンアルコールや低アルコールビール人気の盛り上がりが見られることです。

聞き取りの3段チェックリスト

1 聞き取れて、かつ意味も正しく理解できた単語や表現にチェックしよう。

- □ explosive「爆発的な」
- □ phase「段階」
- □ saturation「飽和状態」
- □ microbrewery
  「小規模の地ビール醸造所」
- □ dramatically「劇的に」
- □ thirst
  「渇き；渇望；(比喩的に) 需要」
- □ catch on「人気を博す；広まる」
- □ rise「増加；台頭」

2 聞き取れて、かつ発音やアクセントも正しく理解できた単語や表現にチェックしよう。

- □ **explosive** [iksplóusiv] ▶ アクセントは第2音節に置かれる。
- □ **saturation** [sæ̀tʃəréiʃən] ▶ アクセントは -tion の前の ra 部分、第3音節に置かれる。動詞の saturate [sǽtʃərèit] では第1音節に置かれる。
- □ **compared to** [kəmpeər_tə] ▶ d + t の破裂音の連続で、d 音が脱落する。
- □ **popularity** [pɑ̀pjəlǽrəri] ▶ t 音が弾音化し［パピュラリディ〔リ〕］のように聞こえる。

3 文の意味が理解できたところをチェックしよう。

- □ 1文目の **enter a phase of ...** は「…の段階に入る」という意味。
- □ 最後の1文は、**One key difference, however, is that ...**「しかしながら、鍵となる食い違いは…だ」という構文になっている。that 以下は、while A, B「A ではあるが B だ」と対比させた表現となっている。

\Tidbits/

クラフトビール以外に、もうひとつのビール造りが再注目されている。家庭での醸造 (home brewing) だ。2000年代の早期から人気で、モルトやホップ、イーストなどの入ったキットを買うところから始める。器具はサイズや複雑さに応じて購入したり自作したりする。醸造には5〜7週間かかるが瓶詰めして1年間保存可能だ。アメリカでは1年で100ガロンの醸造制限がある。

UNIT 11 Boa Bounty

各レベルの音声がある程度聞き取れたら、 スクリプトと訳 を見て答え合わせをしよう。その下にある 聞き取りの3段チェックリスト の□にすべて✓がつくまで、繰り返し音声を聞いて、解説を読もう。□が埋まったら、次のレベルに進もう。

LEVEL-1 ★☆☆

音声DL-031 ／ 再生回数の目安 **3**回

スクリプトと訳

The **Everglades** is a popular National Park in Florida. For a number of years **snakes known as Burmese pythons** have been a "growing" problem. These snakes were likely pets **that got too** big. Their owners released them into the wild. Now, people can hunt them and receive cash prizes.

エバーグレーズはフロリダにある人気の国立公園です。長年にわたってビルマニシキヘビというヘビが次第に大きな問題になってきています。これらのヘビはおそらくは大きく育ちすぎたペットだったと思われます。所有者たちがヘビを野生に放ったのです。現在、人々はヘビを狩って現金で賞金を受け取ることができます。

聞き取りの3段チェックリスト

1 聞き取れて、かつ意味も正しく理解できた単語や表現にチェックしよう。

- □ Burmese python「ビルマニシキヘビ」
- □ growing「増加する；大きくなる」
- □ likely「おそらく；たぶん」

2 聞き取れて、かつ発音やアクセントも正しく理解できた単語や表現にチェックしよう。

- □ **Everglades** [évərglèidz] ▶ アクセントは第1音節にある。
- □ **Burmese** [bə̀ːrmíːz] ▶［ブーミーズ］のように発話される。アクセントは後半にある。
- □ **python** [páiθɑn] ▶ アクセントは第1音節に置かれる。
- □ **that got too** [ðæ_gɑ_tuː] ▶ 各語の間で破裂音の連続があるため、thatとgot末尾のt音が脱落しやすい。

3 文の意味が理解できたところをチェックしよう。

☐ <u>snakes known as Burmese pythons</u> は snakes を known as ... の部分が後置修飾している。「ビルマニシキヘビとして知られるヘビ」と直訳できる。「ビルマニシキヘビというヘビ」と意訳してもいいだろう。

LEVEL-2 ★★☆

音声DL-032 ／ 再生回数の目安 **5** 回

スクリプトと訳

A bounty has been placed on the heads of Burmese pythons. These snakes **are not native to** Florida and have been severely damaging the natural **habitat** in the Everglades National Park. **With no known natural predators**, their population has exploded. **Government officials** are now offering cash rewards for people who hunt or capture them, **with prizes for the most or largest captures**.

ビルマニシキヘビの首に賞金が賭けられています。このヘビはフロリダ原産ではなく、エバーグレーズ国立公園の自然生息地に大きな被害を与えています。わかっている自然の捕食動物もなく、ヘビたちの数は劇的に増加しました。当局は現在ヘビを狩ったか捕獲した人に対して賞金を提供していて、最多捕獲や最大捕獲に対する賞も用意されています。

聞き取りの3段チェックリスト

1 聞き取れて、かつ意味も正しく理解できた単語や表現にチェックしよう。

☐ bounty「賞金」
☐ natural habitat「自然生息地」
☐ predator「捕食動物」
☐ explode「爆発的に増える」
☐ government official「政府の役人；当局」
☐ cash rewards「賞金」
☐ capture「捕獲する」

2 聞き取れて、かつ発音やアクセントも正しく理解できた単語や表現にチェックしよう。

☐ <u>not native</u> [nɑ_néiriv] ▶ not の t 音は脱落しやすい。native の t 音は弾音化しやすい。

- □ habitat [hǽbətæ̀t] ▶ ［ハビタット］のように発音される。アクセントは最初にくる。
- □ predators [prédətərz] ▶ 第1音節にアクセントがある。d音やt音は弾音化しやすい。
- □ Government officials [gʌ́və(rn)mənəfíʃəlz] ▶ government末尾のt音が脱落してofficialsに連結している。

3 文の意味が理解できたところをチェックしよう。

- □ 2文目の **are not native to ...** は「…の原産ではない」という意味。
- □ 3文目、**With no ...** で「…がないので」。ヘビの爆発的な増加の原因を語っている。
- □ 最後の1文の **with prizes for the most or largest captures** は「もっとも数多く捕獲した人への賞金と、最大のヘビを捕獲した人への賞金といっしょに」が直訳。

LEVEL-3 ★★★　 音声DL-033 ／ 再生回数の目安 8回

スクリプトと訳

A rather unique contest **is set to begin** in the Everglades National Park in south Florida. For years, Burmese pythons **have been decimating the local population of wildlife and waterfowl for which the park is known. These snakes are an invasive species, thought to originally have been released as exotic pets, have no natural predators and their growing population has had a devastating impact on the local ecosystem**. State lawmakers have announced an annual tournament with cash prizes for the capture of these snakes, giving them a new predator—man.

フロリダ南部のエバーグレーズ国立公園で、かなりユニークなコンテストが開始されることになっています。何年もの間、公園を有名にしている地域の野生生物や水鳥の数をビルマニシキヘビが激減させているのです。もともとは捨てられた外来のペットであったと考えられているこのヘビは侵入生物種であり、自然の捕食動物をもたず、彼らの増大を続ける個体数が地域の生態系に壊滅的な打撃を与えてきたのです。州議会議員たちは年に一度開催される、このヘビの捕獲への賞金つきの競技会を発表しました。それによってヘビは新たな捕食者――つまり、人間を与えられることとなるのです。

聞き取りの3段チェックリスト

1 聞き取れて、かつ意味も正しく理解できた単語や表現にチェックしよう。

- ☐ decimate「激減させる」
- ☐ waterfowl「水鳥」
- ☐ invasive species「侵入生物種」
- ☐ devastating「壊滅的な」
- ☐ lawmaker「(立法府の) 議員」
- ☐ tournament「競技会」

2 聞き取れて、かつ発音やアクセントも正しく理解できた単語や表現にチェックしよう。

- ☐ **set to** [se_tə] ▶ t音の連続で、前にあるt音が脱落する。
- ☐ **waterfowl** [wɔ́ːtərfàul] ▶ アクセントは第1音節にある。waterのt音は弾音化しやすい。
- ☐ **species** [spíːʃiːz / síːz] ▶ -ciesの頭の音は［ʃ］と読む場合と［s］と読む場合がある。
- ☐ **ecosystem** [ékousìstəm] ▶ 第1音節にアクセントがある。頭の音は［エコ］ではなく［エコウ／イコウ］になる。

3 文の意味が理解できたところをチェックしよう。

- ☐ 1文目の **is set to ...**「…することになっている」は、決定した予定を表す。
- ☐ ビルマニシキヘビによる被害の詳細としての野生生物や水鳥の激減は「過去から現在までずっと続いている」ので、2文目の動詞は **have been decimating ...** と現在完了進行形になっている。
- ☐ 3文目は1センテンスが長く、やや複雑な構造だ。まず、**thought to originally have been released as exotic pets** の部分は先行する **an invasive species** を修飾している。またこのセンテンスは文中のandがふたつのセンテンスをつないでいる。(s1)**These snakes** (v1-1)**are ...,** (v1-2)**have no ...** and (s2)**their growing population** (v2)**has had ...** という構造だ。(※sはsubject「主語」、vはverb「動詞」)

\ Tidbits /

侵入生物種は自生の生物にとって大きな危機となる。侵入生物種の代表的な原因は、国際貨物船のバラスト水と飼い主による外来生物の飼育放棄だ。アメリカの法律では、外国貨物会社に対して海路に入る前のバラスト水処理の義務づけが行われつつある。また、外来生物ペットの禁止も模索されつつある。

UNIT 12 Weather Forecast

各レベルの音声がある程度聞き取れたら、 スクリプトと訳 を見て答え合わせをしよう。その下にある 聞き取りの3段チェックリスト の□にすべて✓がつくまで、繰り返し音声を聞いて、解説を読もう。□が埋まったら、次のレベルに進もう。

LEVEL-1 ★☆☆

音声DL-034 ／ 再生回数の目安 3回

スクリプトと訳

Here is the local weather forecast. Rain is expected for this afternoon and tonight. **Temperatures** will be in the upper 60s overnight. Tomorrow we will see **sunshine**. Temperatures will climb into the 80s. There is a chance of **thunderstorms** in the afternoon.

はい、この地域の天気予報です。今日の午後と今夜は雨の予報となっています。気温はひと晩中60度台後半になるでしょう。明日は日が差して、気温は80度台まで上昇するでしょう。午後には雷雨の可能性があります。

聞き取りの3段チェックリスト

1 聞き取れて、かつ意味も正しく理解できた単語や表現にチェックしよう。

- □ weather forecast「天気予報」
- □ upper「上方の」
- □ chance「可能性」
- □ thunderstorm「雷雨」

2 聞き取れて、かつ発音やアクセントも正しく理解できた単語や表現にチェックしよう。

- □ **Temperatures** [témpərtʃùərz] ▶ アクセントは頭に置かれる。
- □ **sunshine** [sʌ́nʃàin] ▶ アクセントが第1音節にあることに注意。
- □ **thunderstorms** [θʌ́ndərstɔ̀ːrmz] ▶ この語もアクセントは第1音節にある。

3 文の意味が理解できたところをチェックしよう。

□ **Here is ...** の基本の意味は「ここに…があります」だが、そのほかにも、なにかを手渡したり、提示したりする場面で「はい、…です」「こちらが…です」といった意味でも使われる。ここでは天気予報の開始を伝えるために使われている。

LEVEL-2 ★★☆   音声DL-035 ／ 再生回数の目安 5回

スクリプトと訳

And now for the weather. More rain **is in the** forecast for this afternoon and overnight. Winds are expected to be brisk. **Precipitation will clear the area** by morning, and mostly sunny skies are expected tomorrow. Highs will be in the mid-to-upper 80s, and we **could see some** scattered **storms** as the afternoon progresses.

次はお天気です。今日の午後と今夜ひと晩中、さらに雨が続くことが予想されています。ひんやりとして心地よい風が吹く予想です。雨は朝までには上がり、明日は快晴になると予想されています。最高気温は80度台半ばから後半となり、午後が進むにつれて各所で雷雨が見られるかもしれません。

聞き取りの3段チェックリスト

1 聞き取れて、かつ意味も正しく理解できた単語や表現にチェックしよう。

- □ brisk「ひんやりと心地よい」
- □ precipitation「降水（量）」
- □ clear「（雨が）上がる」
- □ mostly sunny「快晴の」
- □ highs「最高気温」
- □ mid-to-upper「中位から上位の」
- □ scattered「点在した」
- □ progress「経過する；進行する」

2 聞き取れて、かつ発音やアクセントも正しく理解できた単語や表現にチェックしよう。

- □ in the [inə] ▶ 連結部で [n]+[ð] が [n] に変化し [イナ] と読まれている。
- □ Precipitation [prisipətéiʃən] ▶ [プリシパテイシャン] と発話する。アクセントが第4音節にくることに注意。
- □ scattered [skǽɾəd] ▶ アクセントは先頭にある。t音が弾音化している。

- □ **progresses**[prəgrésiz] ▶ 動詞の場合、アクセントは第2音節に置かれる。名詞では頭に置かれる。

3 文の意味が理解できたところをチェックしよう。

- □ 1文目の **And now for ...** は「さて次は…を取り上げます」という意味のフレーズ。
- □ 2文目の **... is in the forecast** は直訳すれば「…が予報の中にある」となるが、これで「…という予報だ」という意味になる。
- □ 4文目、**Precipitation will clear the area** のclearは助動詞willの次にあるため、形容詞ではなく動詞の「(雨が)上がる」という意味で使われていることがわかる。
- □ 最後の1文の **could see some scattered storms** のcouldは可能性を表す。scatteredは「点在した；まばらの」。ところによってその現象が起こる可能性を示している。

LEVEL-3 ★★★

🔊 音声DL-036 / 再生回数の目安 **8**回

スクリプトと訳

And now for your Greater-Miami weather forecast. A low-pressure system parked just **offshore** is expected to bring more rain showers to the area this afternoon and tonight. Overnight lows will be in the upper 60s, but winds of **10-20 MPH** are forecast, so temperatures will feel considerably cooler. Mostly clear skies are expected tomorrow with highs in the mid 80s, **with only a slight chance of scattered thunderstorms in the afternoon. The National Hurricane Center is watching a tropical storm system that is building in the Atlantic, but current computer models forecast it moving south towards Cuba**.

さて次はみなさんのマイアミ都市圏の天気予報です。ちょうど沖合に停滞している低気圧は、今日の午後と今夜この地域にさらににわか雨を降らせます。夜間の最低気温は60度台後半となりますが、時速10〜20マイルの風が予想されているため、気温はかなり低く感じられるでしょう。明日は最高気温80度半ばの快晴が予想されていて、午後にところにより多少の雷雨の可能性があるだけです。国立ハリケーンセンターは大西洋の熱帯低気圧の発達を注視していますが、現在のコンピューター予想モデルはキューバへ向かって南下すると予想しています。

聞き取りの3段チェックリスト

1 聞き取れて、かつ意味も正しく理解できた単語や表現にチェックしよう。

- ☐ Greater-Miami「マイアミ都市圏の」
- ☐ low-pressure system「低気圧」
- ☐ offshore「沖合の」
- ☐ rain shower「にわか雨」
- ☐ lows「最低気温」
- ☐ ... MPH「時速…マイル」
- ☐ forecast = forecastの過去分詞。forecastedも同じ。
- ☐ National Hurricane Center「国立ハリケーンセンター」
- ☐ tropical storm「熱帯低気圧」
- ☐ build「発達する」

2 聞き取れて、かつ発音やアクセントも正しく理解できた単語や表現にチェックしよう。

- ☐ offshore [ɔ́fʃɔ́r] ▶ 両方の音節にアクセントが置かれる。
- ☐ 10-20 MPH ▶ ten to twenty miles per hourと読む。
- ☐ in the [inɪ] ▶ [n]+[ð] の部分は [n] 音のみになる。theのあとにAtlanticと母音が続くので、[イニ] と発話されている。
- ☐ models [mádlz] ▶ d音が弾音化しているため聞き取りづらい。また、lがダークLなので「モデル」ではなく [マドゥ] のように聞こえる。

3 文の意味が理解できたところをチェックしよう。

- ☐ 4文目の **with only a slight chance of ...** は「…のわずかな可能性があるだけで」と付帯状況を表すwith ... のフレーズで述べている。
- ☐ 最後の1文、**The National Hurricane Center is watching ...** で、その他の予測情報を新規に加え、天気予報に厚みをもたせている。主語はThe National Hurricane Centerで動詞はis watchingだ。**, but current computer models ...** 以降はforecastが動詞で、**forecast it moving south** で「それが南下すると予想している」。

関連語句

- tornado warning「竜巻警報」
- freeze/frost warning「凍結警報」
- hurricane warning「ハリケーン警報」
- flood warning「洪水警報」
- thunderstorm warning「雷雨警報」
- high-wind advisory「強風注意報」

UNIT 13 Supersonic Flight

各レベルの音声がある程度聞き取れたら、 スクリプトと訳 を見て答え合わせをしよう。その下にある 聞き取りの3段チェックリスト の□にすべて✓がつくまで、繰り返し音声を聞いて、解説を読もう。□が埋まったら、次のレベルに進もう。

LEVEL-1 ★☆☆   音声DL-037 ／ 再生回数の目安 3回

スクリプトと訳

Airlines hope to use faster airplanes within the **next ten** years. New planes are being designed. They will fly faster than the speed of sound (1,060 **kilometers**/hour). They will also fly at **twice the height of** planes today. Flight times will be **shortened** by almost half.

航空会社は今後10年以内にさらに高速な航空機の利用を望んでいます。新型の航空機が設計されつつあるのです。それらは音速（時速1,060キロ）よりも速く飛ぶことになります。それらはまた、現在の航空機の2倍の高度を飛ぶことになります。フライトの時間はほぼ半分短縮されます。

聞き取りの3段チェックリスト

1 聞き取れて、かつ意味も正しく理解できた単語や表現にチェックしよう。

- □ airline「航空会社」
- □ speed of sound「音速」
- □ height「高度」
- □ flight time「フライト時間」
- □ shorten「短縮する」

2 聞き取れて、かつ発音やアクセントも正しく理解できた単語や表現にチェックしよう。

- □ **Airlines** [éərlàinz] ▶ 第1音節にアクセントが置かれる。
- □ **next ten** [neks_ten] ▶ t音の連続で片方が落ち［ネクス_テン］と発話されやすい。
- □ **kilometers** [kəlámərərz] ▶ 第2音節にアクセントが置かれる。「キロメーター」とは異なる発音に注意。kiloは［カラ］に近く、［カラマダ［ラ］ズ］。
- □ **shortened** [ʃɔ́rʔnd] ▶ tenの部分でt音が声門閉鎖音化し［ショーんンドゥ］と発話。

3 文の意味が理解できたところをチェックしよう。

☐ **twice the height of ...** は「…の2倍の高度」という意味。twice as high as ... と言い換えることもできる。例えば「…の2倍のサイズ」なら twice the size of ... で、「…の2倍の幅」なら twice the width of ... と表現できる。

LEVEL-2 ★★☆

音声DL-038 ／ 再生回数の目安 **5** 回

スクリプトと訳

Several major airlines plan to have **a fleet of supersonic** jets by **2030**. There are three **aircraft makers in the US currently designing passenger planes that will fly twice as high and double the speed of typical jets in use today**. This will reduce flight times by up to 50%. **Two challenges posed by supersonic flight are noise and pollution**.

複数の大手航空会社が2030年までに超音速ジェット機の艦隊を保有することを計画しています。今日使われている一般的なジェット機の2倍の高度を2倍のスピードで飛行する旅客機を現在設計している航空機メーカーがアメリカには3つ存在しています。これによりフライト時間を50％まで減らすことになります。超音速フライトによって生じるふたつの難問は騒音と汚染です。

聞き取りの3段チェックリスト

1 聞き取れて、かつ意味も正しく理解できた単語や表現にチェックしよう。

☐ fleet「艦隊」
☐ supersonic「超音速の」
☐ passenger plane「旅客機」
☐ typical「ふつうの；通常の」
☐ challenge「難問」
☐ pose「引き起こす」
☐ noise「騒音」
☐ pollution「汚染」

2 聞き取れて、かつ発音やアクセントも正しく理解できた単語や表現にチェックしよう。

☐ **fleet of** [fliːrəv] ▶ 連結部で弾音化が生じ［フリーダ［ラ］ヴ］のように発話されている。

- □ supersonic [sùːpərsánik] ▶ 後半の第3音節のsoにアクセントが置かれる。
- □ 2030 ▶ twenty thirtyと読む。thirtyのt音は弾音化しやすい。
- □ currently [kə́ːrən_li] ▶ アクセントは頭にある。t音は脱落しやすく［クーレン_リ］と発話されることがある。

③ 文の意味が理解できたところをチェックしよう。

- □ 1文目の **a fleet of ...** は「…の一団；…の艦隊」という意味。
- □ 2文目は新型機を設計中の企業数を情報として加え、ニュースがより詳細になっている。構造が複雑なので、しっかり確認して文意を把握しよう。**designing ...** は現在分詞で **aircraft makers** を後置修飾している。**that will ...** のthatは主格の関係代名詞。**passenger planes** が先行詞だ。
- □ 最後の1文、**Two challenges posed by ...** は「…によって引き起こされるふたつの問題」。過去分詞 **posed by supersonic flight** がchallengesを後置修飾している。

LEVEL-3 ★★★   🔊 音声DL-039 ／ 再生回数の目安 8回

スクリプトと訳

A number of major airlines have announced that they are looking to **return to supersonic flight** within the next decade. At least three manufacturers in the US are currently designing the **cutting-edge** passenger jets **that will be** able to fly faster than the speed of sound. Currently, airliners typically cruise at an altitude of 9,000 meters at a speed of 900 kilometers an hour. These new aircraft are expected to double that speed and fly at heights of **18,000** meters, **cutting flight times almost in half**. Noise is a problem caused by supersonic flight, **as is pollution due to the need for extra fuel**.

いくつかの大手航空会社が今後10年以内に超音速フライトに回帰することを目指していると発表しました。少なくともアメリカの3つの製造企業が現在、音速よりも速く飛行可能な最新鋭旅客ジェット機の設計を進めています。現在、航空機は高度9,000メートルを時速900キロのスピードで航行するのが一般的です。これらの新しい航空機はそのスピードを2倍にし、1万8,000メートルの高度を飛行し、フライト時間をほぼ半分に削るものと見込まれています。余分の燃料を必要とすることによる汚染と同様、超音速飛行により生じる騒音も問題となります。

聞き取りの3段チェックリスト

1 聞き取れて、かつ意味も正しく理解できた単語や表現にチェックしよう。

- ☐ look to ...「…を目指す；試みる」
- ☐ manufacturer「製造業者」
- ☐ cutting-edge「最先端の；最新式の」
- ☐ airliner「（大型）定期旅客機」
- ☐ cruise「進む；巡航する」
- ☐ altitude「高度」
- ☐ cause「生じさせる」
- ☐ fuel「燃料」

2 聞き取れて、かつ発音やアクセントも正しく理解できた単語や表現にチェックしよう。

- ☐ **cutting-edge** [kʌ́tiŋ-ědʒ] ▶ 複合形容詞で、アクセントはcutに置かれる。cuttingのt音は弾音化しやすい。
- ☐ **that will be** [ðæ_wə_bi] ▶ 脱落や弱化により［ザッ_ウ_ビ］のように読まれやすい。このように機能語が続くときは、音声変化が起きやすいので慣れてゆきたい。
- ☐ **18,000** ▶ eighteen thousandと読む。

3 文の意味が理解できたところをチェックしよう。

- ☐ 1文目の **A number of ...** には「多くの…」と「いくつかの…」という異なった意味がある。ここでは「いくつかの…」という意味だ。<u>return to supersonic flight</u>は「超音速飛行に回帰する」。かつての超音速旅客機コンコルドの存在を念頭に置いている。
- ☐ 4文目の **cutting flight times almost in half** は分詞構文。「その結果フライト時間をほぼ半分に削る」と、前に述べた物事の帰結を示している。
- ☐ 最後の1文の後半、**as is pollution due to the need for extra fuel** の as is ... は「…と同様」という意味になる。as is the case with ... と表現しても同じ。

\\Tidbits/

超音速旅客機のコンコルドは1976年から2003年まで飛行していたが、最高速度は時速2,180キロで、乗客数は92名から128名と少なかった。ニューヨーク―ロンドン間の飛行で、現在の物価で$13,000ドル程度のチケット代金がかかり超富裕層向けだったが、それでも利益を出すのは難しく引退した。

UNIT 14 Shipping Mishaps

各レベルの音声がある程度聞き取れたら、スクリプトと訳 を見て答え合わせをしよう。その下にある 聞き取りの3段チェックリスト の□にすべて✓がつくまで、繰り返し音声を聞いて、解説を読もう。□が埋まったら、次のレベルに進もう。

LEVEL-1 ★☆☆　　音声DL-040 ／ 再生回数の目安 3回

スクリプトと訳

Recently, cargo ships have been in the news. Oil spills and delays are often reported. However, every year thousands of huge **container** boxes sink **in the** ocean. Last year this number was more than 3,000. This is **rarely** reported in the news.

最近貨物船がニュースに登場しています。石油の流出や遅れがよく報道されています。しかし、毎年何千もの巨大コンテナが海に沈んでいます。昨年、この数字は3,000を超えました。これは滅多にニュースでは報道されません。

聞き取りの3段チェックリスト

1 聞き取れて、かつ意味も正しく理解できた単語や表現にチェックしよう。

- □ cargo ship「貨物船」
- □ oil spill「石油流出」
- □ delay「遅延」
- □ container box「コンテナ」

2 聞き取れて、かつ発音やアクセントも正しく理解できた単語や表現にチェックしよう。

- □ **container** [kəntéinər] ▶ ［カンテイナー］と発音。アクセントは第2音節に置かれる。
- □ **in the** [in(ð)i] ▶ ［インズィ］。[ð] が抜けて連結し［イニ］と発話することもある。

3 文の意味が理解できたところをチェックしよう。

- □ **rarely** は「滅多に…ない」と否定の意味を表す。フォーマルな語に seldom がある。hardly は「ほとんど…ない」と程度を否定する類語だ。

LEVEL-2 ★★☆　音声DL-041 ／ 再生回数の目安 5回

スクリプトと訳

You rarely hear about it, but every year thousands of shipping containers are lost at sea. **As many as** 3,000 railroad-car-sized containers went overboard last year, mostly due to bad weather. These accidents pose a risk to the environment, as well as other ships. **The contents of these containers often include hazardous materials, and of course** tons of **plastic.**

滅多に耳にしないことですが、毎年何千もの輸送用コンテナが海でなくなります。ほとんどの場合、荒天によって、昨年には3,000もの鉄道車両サイズのコンテナが船外に落下しています。こういった事故は環境あるいは他の船などへのリスクを引き起こします。これらコンテナの内容物は、しばしば有害な物質を含んでいます。そしてもちろん大量のプラスチックも含まれます。

聞き取りの3段チェックリスト

1 聞き取れて、かつ意味も正しく理解できた単語や表現にチェックしよう。

- ☐ shipping container「輸送用コンテナ」
- ☐ railroad-car-sized「鉄道車両サイズの」
- ☐ go overboard「船外に落下する」
- ☐ pose「引き起こす」
- ☐ hazardous「有害な」
- ☐ tons of ...「山ほどの…」

2 聞き取れて、かつ発音やアクセントも正しく理解できた単語や表現にチェックしよう。

- ☐ **overboard** [óuvərbɔ̀ːrd] ▶ アクセントは第1音節に置かれる。
- ☐ **environment** [envái(ə)nmənt] ▶ 第2音節にアクセント。viは［ヴィロ］でなく［ヴァイ］。
- ☐ **tons of** [tʌnzəv] ▶ 連結して［タンザヴ］のように発話されている。

3 文の意味が理解できたところをチェックしよう。

- ☐ 1文目、**You rarely hear about it, but ...** は「それに関しては滅多に耳にしないだろうが…」と次にくる内容の前置きの役目を果たしている。
- ☐ 2文目の **As many as ...** は「…もの数の」。数の多さを強調するフレーズ。

□ 最後の1文、**The contents of these containers ...** はA include B「AはBを含む」、「BがAに含まれる」の構造に気づきたい。A=The contents of these containers, B=hazardous materials, and of course tons of plasticだ。

LEVEL-3 ★★★

🔊 音声DL-042 ／ 再生回数の目安 **8**回

スクリプトと訳

<u>A spate of oils spills, canal and port backups and other container-ship mishaps</u> have garnered the world's attention in recent months. However, <u>what slips under the radar is</u> just how many of the massive containers are lost at sea every year—<u>often due to inclement weather.</u> Last year alone, <u>more than 3,000 cargo boxes the size of railroad cars</u> carrying everything from <u>batteries</u> to <u>sulfuric</u> acid were lost overboard during transit. <u>Despite the fact that the</u> potential harm to the environment, wildlife and even other mariners can be <u>catastrophic</u>, these accidents aren't tracked or regulated in any way.

石油の流出や運河や港湾の渋滞、その他のコンテナ船の事故が連続し、ここ数カ月世界の注目を集めました。しかし、毎年いったいどれほど多くの巨大コンテナがしばしば荒天によって海で失われているかについては見過ごされています。昨年だけでも、バッテリーから硫酸まであらゆるものを運ぶ3,000以上の鉄道車両サイズのコンテナが輸送中に船外に落下して失われました。環境、野生生物、さらには他の船員たちに及ぼす害が壊滅的なものとなりかねないにもかかわらず、こういった事故は、まったく追跡もされず規制されてもいないのです。

聞き取りの3段チェックリスト

1 聞き取れて、かつ意味も正しく理解できた単語や表現にチェックしよう。

- □ a spate of ...「連続する…」
- □ backup「渋滞」
- □ mishap「不運な事故；災難」
- □ garner「集める」
- □ inclement「荒れ模様の」
- □ sulfuric acid「硫酸」
- □ transit「輸送」
- □ mariner「船員」
- □ track「追跡する」
- □ regulate「規制する」

2 聞き取れて、かつ発音やアクセントも正しく理解できた単語や表現にチェックしよう。

- ☐ batteries [bǽṭəriz] ▶ アクセントは頭にある。t音は弾音化しやすい。
- ☐ sulfuric [sʌlfjúərik] ▶ 名詞のsulfur [sʌ́lfər] では第1音節にアクセントがあるが、形容詞では第2音節へ移る。
- ☐ that the [ðæ_ðə] ▶ that末尾のt音は脱落しやすく［ザッ_ザ］のように発話される。
- ☐ catastrophic [kæ̀təstráfik] ▶ アクセントは第3音節にある。

3 文の意味が理解できたところをチェックしよう。

- ☐ 1文目は **A spate of ... container-ship mishaps** の部分が長い主語で、その主語がA spate of A, B and Cの形の並列になっていることを見抜けば、正確に文意をつかむことができる。andがふたつあるのでわかりにくいが、A=oil spills, B=canal and port backups, C=other container-ship mishapsだ。
- ☐ 2文目は **what slips under the radar is ...**「見落とされていることは…だ」の形を見抜こう。**—often due to ...** では付加的に紛失の原因に言及している。
- ☐ 3文目の **more than 3,000 cargo boxes the size of railroad cars** は「鉄道車両サイズの3,000以上の貨物の箱」が直訳。サイズを後置して説明している。さらに **carrying ... sulfuric acid** 部分の分詞もcargo boxesを修飾していて、ここまでが長い主語となっている。
- ☐ 最後の1文も1センテンスが長いので文の構造を確認しておこう。**Despite the fact ... can be catastrophic,** までは「…にもかかわらず、」という意味になる前置きで、このセンテンスの主語は **these accidents** で動詞が **aren't tracked or regulated** だと見抜きたい。特に前置き部分が非常に長いため、主語と動詞を見失いがちだ。Despiteのあとは名詞がくるため、the fact that ...「…という事実」と同格のthatを使って、そのあとに文、the potential harm ... can be catastrophicを置いてfactと同格になる名詞節を作っている。

\Tidbits/

マルコム・マクレーン（1913-2001）は輸送業の起業家で、近代のインターモーダル輸送コンテナを開発した。貨物列車や大型貨物トラックにも使える標準的なコンテナを使うことで貨物輸送の大幅なコスト削減に成功した。個々の積み荷を繰り返し扱う手間が減り、貨物輸送の信頼性が向上し、積み荷の盗難も減少した。

UNIT 15 Grass Banned

各レベルの音声がある程度聞き取れたら、スクリプトと訳 を見て答え合わせをしよう。その下にある 聞き取りの3段チェックリスト の□にすべて☑がつくまで、繰り返し音声を聞いて、解説を読もう。□が埋まったら、次のレベルに進もう。

LEVEL-1 ★☆☆   音声DL-043 ／ 再生回数の目安 3回

スクリプトと訳

Grass is now **officially** illegal in Nevada. This state is in the western U.S. Lack of rain has long **been a** problem. To save **water**, a new state law was passed. **Grass or other greenery** that is "only for show" and not private is now illegal.

いまや芝生がネバダでは公式に違法となりました。この州は西部アメリカにあります。雨の不足が長い間問題となってきました。水を節約するために、新しい州法が可決されました。単に見せる目的で個人所有でない芝生やその他の草木は、いまや違法となったのです。

聞き取りの3段チェックリスト

1 聞き取れて、かつ意味も正しく理解できた単語や表現にチェックしよう。

- □ grass「芝生」
- □ pass「通過する;可決される」
- □ greenery「草木」
- □ for show「見せるための」

2 聞き取れて、かつ発音やアクセントも正しく理解できた単語や表現にチェックしよう。

- □ **officially** [əfíʃəli] ▶ アクセントは第2音節に置かれる。
- □ **been a** [binə] ▶ 2語が連結して［ビナ］と発話される。
- □ **water** [wɔ́ːrər] ▶ t音が弾音化し［ウォーダ〔ラ〕ー］のような音になる。
- □ **greenery** [gríːnəri] ▶ 発音は［グリーナリ］。アクセントは頭の音節にある。

3 文の意味が理解できたところをチェックしよう。

☐ **Grass or other greenery that is "only for show" and not private** までがこのセンテンスの主語。that は主格の関係代名詞でthat以降の「見せるためだけで個人のものではない」が「芝生や他の草木」を修飾している。

LEVEL-2 ★★☆   🔊 音声DL-044 ／ 再生回数の目安 **5**回

スクリプトと訳

Drought has long plagued the western state of Nevada, home to Las Vegas and the Hoover Dam. This year, **to combat severe drought**, state lawmakers have passed a new law **making grass and other landscaping illegal if it is only for appearances**. Private property, golf-courses and public parks are not **subject to** this new policy.

ラスベガスとフーバーダムのある西部のネバダ州では干ばつに長く苦しめられてきました。今年、厳しい干ばつに立ち向かうため、芝生やその他の造園が、もしそれらが外観のためだけのものであるなら違法とする新たな法律を、州の議員たちは可決しました。個人の所有物やゴルフコース、公園にはこの新方針は適用されません。

聞き取りの3段チェックリスト

1 聞き取れて、かつ意味も正しく理解できた単語や表現にチェックしよう。

☐ drought「干ばつ」
☐ plague「長く苦しめる；はびこる」
☐ home to ...「…がある」
☐ combat「闘う；立ち向かう」
☐ lawmaker「議員」
☐ landscaping「造園」
☐ property「所有物；土地」
☐ subject
　「（法律・規則などの）支配下にある」

2 聞き取れて、かつ発音やアクセントも正しく理解できた単語や表現にチェックしよう。

☐ **Drought** [dráut] ▶ ou の部分の発音が［オウ］ではなく［アウ］であることに注意。
☐ **plagued** [pléigd] ▶ plague の ue は発音されないことに注意。plagued は［プレイグ

- □ **combat** [kɔ́mbǽt] ▶ 動詞では第2音節にアクセントがある。名詞では第1音節。
- □ **subject to** [sʌ́bdʒik_tə] ▶ 破裂音tの連続で前にあるt音が脱落する。

3 文の意味が理解できたところをチェックしよう。

- □ 1センテンスが長い2文目をひとつひとつ確認しよう。Level 1ではTo save waterとシンプルだった新法案の目的がより詳細に **to combat severe drought** となっている。**making grass and ...** 以下は分詞でa new law「法案」をさらに詳しく説明し、さらに条件を表す **if it is only ...** という節も加わっている。

LEVEL-3 ★★★

音声DL-045 / 再生回数の目安 **8**回

スクリプトと訳

Nevada has just become **the first state to sign a bill into law to ban "grass."** Not referring to marijuana, state government is **targeting** so-called "**nonfunctional**" lawns and other landscaping **that is just for cosmetic purposes**. For years, **the drought-stricken area in the western U.S.** has faced a declining water supply—**namely the shrinking Colorado River**. While it excludes single-family homes, parks and golf-courses, this legislation is designed to do away with the **need to** water greenery in places like office parks, berms on streets and highways, etc., in attempt to conserve water.

ネバダは「芝生」を禁止する法案に署名し法律として成立させた最初の州となりました。マリファナ（これもグラスと呼ばれる）に言及しているのではなく、州政府は単にうわべをきれいにするだけの目的の、いわゆる「機能しない」芝生やその他の造園をターゲットとしています。長年、西部アメリカの干ばつに襲われてきた地域（ネバダ）は、水の供給の減少、すなわちコロラド川の縮小に直面しました。一戸建てや公園、ゴルフコースは除外していますが、この法律は、水を節約する試みとして、オフィスの公園や通りや高速道路の路肩のような場所の緑に水をやる必要を排除するために作られたものなのです。

聞き取りの3段チェックリスト

1 聞き取れて、かつ意味も正しく理解できた単語や表現にチェックしよう。

- □ ban「禁止する」
- □ nonfunctional「機能しない」
- □ declining「減少しつつある」
- □ namely「すなわち」
- □ shrink「縮小する；小さくなる」
- □ exclude「除外する」
- □ single-family home「一戸建て」
- □ legislation「法律」
- □ berm「路肩」
- □ conserve「節約する」

2 聞き取れて、かつ発音やアクセントも正しく理解できた単語や表現にチェックしよう。

- □ **targeting** [tάːɡiriŋ] ▶ 第1音節にアクセント。ting の t 音は弾音化しやすい。
- □ **nonfunctional** [nɑnfʌ́ŋkʃənl] ▶ 第2音節にアクセントが置かれる。
- □ **cosmetic** [kɑzmérik] ▶ 第2音節にアクセントがある。日本語の「コスメティック」とは異なり［カズメディ［リ］ック］と発話。t 音は弾音化しやすい。
- □ **need to** [niː_tə] ▶ d＋t の破裂音の連続で、前にある d 音が脱落。

3 文の意味が理解できたところをチェックしよう。

- □ 1文目は **to sign a bill ...** の不定詞が、**the first state** を修飾している。sign a bill into law は「署名し法案を法律とする」という意味。
- □ 2文目の **that is just for cosmetic purposes** は「外見をよく見せるためだけの」という意味。この関係代名詞節がその前の "nonfunctional" lawns and other landscaping を修飾している。
- □ 3文目の **the drought-stricken area in the western U.S.** は「ネバダ州」を別の表現で言い換えたもの。the がついているので既出の場所であることがわかる。— namely ... は「すなわち…」とその前で述べたことを別の表現で言い換えている。

Tidbits

ラスベガスの外に位置するミード湖のフーバーダムは、1935年の完成当時アメリカで最大の建築物だった。ダムはコロラド川に建設されており、ミード湖とコロラド川の水は7つの州の4,000万人のアメリカ人によって利用されている。前例のないひどい干ばつで、2021年7月にはミード湖は史上最低の水位となった。

UNIT 16 Starlink Success

各レベルの音声がある程度聞き取れたら、スクリプトと訳 を見て答え合わせをしよう。その下にある 聞き取りの3段チェックリスト の□にすべて☑がつくまで、繰り返し音声を聞いて、解説を読もう。□が埋まったら、次のレベルに進もう。

LEVEL-1 ★☆☆

音声DL-046 / 再生回数の目安 **3** 回

スクリプトと訳

Starlink is a system of satellites. **Their purpose is to** provide **internet access** from space. This way, internet access can be available anywhere. Starlink was **invented** by billionaire Elon Musk. Over the last five years more than **1,700** satellites have been launched.

スターリンクは人工衛星システムです。スターリンクの目的は宇宙からインターネットへのアクセスを提供することです。これによって、どこからでもインターネットアクセスができるようになるのです。スターリンクは億万長者のイーロン・マスクによって発明されました。過去5年間で、1,700以上の衛星が打ち上げられました。

聞き取りの3段チェックリスト

1 聞き取れて、かつ意味も正しく理解できた単語や表現にチェックしよう。

- □ available「利用できる」
- □ invent「発明する」
- □ billionaire「億万長者」
- □ launch「打ち上げる」

2 聞き取れて、かつ発音やアクセントも正しく理解できた単語や表現にチェックしよう。

- □ internet [íntərnèt] ▶ アクセントは最初にあるので注意。
- □ access [ǽkses] ▶ こちらも第1音節にアクセントが置かれる。
- □ invented [invéntid] ▶ アクセントは第2音節にくる。
- □ 1,700 ▶ one thousand seven hundred と読まれている。one thousand and seven hundred あるいは seventeen hundred と読むこともある。

3 文の意味が理解できたところをチェックしよう。

☐ **Their purpose is to ...** は「それらの目的は…することだ」となる。この to は不定詞の名詞的用法で「…すること」という意味。このセンテンスでは to provide internet access from space「宇宙からインターネットアクセスを提供すること」。

LEVEL-2 ★★☆

🔊 音声DL-047 ／ 再生回数の目安 5回

スクリプトと訳

Elon Musk's orbital internet satellite network called "Starlink" is up and running. Amazingly, via sister company SpaceX, more than 1,700 satellites have been launched and are a part of this network. (To put that in perspective, that is more than man has launched into space in history.) Starlink has its share of controversy and detractors. Space scientists are concerned about collisions with other orbiting craft, light pollution and overall lack of oversight.

「スターリンク」と呼ばれるイーロン・マスクの軌道上インターネット人工衛星ネットワークは、順調に稼働しています。驚くべきことに、姉妹企業であるスペースXによって1,700機以上もの人工衛星が打ち上げられており、このネットワークの一部となっています。(大きな観点から言えば、その数は人類が歴史上、宇宙に打ち上げた数よりも多いのです)。スターリンクは議論や誹謗中傷する人たちなど、それなりの問題も抱えています。宇宙科学者たちは軌道上の他の宇宙船との衝突や、光害、総合的な監視の不足に関して懸念をもっています。

聞き取りの3段チェックリスト

1 聞き取れて、かつ意味も正しく理解できた単語や表現にチェックしよう。

☐ orbital「軌道上の」
☐ up and running「順調に機能している」
☐ via ...「…を通して；…によって」
☐ perspective「大きな観点」
☐ controversy「(多くの人を巻き込む) 論争」
☐ detractor「誹謗中傷する人」
☐ collision「衝突」
☐ oversight「監視」

UNIT16 Starlink Success　75

2 聞き取れて、かつ発音やアクセントも
正しく理解できた単語や表現にチェックしよう。

- ☐ **orbital** [ɔ́ːbirəl] ▶ t音が弾音化しやすく［オービダ〔ラ〕ゥ］のように発話される。アクセントは頭に置かれる。
- ☐ **up and** [ʌpən_] ▶ 連結と脱落によって［アッパン_］のように読まれている。
- ☐ **controversy** [kántrəvə̀ːrsi] ▶ アクセントが第1音節にあることに注意。形容詞の controversial では第3音節に移動する。
- ☐ **detractors** [ditræktərz] ▶ 第2音節にアクセントが置かれる。

3 文の意味が理解できたところをチェックしよう。

- ☐ 1文目の **called "Starlink"**「スターリンクと呼ばれる」という過去分詞が **Elon Musk's ... network** を修飾している。またここまでがセンテンスの主語となっている。
- ☐ 4文目の **has its share of ...** は直訳「…に相当するものをもつ」で、「それなりの…を抱えている」という意味になる。

LEVEL-3 ★★★ 音声DL-048 ／ 再生回数の目安 **8**回

スクリプトと訳

With the goal of providing high-speed internet from space, companies like Starlink, **brainchild of Tesla-founder and billionaire Elon Musk**, are launching satellites into space **at a heretofore unseen pace**. Starlink's network of linked satellites, or "**megaconstellation**" includes a **mind-boggling** 1,700 satellites already in orbit. Proponents tout the lofty goal of providing internet to even the **remotest** parts of the globe. **Concerns of light pollution, lack of regulation and the danger of in-space collisions** are just some of the red-flags **being raised by scientists, researchers and opponents of the project**.

宇宙から高速インターネットを提供する目的で、テスラ創業者で億万長者のイーロン・マスクの頭脳の産物であるスターリンクなどの企業が、これまでにないペースで人工衛星を宇宙に打ち上げています。スターリンクのつながった人工衛星ネットワーク、あるいは巨大な一群の衛星は、1,700という圧倒的な数の人工衛星をすでに軌道上に抱えています。擁護者たちは、地球上のもっとも辺鄙な場所にさえイ

ンターネットを提供するという遠大な目標をほめちぎっています。光害、規制の欠如、宇宙での衝突の問題は、科学者や研究者、プロジェクトへの反対者によって掲げられた危険信号のほんの一例に過ぎません。

聞き取りの3段チェックリスト

1 聞き取れて、かつ意味も正しく理解できた単語や表現にチェックしよう。

- □ brainchild「頭脳の産物」
- □ heretofore「これまでに」
- □ megaconstellation
  「巨大な一群（の衛星）」
- □ mind-boggling
  「想像を超えた；圧倒的な」
- □ proponent「擁護者」
- □ tout「ほめちぎる」
- □ lofty「高尚な；高遠な」
- □ red-flag「危険信号の赤旗」
- □ opponent「反対者」

2 聞き取れて、かつ発音やアクセントも正しく理解できた単語や表現にチェックしよう。

- □ billionaire [bìljənéər] ▶ アクセントは第3音節に置かれる。
- □ at a [ərə] ▶ 連結部が弾音化し［アダ〔ラ〕］のように発話されやすい。
- □ mind-boggling [máindbɑ̀ɡliŋ] ▶ アクセントは前半のmindにある。
- □ remotest [rimóurest] ▶ t音が弾音化し［リモウデ〔レ〕スト］のように発話されている。

3 文の意味が理解できたところをチェックしよう。

- □ 1文目の, **branchild of ... Elon Musk** は直前のStarlinkと同格。**at a heretofore unseen pace** は「これまでに見たことのないペースで」。
- □ 2文目は **Starlink's network of linked satellites, or "megaconstellation"** までが長い主語。orの前後で同じ内容を言い換えている。
- □ 最後の1文は **Concerns of light ... collisions** までが非常に長い主語。**being raised by ... of the project** は直前のsome of the red-flagsを修飾している。

\ Tidbits /

スターリンクがほとんどニュースを独り占めしている中、カナダ、EU、英国、中国など世界中で少なくとも6社が独自の地球低軌道衛星をインターネット接続のために計画している。Amazonも地上391マイルの軌道を回る3,200以上の衛星打ち上げを計画している。

UNIT 17 Cruising to Space

各レベルの音声がある程度聞き取れたら、スクリプトと訳を見て答え合わせをしよう。その下にある聞き取りの3段チェックリストの□にすべて✓がつくまで、繰り返し音声を聞いて、解説を読もう。□が埋まったら、次のレベルに進もう。

LEVEL-1 ★☆☆   音声DL-049 / 再生回数の目安 3回

スクリプトと訳

Now for some movie news. Tom Cruise **is planning to** film a movie in space! He will visit the **International** Space Station. The action superstar wants to film the first movie in space. The movie will be the 8th **sequel** in the Mission **Impossible** series.

さて、次は映画のニュースです。トム・クルーズには宇宙で映画を撮影する計画があります！ 彼は国際宇宙ステーションを訪問する予定になっているのです。アクションのスーパースターは、宇宙で最初の映画を撮影したいと思っています。映画はミッションインポッシブルシリーズの8作目の続編となります。

聞き取りの3段チェックリスト

1 聞き取れて、かつ意味も正しく理解できた単語や表現にチェックしよう。

- □ film「撮影する」
- □ International Space Station「国際宇宙ステーション」
- □ sequel「続編；続き」
- □ series「シリーズもの」

2 聞き取れて、かつ発音やアクセントも正しく理解できた単語や表現にチェックしよう。

- □ **International** [ìn(t)ərnǽʃənl] ▶ 3音節目にアクセントが置かれる。interのt音が脱落することも多い。
- □ **sequel** [síːkwəl] ▶ ［シクェル］のように覚えてしまっている場合も多いだろうが、実際の発音は語末のlがダークLなので［シーコッ］のようになる。
- □ **Impossible** [impásəbl] ▶ アクセントは第2音節にくる。

3 文の意味が理解できたところをチェックしよう。

☐ **is planning to ...** は「…することを予定している；…する予定だ」と将来の計画について述べる場面で用いられる表現。ニュースでは将来の予定や計画を述べる場合も多いため、このフレーズは特に頻出する傾向にある。

LEVEL-2 ★★☆

🔊 音声DL-050 ／ 再生回数の目安 **5** 回

スクリプトと訳

This just in from the entertainment **world**. Reports have leaked that Tom Cruise is planning to actually film the first movie in space! Details **are limited, but** the actor is planning to visit the International Space Station sometime in 2023. That will be the setting for the next installment of the popular Mission Impossible franchise. Cruise is known for his dramatic stunts and realism.

これは、ちょうどエンタメの世界から入った情報です。報道からのリークによると、トム・クルーズが実際に宇宙で最初の映画を撮影する計画とのことです！詳細は限定されていますが、俳優（トム・クルーズ）が、2023年のある時期に国際宇宙ステーションを訪れる計画となっています。宇宙ステーションは人気のミッションインポッシブルシリーズの次のエピソードの舞台となります。クルーズは彼のドラマチックなスタントとリアル感で知られています。

聞き取りの3段チェックリスト

1 聞き取れて、かつ意味も正しく理解できた単語や表現にチェックしよう。

☐ report「報道」
☐ leak「漏らす；リークする」
☐ setting「舞台；セット」
☐ installment「エピソード」
☐ franchise「シリーズ」
☐ realism「リアル感」

2 聞き取れて、かつ発音やアクセントも正しく理解できた単語や表現にチェックしよう。

☐ **entertainment** [èntərtéinmənt] ▶ 第3音節にアクセントがある。［エンターテイメント］ではなく［エンターテインメント］。

UNIT17 Cruising to Space

- □ **planning to** [plǽnin_tu] ▶ 脱落でplanningの末尾の［ŋ］音は［n］に近い音になりやすい。
- □ **Details** [díːteilz] ▶ アクセントは頭に置かれる。［ディーテイヅ］と発音。
- □ **setting** [sérin_] ▶ t音が弾音化、末尾のgが脱落し［セディ〔リ〕ン_］のように発話されている。

3 文の意味が理解できたところをチェックしよう。

- □ 1文目、**This just in from the entertainment world.** は本来ならThis is just ... となるはずだが、ニュースではこのisが省略される場合が多い。
- □ 3文目の**Details are limited, but ...** は、報道などの範囲が限定的であることを伝えながら、情報を述べる表現法。

LEVEL-3 ★★★

音声DL-051 ／ 再生回数の目安 **8**回

スクリプトと訳

Now to the entertainment scene. **It has just been announced that** Tom Cruise is **purportedly** planning to travel to the International Space Station and be the first to actually film a Hollywood movie in space. The actor, **famous for doing his own stunts and having full production control over his movies**, is **apparently literally going the extra mile** to film the next installment of the Mission Impossible series. Both the actor and the studio are being tight-lipped with respect to details, but **according to some sources**, production is expected to take place sometime in 2023.

次はエンタメシーンに進みます。発表されたばかりですが、伝えられているところによれば、トム・クルーズが、国際宇宙ステーションまで旅をして、実際に宇宙でハリウッド映画を撮る最初の人物となることが計画されています。自身でスタントを行い、自分の映画の制作を完全にコントロールすることで有名な俳優であるトム・クルーズは、ミッションインポッシブルシリーズの次のエピソードを撮影することで、まさしくさらなる一歩を踏み出すことになりそうです。俳優もスタジオも詳細に関しては固く口を閉ざしていますが、いくつかの情報筋によると、制作は2023年のどこかの時期に行われる予定となっています。

聞き取りの3段チェックリスト

1 聞き取れて、かつ意味も正しく理解できた単語や表現にチェックしよう。

- ☐ purportedly「伝えられたところによると」
- ☐ production「制作」
- ☐ apparently「どうやら…のようだ」
- ☐ literally「文字どおり；まさしく」
- ☐ tight-lipped「口を固く閉じた」
- ☐ with respect to ...「…に関して」
- ☐ source「情報源」

2 聞き取れて、かつ発音やアクセントも正しく理解できた単語や表現にチェックしよう。

- ☐ **It has just been** [iɾəz dʒəs_bin] ▶ It hasでは連結＋弾音化。just beenではt音が脱落し、［イッダ〔ラ〕ズ ジャス_ビン］のような発音になる。
- ☐ **purportedly** [pəpɔ́ːtədli] ▶ アクセントは第2音節に置かれる。
- ☐ **apparently** [əpǽɾən(t)li] ▶ ntlの部分からt音が脱落しやすい。
- ☐ **extra** [ékstʃɾə] ▶ ［トゥラ］の部分の音が［チュラ］と変化しやすい。

3 文の意味が理解できたところをチェックしよう。

- ☐ 2文目、**It has just been announced that ...**「…ということが発表されたばかりだ」は、この情報の即時性を強調している。**purportedly**「伝えられたところによると」は、情報が確定的ではないことを示唆する場面で用いられるニュース頻出用語。
- ☐ 3文目の **famous for ... over his movies** はThe actorの詳細情報をひとつの形容詞句だけで追加して述べている。形容詞句部分はfamous for A and Bの形になっていて、A=doing his own stunts, B=having full production control over his moviesだ。**literally going the extra mile** は「文字どおり余分のマイルを進む」が直訳だが、実際は「（努力によって）まさしくさらなる一歩を踏み出す」という意味。クルーズが宇宙空間へ一歩を踏み出すことと引っかけた表現だ。
- ☐ 最後の1文の **according to some sources**「いくつかの情報筋によると」はニュースの情報源を述べるときに頻出するフレーズ。

\ Tidbits /

人類は宇宙ツーリズムの時代に入ろうとしている。Amazonの創業者ジェフ・ベゾスや英国の大富豪リチャード・ブランソンは、2021年にそれぞれの所有企業が作った宇宙船に乗り宇宙旅行を行った。当初宇宙ツーリズムは大金持ちのみに可能だが、大規模な宇宙ツーリズムは旅の新しい一形態となるだろう。

UNIT 18 Forest Fire

各レベルの音声がある程度聞き取れたら、**スクリプトと訳** を見て答え合わせをしよう。その下にある **聞き取りの3段チェックリスト** の□にすべて✓がつくまで、繰り返し音声を聞いて、解説を読もう。□が埋まったら、次のレベルに進もう。

LEVEL-1 ★☆☆ 　音声DL-052 / 再生回数の目安 3回

スクリプトと訳

There is a forest fire burning in California. It started yesterday and **has grown** very large. Lightning is probably the cause. Lack of rain and high winds are problems for firefighters. Currently, most of the fire is burning out of control.

カリフォルニアで森林火災が起こっています。火災は昨日から始まり、とても大きくなっています。落雷がおそらく原因でしょう。雨不足と強風が消防隊員たちにとって問題となっています。現在、火災のほとんどの部分は制御できないまま燃えています。

聞き取りの3段チェックリスト

1 聞き取れて、かつ意味も正しく理解できた単語や表現にチェックしよう。

- □ lightning「稲妻；雷；落雷」
- □ high「強い」
- □ out of control「制御できずに；手に負えずに」

2 聞き取れて、かつ発音やアクセントも正しく理解できた単語や表現にチェックしよう。

- □ probably [prάːbəbli] ▶ 第1音節にアクセント。[プラーバブリ] と発音される。
- □ firefighters [fáiərfairərz] ▶ 前半にアクセント。fighter の gh は発音されない。また t 音は弾音化している。
- □ Currently [kə́ːrən(t)li] ▶ 頭にアクセント。ntl の t 音は読まれないことも多い。
- □ control [kəntʃróul] ▶ アクセントは後方。tro の部分は [チュロウ] のように変化する。

3 文の意味が理解できたところをチェックしよう。

☐ 2文目は過去のある時点から現在まで火の手の成長がずっと続いていて、いまはとても大きなものになっているということなので、**has grown** と、現在完了形になる。

LEVEL-2 ★★☆　　音声DL-053 ／ 再生回数の目安 **5**回

スクリプトと訳

A forest fire **is spreading throughout the mountainous area** of northern California. The fire has scorched more than **100,000 acres** in the last two days alone. Officials believe lightning is the cause. Firefighters are struggling to control the blaze, due to the dry conditions and high winds in the area. **So far, they have not been able to get the fire under control.**

北部カリフォルニアの山間地域の至る所で森林火災が広がっています。火の手は過去2日のみで10万エーカー以上を焼きました。当局者は落雷が原因であると思っています。消防官たちは、その地域の乾燥した環境と強風により、炎の制御に苦労しています。これまでのところ、消防士たちは火の手を制御できていません。

聞き取りの3段チェックリスト

1 聞き取れて、かつ意味も正しく理解できた単語や表現にチェックしよう。

☐ throughout ...「…の至る所で」
☐ mountainous「山がちの」
☐ scorch「(焼き)焦がす」
☐ acre「エーカー」
　※1エーカーは約4,047平米。
☐ official「当局者」
☐ struggle「苦闘する；苦労する」
☐ blaze「火事；火災；炎」
☐ under control「制御して」

2 聞き取れて、かつ発音やアクセントも正しく理解できた単語や表現にチェックしよう。

☐ **throughout** [θruːáut] ▶ アクセントが第2音節にくることに注意。
☐ **mountainous** [máuntənəs] ▶ 頭にアクセントがある。nous の部分は［ナウス］ではなく［ナス］と発音される点に注意。

- ☐ 100,000 ▶ one hundred thousandと読む。数値のひとつ目のカンマは千の単位。
- ☐ acers [éikərz] ▶ 頭のaにアクセントが置かれる。aは［ア］ではなく2重母音の［エイ］。

3 文の意味が理解できたところをチェックしよう。

- ☐ 1文目の **is spreading throughout the mountainous area** は「山がちな地域の至る所で広がっている」という意味。Level 1よりも地域をさらに詳細に述べている。
- ☐ 最後の1文、**So far, they have not been able to ...** で「過去から現在までのところ…できていない」と時間の流れを含ませることで、情報を深化させている。

LEVEL-3 ★★★ 音声DL-054 ／ 再生回数の目安 8回

スクリプトと訳

A **devastating** wildfire dubbed the "Stone Mountain Fire" is raging in the mountains of northern California. The fire started yesterday and **has since laid waste to** more than 100,000 acres. Lightning **is suspected to** have caused the fire, and dry conditions and high winds **are hampering firefighters' efforts to battle the blaze.** Several neighborhoods in the path of the inferno are under **mandatory** evacuation. To date, no homes have been **destroyed** but the fire is only 10% contained and there is no precipitation forecasted for the next few days.

「ストーンマウンテン火災」と名づけられた壊滅的な山火事が北部カリフォルニアの山々で猛威を振るっています。火災は昨日始まり、それ以来10万エーカー以上を荒廃させました。落雷が火災の原因と疑われていて、乾燥した環境や強風が炎と闘う消防士たちの努力の妨げとなっています。大火の進路に当たるいくつかの地域は強制避難となっています。これまでのところ破壊された家屋はありませんが、火災は10％封じ込められたに過ぎず、今後数日、降水の予報はまったくありません。

聞き取りの3段チェックリスト

1 聞き取れて、かつ意味も正しく理解できた単語や表現にチェックしよう。

- ☐ devastating 「破壊的な；壊滅的な」
- ☐ wildfire「山火事；野火」
- ☐ dub「あだ名をつける」

- ☐ rage「猛威を振るう」
- ☐ lay waste to ...「…を荒廃させる」
- ☐ hamper「妨げる；邪魔する」
- ☐ in the path of ...「…の進路に当たる」
- ☐ inferno「大火；燃えさかる炎」
- ☐ mandatory evacuation「強制避難；待避」
- ☐ contain「封じ込める；延焼を防ぐ」
- ☐ precipitation「降水」

2 聞き取れて、かつ発音やアクセントも正しく理解できた単語や表現にチェックしよう。

- ☐ **devastating** [dévəstèiriŋ] ▶ ting の t 音は弾音化しやすい。
- ☐ **suspected to** [səspektə_tə] ▶ 破裂音の連続で、前にある d 音が脱落する。
- ☐ **mandatory** [mǽndətɔ̀ːri] ▶ アクセント注意。da の部分は曖昧な［ア］の発音。
- ☐ **destroyed** [distʃrɔ́id] ▶ アクセントが後ろにあることに注意。stro の部分は［スチョロ］と変化しやすい。

3 文の意味が理解できたところをチェックしよう。

- ☐ 1文目の **dubbed ...** は「…とあだ名をつけられた」という意味の過去分詞。直前にある **A devastating wildfire** を後置修飾している。また、このセンテンスは devastating, is raging などの語句で火災の激しさを強調している。
- ☐ 2文目は Level 2 の has scorched を、**has since laid waste to ...**「以来…を荒廃させた」という慣用句に変えることでより格調の高いニュースらしい表現に変化している。
- ☐ 3文目では **is suspected to ...**「…すると疑いをもたれている」と断定を避けつつ推測している。また、Level 2 では Firefighters are struggling ... と「消防官たち」が主語だったが、Level 3 では「消火を困難にしている環境」である dry conditions and high winds を主語に置き、そのあとに動詞部分の **are hampering firefighters' efforts to ...**「…する消防士たちの努力を妨げている」を添えている。**battle the blaze** で「炎と闘う」。

\ Tidbits /

アメリカでは2020年に5万8,950件の山火事が発生し、1,010万エーカーを焼いた。これに対して、2019年は5万477件で470万エーカーを焼いた。90%の山火事は人間によって起こされていると考えられている。過失、切れた送電線やキャンプファイヤーなどがおもな原因だ。落雷も原因のひとつで、その割合は10%を占めている。

UNIT 19 Volcano Erupts

各レベルの音声がある程度聞き取れたら、スクリプトと訳 を見て答え合わせをしよう。その下にある 聞き取りの3段チェックリスト の□にすべて✓がつくまで、繰り返し音声を聞いて、解説を読もう。□が埋まったら、次のレベルに進もう。

LEVEL-1 ★☆☆　音声DL-055 ／ 再生回数の目安 3回

スクリプトと訳

A **volcano** has erupted in the **Philippines**. It happened there early this morning. The volcano has been quiet for hundreds of years. Several small towns **were buried** in landslides. Smoke and ash **were thrown high** into the air. Flowing **lava** is also a concern.

フィリピンで火山が噴火しました。噴火は現地の今朝早くに起こりました。火山は数百年間、静かでした。小さな町がいくつか地滑りで埋まりました。噴煙と火山灰が空高く吹き上がりました。溶岩流も懸念となっています。

聞き取りの3段チェックリスト

1 聞き取れて、かつ意味も正しく理解できた単語や表現にチェックしよう。

- □ volcano「火山」
- □ erupt「噴火する」
- □ bury「埋める」
- □ landslide「地滑り；崖崩れ」
- □ ash「火山灰」
- □ lava「溶岩」

2 聞き取れて、かつ発音やアクセントも正しく理解できた単語や表現にチェックしよう。

- □ **volcano**［vɑlkéinou］ ▶ アクセントは第2音節にある。caの部分は［ケイ］と発音。
- □ **Philippines**［fíləpiːnz］ ▶ 第1音節にアクセント。［**フィ**ラピーンズ］のように発話される。
- □ **buried**［bérid］ ▶ buの部分を［ベ］と発音。［ビュリードゥ］ではない。
- □ **lava**［láːvə］ ▶ ほぼローマ字読みで予想できる発音になる。

3 文の意味が理解できたところをチェックしよう。

☐ **were buried**, **were thrown high** はどちらも受け身の形になっている。be動詞＋過去分詞で「…される；された」。ここではいずれもbe動詞が過去形なので、過去の受動態の文であることがわかる。

LEVEL-2 ★★☆   音声DL-056 ／ 再生回数の目安 5回

スクリプトと訳

A large volcano has **erupted** near the city of Malaga in the Philippines. This volcano had not erupted **for over two centuries**. Smoke, ash and large **boulders** **were visible thousands of meters in the air**. **Our sister channel in Manila reports that** landslides and lava flows **are threatening** several nearby towns. Military units have been **deployed** to aid locals.

フィリピンのマラガ市の近くで大きな火山が噴火しました。この火山は2世紀以上もの間、噴火していませんでした。噴煙や火山灰、大きな岩が数千メートルの高さまで達するのが見られました。マニラにある姉妹局は、地滑りと溶岩流が近隣のいくつかの町の脅威となっていると報道しています。地元民の支援のため、軍の部隊が配備されています。

聞き取りの3段チェックリスト

1 聞き取れて、かつ意味も正しく理解できた単語や表現にチェックしよう。

- ☐ boulder「巨岩；大きな石」
- ☐ lava flows「溶岩流」
- ☐ military unit「軍の部隊」
- ☐ deploy「配備する」
- ☐ locals「地元の人々」

2 聞き取れて、かつ発音やアクセントも正しく理解できた単語や表現にチェックしよう。

- ☐ **erupted** [irʌ́ptid] ▶ アクセントはrupに置かれる。語頭のeは「エ」ではなく、「イ」と発音する。
- ☐ **boulders** [bóuldərz] ▶ ouの発音は［オウ］。アクセントは頭にある。

- ☐ Manila [mənílə] ▶ アクセントは第2音節にくる。日本語とは異なるため、知識として知らなければ聞き取りが難しい。
- ☐ deployed [dɪplɔ́ɪ_] ▶ 第2音節にアクセントがある。末尾のd音は脱落している。

3 文の意味が理解できたところをチェックしよう。

- ☐ Level 1の for hundreds of years を、Level 2の2文目では **for over two centuries** と「世紀」を使った表現で置き換えている。漠然としていた火山の休眠年数をより具体化している。
- ☐ 3文目の **were visible ...** 以降で噴火の規模を具体的に示している。**thousands of meters in the air** は「空中数千メートルに」。
- ☐ 4文目、**Our sister channel in Manila reports that ...** で情報の入手先がわかる。またLevel 1では単にconcernとしていたところを **are threatening**「脅威となっている」とすることで、より具体的な危険性を訴える表現に変わっている。

LEVEL-3 ★★★

音声DL-057 / 再生回数の目安 **8**回

スクリプトと訳

This breaking news just in from the Philippines. A massive volcano has erupted near the city of Malaga. **The volcano, which had been dormant for more than 200 years** awakened early this morning local time and **shot plumes of ash, smoke and debris thousands of meters into the air**. According to our Manila affiliate, several small villages in the area have been **inundated** by landslides. **Pyroclastic** flows are visible, and the military has been mobilized **in attempt to locate and evacuate people from the surrounding areas**. We will provide more information as it becomes available.

これは、たったいまフィリピンから入ってきたニュース速報です。巨大な火山がマラガ市の近くで噴火しました。火山は200年以上活動していませんでしたが、地元時間の今朝早くに目を覚まし、数千メーター上空に火山灰と噴煙、瓦礫を吹き上げました。マニラの系列局によると、地域の小さな村のいくつかが地滑りに埋まりました。火砕流が見られ、周辺地域から人々を発見し避難させるため、軍隊が動員されています。さらなる情報が入手できましたらご提供いたします。

聞き取りの3段チェックリスト

1 聞き取れて、かつ意味も正しく理解できた単語や表現にチェックしよう。

- ☐ dormant「休止状態の；休眠中の」
- ☐ plume「（煙など）空中に上がったもの」
- ☐ debris「破壊物の破片；瓦礫」
- ☐ affiliate「提携組織；系列企業」
- ☐ inundate「充満させる」
- ☐ pyroclastic flow「火砕流」
- ☐ mobilize「動員する」
- ☐ locate「場所を突き止める」

2 聞き取れて、かつ発音やアクセントも正しく理解できた単語や表現にチェックしよう。

- ☐ **dormant** [dɔ́ːrmənt] ▶ ［ドーマントゥ］。聞き慣れない語が登場する度に、「意味」＋「発音」＋「アクセント」をセットにして自分の知識として取り入れてほしい。
- ☐ **debris** [dəbríː] ▶ フランス語由来の語。末尾のsは発音しない点に注意。
- ☐ **inundated** [ínʌndèirid] ▶ アクセントは第1音節。datedのt音は弾音化しやすい。
- ☐ **Pyroclastic** [pàirouklǽstik] ▶ アクセントは後半にある。前半は［パイロウ］と発話。

3 文の意味が理解できたところをチェックしよう。

- ☐ 1文目の **This breaking news just in ...** はnewsの後ろのisが省略されていると考えられるが、ネイティブはこのまま使う。文法的には不正確だが、ニュースの中ではよく用いられる表現だ。
- ☐ 3文目は **The volcano ... 200 years** が長い主語で、awakenedとshotのふたつの動詞が並列していることを理解したい。The volcanoを説明する ,which ... の関係詞節は、200 yearsまでだ。また、音声を聞きながらshot plumes of A, B and C into the air「AとBとCを空中に吹き上げる」の形に気づきたい。A=ash, B=smoke, C=debrisだ。
- ☐ 5文目の **in attempt to ...** 以降は、in attempt to ... が「…する目的で」という意味で、その後にlocateとevacuateのふたつの動詞がきていることがわかると文意が取れる。

関連語句

- dormant/active volcano「休火山／活火山」
- the (Pacific) Ring of Fire「環太平洋火山帯」
- seismic activity「地震活動」
- crater「火口」
- rim「外輪山」
- magma「マグマ」

UNIT 20 Fashion Trends

各レベルの音声がある程度聞き取れたら、スクリプトと訳 を見て答え合わせをしよう。その下にある 聞き取りの3段チェックリスト の□にすべて✓がつくまで、繰り返し音声を聞いて、解説を読もう。□が埋まったら、次のレベルに進もう。

LEVEL-1 ★☆☆　音声DL-058 ／ 再生回数の目安 3回

スクリプトと訳

Currently, there are two big trends in fashion. One is "genderless" fashion. This is **clothing** that doesn't follow **traditional definitions of male or female style**. The second fad is "**capsule** dressing." This style is **meant** to be friendly to the environment and your wallet.

現在、ファッションにふたつの大きなトレンドが起こっています。ひとつは「ジェンダーレス」ファッションです。これは伝統的な男性や女性のスタイルという定義に従わない衣服です。ふたつ目の流行は「カプセルドレッシング」です。このスタイルは環境と財布にやさしくなることを意識して作られています。

聞き取りの3段チェックリスト

1 聞き取れて、かつ意味も正しく理解できた単語や表現にチェックしよう。

- □ genderless「性差のない」
- □ fad「(一時的な) 流行」
- □ be meant to …「…を意図して (作られて) いる」

2 聞き取れて、かつ発音やアクセントも正しく理解できた単語や表現にチェックしよう。

- □ clothing [klóuðiŋ] ▶ th の部分は有声音なので、濁る音になる。
- □ definitions [dèfəníʃənz] ▶ 3音節にアクセント。[ディファニシャンズ] と発音。
- □ capsule [kǽpsəl] ▶ 最初の音節にアクセントがある。[キャプサッ] のように聞こえる。
- □ meant [mént] ▶ mean の過去分詞形で綴りどおりの発音ではないので注意。mean [míːn] のように音は伸ばさず [メント]。

3 文の意味が理解できたところをチェックしよう。

☐ **traditional definitions of male or female style** のofは同格を表す。ofの前と後で同じ対象について述べていてA of Bは「BというA」と理解するとわかりやすい。

LEVEL-2 ★★☆   音声DL-059 / 再生回数の目安 **5**回

スクリプトと訳

Two fashion trends are currently gaining a **lot of** attention. One is "genderless" clothing, **namely outfits which blur the lines between** traditional men and women's fashion. Another is the practice of "capsule dressing." This is **the art of mixing and matching compatible bottoms and tops designed to go together**. The result is **both budget friendly and less stressful on the environment**.

ふたつのファッショントレンドが最近大きな注目を集めています。ひとつはジェンダーレスな服、つまり伝統的な男性と女性のファッションの間の線引きをぼかす洋服です。もうひとつは「カプセルドレッシング」の実践です。これは、しっくりくるようにデザインされた置き換え可能なボトムスとトップスを混ぜ合わせてマッチングする技術です。その結果、財布にやさしく、かつ環境への負荷もより少なくなります。

聞き取りの3段チェックリスト

1 聞き取れて、かつ意味も正しく理解できた単語や表現にチェックしよう。

☐ outfit「洋服；衣類一式」
☐ blur「ぼやけさせる」
☐ compatible「互換性のある」
☐ go together「相性がいい；合う」
☐ budget「予算；経費」

2 聞き取れて、かつ発音やアクセントも正しく理解できた単語や表現にチェックしよう。

☐ **lot of** [lάɾəv] ▶ 連結部が弾音化し［ラダ〔ラ〕ヴ］と聞こえる。
☐ **blur** [blə́ːr] ▶ uの音は曖昧な［ア］で、ここにアクセントを置いて発話される。［ブラァー］のような発音になる。
☐ **compatible** [kəmpǽtəbəl] ▶ 第2音節にアクセントがくることに注意。

3 文の意味が理解できたところをチェックしよう。

- ☐ 2文目の **namely ...** は「すなわち…」。ここでは、その前にある "genderless" clothingとはどういうものかを、namelyに続けて具体的に述べている。
- ☐ 4文目の **the art of ... to go together** で実際にはどんなことが「カプセルドレッシング」なのかを示している。**designed to go together** は直前のbottoms and topsを後置修飾している。
- ☐ 最後の1文は、**both budget ... the environment** 部分のboth A and B「AとBの両方」の形に気づきたい。A=budget friendlyとB=less stressful on the environmentが長いが、bothがきたらandで並列するふたつの要素を見つけよう。

LEVEL-3 ★★★

音声DL-060 ／ 再生回数の目安 **8**回

スクリプトと訳

In the fashion world, **two significant trends are turning heads**, **both of which** have gained **momentum** due to current **social dialogs**. The first is a move towards "genderless" fashion. Designers are turning out more **unisex**-style clothing and outfits which look to intersect genders and turn traditional **aesthetics** on their head. **Making a resurgence is the sustainable and convenient practice of "capsule dressing" which is the design of mix-and-match bottoms and tops**. The goal here is to maximize a limited number of items, thereby reducing wardrobe size and the financial and environmental strain of over purchasing.

ファッションの世界で、ふたつの重要なトレンドが注目を集めていますが、そのどちらもが現在の社会的対話によって勢いを増しつつあります。最初のひとつはジェンダーレスなファッションへの動きです。デザイナーたちはさらに多くのユニセックススタイルの衣服を製作し、それによってジェンダーを横断し、伝統的な美学を覆そうと試みています。復活を果たしつつあるのは、持続可能で便利なカプセルドレッシングの実践です。カプセルドレッシングは、ボトムスとトップスをうまく組み合わせるデザインなのです。ここでの目的は、限られた数のアイテムを最大限に活用することです。それによってワードローブのサイズと買いすぎによる経済的、環境的な負担を減らすことになるのです。

聞き取りの3段チェックリスト

1 聞き取れて、かつ意味も正しく理解できた単語や表現にチェックしよう。

- ☐ turn heads「注目を集める」
- ☐ turn out「作る；製作する」
- ☐ look to ...「…を目指す；試みる」
- ☐ intersect「横切る；横断する」
- ☐ turn ... on one's head「…を覆す」
- ☐ aesthetics「美学」
- ☐ resurgence「復活；再起」
- ☐ mix-and-match「うまく組み合わせる」
- ☐ maximize「最大限に利用する」
- ☐ thereby「それによって」
- ☐ strain「負担；荷重」

2 聞き取れて、かつ発音やアクセントも正しく理解できた単語や表現にチェックしよう。

- ☐ **momentum** [mouméntəm] ▶ 第2音節にアクセントがある。
- ☐ **unisex** [júːniseks] ▶ アクセントは第1音節。日本語との違いで聞き取りにくい。
- ☐ **aesthetics** [esθétiks] ▶ 第2音節にアクセント。頭の aes の部分は［アエス］ではなく［エス］と発音する。
- ☐ **bottoms and** [bɑɾəmz ən] ▶ bottoms の t 音が弾音化、and 末尾の d 音が脱落。

3 文の意味が理解できたところをチェックしよう。

- ☐ 1文目の **both of which ...** は「そのどちらもが…」という意味になるフレーズ。先行詞は **two significant trends** だ。**social dialogs** とは「社会（的）対話」のことで、多くの人や組織が考えるべき社会性の高い内容の議論のこと。
- ☐ 4文目の **Making a resurgence is ...**「復活を果たしつつあるのは…だ」から始まるセンテンスは、**the sustainable and convenient ... bottoms and tops** が主語だ。［主語］is making a resurgence. というセンテンスが倒置されて、ニュース中のセンテンスになっているのだ。**which is the design of mix-and-match bottoms and tops** は関係詞節で直前にある **capsule dressing** を説明している。

関連語句

- vintage「ビンテージもの」 ▶ 非常によい状態に保たれている古着。
- hand-me-down「お下がり」 ▶ 通常、年長の家族から譲り受ける洋服。
- retro「レトロ」 ▶ 前時代的なファッションスタイル。
- tailor-made「あつらえの」 ▶ custom-made とも表現する。

UNIT 21 Out of Juice

各レベルの音声がある程度聞き取れたら、 スクリプトと訳 を見て答え合わせをしよう。その下にある 聞き取りの3段チェックリスト の□にすべて✓がつくまで、繰り返し音声を聞いて、解説を読もう。□が埋まったら、次のレベルに進もう。

LEVEL-1 ★☆☆   音声DL-061 ／ 再生回数の目安 3回

スクリプトと訳

Kingstown Motors is a maker of **electric** trucks. **The problem is,** they may go out of business before producing a single **vehicle**. The company announced it has money problems and may be **forced to** close. Company **executives** said new competition from other automakers was the cause.

キングスタウンモーターズは電気トラックのメーカーです。問題は、1台も乗り物を製造しないうちに倒産してしまうかもしれないことです。キングスタウンは資金の問題があって廃業に追い込まれるかもしれないと発表しました。会社の幹部は、他の自動車メーカーとの新たな競争が原因だと述べました。

聞き取りの3段チェックリスト

1 聞き取れて、かつ意味も正しく理解できた単語や表現にチェックしよう。

- □ go out of business「廃業する」
- □ be forced to ...「…を強いられる」
- □ close「畳む；廃業する」
- □ executive「企業の幹部；取締役」

2 聞き取れて、かつ発音やアクセントも正しく理解できた単語や表現にチェックしよう。

- □ **electric** [ilékt(ʃ)rik] ▶ 第2音節にアクセント。tri は［チュリ］と変化しやすい。
- □ **vehicle** [víːəkl] ▶ h は発音せず、語末の le はダーク L で［ビーァクゥ］となる。
- □ **forced to** [fɔːrs_tə] ▶ 破裂音の連続で t 音が脱落している。
- □ **executives** [igzékjərivz] ▶ アクセントは第2音節にある。t 音は弾音化している。cu は「ク」ではなく「キュ」が近い。

3 文の意味が理解できたところをチェックしよう。

☐ **The problem is, ...** は「問題は…です」と前置きする言い回し。このあとにthat節を置くこともできるが、ここではthey may ... と通常のセンテンスが置かれている。

LEVEL-2 ★★☆   音声DL-062 ／ 再生回数の目安 **5** 回

スクリプトと訳

Kingstown Motors recently announced that they are in dire financial trouble and may have to close. **The company, which has yet to manufacture a single vehicle, was** established **to design and build electric pickup trucks**. This news **alarmed both** investors **and** citizens **of the small town of Kingstown, Ohio**. The town was devastated in 2019 when the GM plant closed **after 53 years**.

キングスタウンモーターズは差し迫った財政的なトラブルに陥っていて、廃業しなければならないかもしれないと、最近発表しました。いまだに1台の乗り物も製造していないこの企業は、運搬用電気トラックを設計・製造するために創設されました。このニュースは投資家とオハイオの小さな町、キングスタウンの市民たちの双方に警戒心を抱かせました。キングスタウンは2019年に、53年の操業の後GMの工場が閉鎖されたときに、大打撃を受けました。

聞き取りの3段チェックリスト

1 聞き取れて、かつ意味も正しく理解できた単語や表現にチェックしよう。

☐ dire「差し迫った；ひどい」　　☐ alarm「警戒させる；不安にさせる」
☐ pickup truck「運搬用トラック」　☐ devastate「大きな打撃を与える」

2 聞き取れて、かつ発音やアクセントも正しく理解できた単語や表現にチェックしよう。

☐ established [istǽbliʃt] ▶ アクセントは第2音節にある。
☐ investors [invéstərz] ▶ 同じく第2音節にアクセントがある。動詞investでも同じ。
☐ citizens [sírɪznz] ▶ tの弾音化。[スィディ(リ)ズンズ]。
☐ devastated [dévəstèiri(d)] ▶ アクセントは第1音節。-tedの部分ではt音の弾音化やd音の脱落が生じやすい。

3 文の意味が理解できたところをチェックしよう。

- □ 2文目の **The company, which ...** の動詞は **was established** で、そのあとに続く **to design and build electric pickup trucks** は創設の目的を表す副詞的用法。**, which has yet to ... a single vehicle,** は主語の The company を修飾する関係詞節。
- □ 3文目の **alarmed** は alarm「警戒心を抱かせる；不安にさせる」という意味の動詞の過去形。だれを不安にさせたかは both A and B の形で並列させて表現している。A=investors, B=citizens of the small town of Kingstown, Ohio だ。
- □ 最後の1文の **after 53 years** は「53年の操業の後」という意味だ。

LEVEL-3 ★★★

🔊 音声DL-063 ／ 再生回数の目安 **8** 回

スクリプトと訳

For electric pickup truck **startup** Kingstown Motors, **it may be over before it even begins**. Kingstown was scheduled to start mass producing vehicles in September of 2021 but has recently announced they may not have **funds** to stay in business. **This sent share prices tumbling and caused more consternation for their 600 employees and citizens** of the small Ohio town that is the company's namesake. **Housed in a 53-year-old GM plant that closed in 2019, the company cited cash-flow issues, regulatory difficulties, and competition from already established makers such as Ford and Tesla as reasons for its perilous financial situation.**

運搬用電気トラックのスタートアップ企業であるキングスタウンモーターズにとっては、始まってさえいないうちの終了となるかもしれません。キングスタウンは2021年9月に車両の大量生産をスタートするスケジュールになっていましたが、ビジネス継続のための資金がない可能性を最近公表しました。これによって株価は暴落し、600名の従業員と企業名の由来となったオハイオの小さな町の市民たちをさらに狼狽させました。同社は2019年に閉鎖された築53年のGMのプラントに居を構えていますが、キャッシュフローの問題と安全認定の困難、さらにすでに高い評価を得ているフォードやテスラのようなメーカーとの競合を危機的な財政状況の理由として挙げています。

聞き取りの3段チェックリスト

① 聞き取れて、かつ意味も正しく理解できた単語や表現にチェックしよう。

- □ send ... tumbling「…を暴落させる」
- □ share「株」
- □ tumble「暴落する」
- □ consternation「驚愕；狼狽」
- □ namesake「由来になった名前」
- □ house「収容する」
- □ regulatory「規制の；安全認定の」
- □ established「名声が確立した」
- □ perilous「危険に満ちた；危機的な」

② 聞き取れて、かつ発音やアクセントも正しく理解できた単語や表現にチェックしよう。

- □ **startup** [stǻrrʌ̀p] ▶ 第1音節にアクセントがある。2番目のt音は弾音化しやすい。
- □ **funds** [fʌ́ndz] ▶ fans [fǽnz] と聞き間違えないこと。直後にある to stay in business がヒントになる。
- □ **perilous** [pérələs] ▶ アクセントは第1音節。[ペララス] のように発音する。
- □ **financial** [fənǽnʃəl/fainǽnʃəl] ▶ 語頭のfiを「ファ」と読むか「ファイ」と読むか2種類の読み方がある。

③ 文の意味が理解できたところをチェックしよう。

- □ 1文目の **it may be over before it even begins** は抽象的かつ劇的にこのメーカーの危機を表している。ふたつのitは漠然と状況や事情を示す。
- □ 3文目の **This sent share ...** のThisはひとつ前のセンテンスの「発表」を指す。
- □ 4文目の **Housed in ... in 2019** は付帯状況を表す分詞構文。「…された状態だが」のように考えるとわかりやすい。**the company ... financial situation** のセンテンスをシンプルにすると、the company cited A, B and C as reasons for D. の形になっていることを確認しよう。A=cash-flow issues, B=regulatory difficulties, C=competition from already ... as Ford and Tesla, D=its perilous financial situation だ。

\Tidbits/

自動車産業の製造施設（manufacturing facilities）は巨大だ。そのため、工場閉鎖の地域経済への影響は大きい。自治体は失業者問題とともに、残された巨大な施設の問題にも対処しなければならない。施設の多くはこれまでは長い間放置されてきたが、昨今、跡地をカジノリゾートやコンベンションスペースとして活用する都市も出てきた。

UNIT 22　Manhunt Underway

各レベルの音声がある程度聞き取れたら、 スクリプトと訳 を見て答え合わせをしよう。その下にある 聞き取りの3段チェックリスト の□にすべて✓がつくまで、繰り返し音声を聞いて、解説を読もう。□が埋まったら、次のレベルに進もう。

LEVEL-1　★☆☆　　🔊 音声DL-064 ／ 再生回数の目安 3回

スクリプトと訳

Police are looking for a **suspect** in several robberies. Three houses were robbed **in the Detroit suburb of Novi** last night. One man was **severely** beaten. Security camera footage captured images of a man **named** John Smith. There is a $5,000 **reward** for information.

警察がいくつかの強盗事件の容疑者を捜しています。昨夜デトロイト近郊のノヴァイで、3軒の家が強盗に入られました。ひとりの男性は強く殴られました。防犯カメラのワンシーンがジョン・スミスという名の男の映像を捉えました。情報には5千ドルの報酬が出ます。

聞き取りの3段チェックリスト

1 聞き取れて、かつ意味も正しく理解できた単語や表現にチェックしよう。

- □ suspect「容疑者」
- □ robbery「強盗」
- □ footage「一連のシーン」
- □ reward「報酬」

2 聞き取れて、かつ発音やアクセントも正しく理解できた単語や表現にチェックしよう。

- □ **suspect**［sʌ́spekt］▶ 名詞なので、アクセントが第1音節にある。動詞では第2音節にアクセントが置かれる。
- □ **Detroit**［ditrɔ́it］▶ ［デトロイト］ではなく、［ディトゥロイト］と発話される。
- □ **severely**［sivíərli］▶ 第2音節にアクセントが置かれる。severe部分は［スィヴィァ］という音が近く、綴りから音を想像するのが難しいので注意。
- □ **reward**［riwɔ́ːrd］▶ この語もアクセントは第2音節にある。

3 文の意味が理解できたところをチェックしよう。

☐ **in the Detroit suburb of Novi** の of は同格。「デトロイト近郊のノヴァイで」という意味で、of の前後は同じ物事を指している。また、**named** は過去分詞。A named B で「B と名づけられた A」という意味になる。

LEVEL-2 ★★☆ 　🔊 音声DL-065 ／ 再生回数の目安 **5**回

スクリプトと訳

A spate of break-ins in the typically quiet Detroit suburb of Novi has led to a manhunt. Three family homes were robbed late Tuesday, and one resident was tied up and severely injured. Police have released the identity of the suspect, Detroit-native John Smith, and are asking for the public's help in finding him. A reward has been offered for tips leading to his capture.

いつもは静かなデトロイト近郊のノヴァイで連続して起きた不法侵入が、犯人の追跡劇を引き起こしました。火曜遅くに3軒の戸建て住宅が強盗に入られ、ひとりの住人が縛られてひどい負傷を負いました。警察は容疑者であるデトロイト出身のジョン・スミスの身元を公開し、彼の発見に公衆の協力を求めています。彼の逮捕につながる情報には報酬が提供されています。

聞き取りの3段チェックリスト

1 聞き取れて、かつ意味も正しく理解できた単語や表現にチェックしよう。

- ☐ a spate of ...「続発する…」
- ☐ break-in「不法侵入；押し込み」
- ☐ manhunt「犯人追跡；犯罪捜査」
- ☐ family home「戸建て」
- ☐ release「公表する；公開する」
- ☐ tip「たれ込み；情報」

2 聞き取れて、かつ発音やアクセントも正しく理解できた単語や表現にチェックしよう。

- ☐ **spate of** [spéirəv] ▶ 連結部で弾音化が生じ［スペイダ〔ラ〕ヴ］と発話されている。
- ☐ **manhunt** [mǽnhʌ̀nt] ▶ 第1音節にアクセントがくる。
- ☐ **tied up** [taidʌ́p] ▶ 連結して［タイダップ］と発話されている。
- ☐ **native** [néiriv] ▶ t音が弾音化し［ネイディ〔リ〕ヴ］と聞こえている。

3 文の意味が理解できたところをチェックしよう。

- ☐ 1文目 **A spate of break-ins ... to a manhunt.** の主語は **A spate of break-ins ... suburb of Novi** で、動詞は has led であることがわかるかどうかが理解のポイントだ。
- ☐ 3文目の構造を確認しよう。主語である **Police** はふたつの動詞 **have released** と **are asking for** にかかっている。また **the suspect, Detroit-native John Smith** のカンマ前後は同格になっている点にも注意。
- ☐ 最後の1文目の **leading to his capture**「彼の逮捕につながる」は tips「情報；たれ込み」を詳しく説明している。

LEVEL-3 ★★★   音声DL-066 ／ 再生回数の目安 **8**回

スクリプトと訳

A manhunt is underway in Detroit tonight, as **authorities** are searching for a suspect wanted in connection with a series of home invasions. Three houses in the tony suburb of Novi were burglarized late Tuesday night. Two of the homes were unoccupied, but the homeowner of the third residence was tied up and **beaten** severely. **Footage from a security camera has revealed a person of interest, who has been** identified as 44-year-old John Smith of Detroit. **Police are considering the fugitive as armed-and-dangerous**. A $5,000 reward has been offered for information **leading to the arrest of the suspect**.

今夜デトロイトで犯人の追跡捜査が行われていますが、これは当局が一連の家宅侵入に関連して指名手配されている容疑者を捜索しているためです。郊外の高級住宅街であるノヴァイの3軒の家屋が、火曜の夜遅くに強盗に入られました。2軒は空き家でしたが、3軒目の住宅の家主は縛られ、ひどい暴行を受けました。防犯カメラの一連の映像が重要参考人を明らかにしました。彼はデトロイトの44歳、ジョン・スミスであると特定されています。逃亡者は武装しており危険であると警察は考えています。容疑者の逮捕につながる情報に対して5千ドルの報酬が提供されています。

聞き取りの3段チェックリスト

1 聞き取れて、かつ意味も正しく理解できた単語や表現にチェックしよう。

- ☐ underway「進行中の」
- ☐ authority「当局」
- ☐ invasion「(武力による) 侵入」
- ☐ tony「高級な；上品な」
- ☐ burglarize「侵入して強盗を働く」
- ☐ unoccupied「空いている」
- ☐ person of interest「重要参考人」
- ☐ fugitive「逃亡者」
- ☐ armed-and-dangerous 「武装していて危険な」

2 聞き取れて、かつ発音やアクセントも正しく理解できた単語や表現にチェックしよう。

- ☐ authorities [əθɔ́ːrəriz] ▶ アクセントは第2音節。ties の t 音が弾音化している。「オーソリティー」とカタカナでも使われるようになったが、「ソ」ではなく th の音。
- ☐ beaten [bíːn] ▶ [ビーんン]。tn の部分で t 音が声門閉鎖音化している。
- ☐ who has been [huəz bin] ▶ who has は弱化しながら連結。[ファズ ビン]。
- ☐ fugitive [fjúːdʒəriv] ▶ 第1音節にアクセントがある。発音は [ヒュージティヴ]。

3 文の意味が理解できたところをチェックしよう。

- ☐ 4文目は **Footage from a security camera** という無生物主語が a person of interest「重要参考人」を has revealed「明らかにした」という構造。**, who has been identified ...** は関係代名詞の叙述用法で、重要参考人をさらに詳しく説明している。
- ☐ 5文目、**Police are considering ...** は Police are considering A as B. の形で「警察はAをBであると考えている」という構文。A = the fugitive, B = armed-and-dangerous だ。
- ☐ 最後の1文の **leading to the arrest of the suspect** は分詞で「容疑者の逮捕につながる」という意味。information を説明している。

関連語句

- scams/frauds「詐欺」
- homicide「殺人 (罪)」
- armed robbery「武装強盗」
  ▶ 凶器を使った強盗。
- attempted murder「殺人未遂」
- assault/battery「暴行」
  ▶ 武器によらずに人を傷つけること。
- road rage「ロード・レイジ」
  ▶ 運転中のいざこざが原因で生じた口論や暴力沙汰。

UNIT 23　TV Analyst Fired

各レベルの音声がある程度聞き取れたら、 スクリプトと訳 を見て答え合わせをしよう。その下にある 聞き取りの3段チェックリスト の□にすべて✓がつくまで、繰り返し音声を聞いて、解説を読もう。□が埋まったら、次のレベルに進もう。

LEVEL-1 ★☆☆

🔊 音声DL-067 ／ 再生回数の目安 **3**回

スクリプトと訳

Kurt James was recently fired by OSPN. He worked at the **network** as a football **commentator**. The former **pro** was fired **because of** posts he made on social **media** more than ten years ago. Many fans of his are upset with the network.

カート・ジェイムズは最近OSPNを解雇されました。彼はOSPNでアメフトのコメンテーターとして勤務していました。かつてプロ選手だったジェイムズは、10年以上前にSNS上に書き込んだ投稿によって解雇されました。彼の多くのファンたちはOSPNに腹を立てています。

聞き取りの3段チェックリスト

1 聞き取れて、かつ意味も正しく理解できた単語や表現にチェックしよう。

- □ network「(放送網に番組を提供する) キー局；テレビ局」
- □ former「かつての；以前の」
- □ upset「腹を立てている」

2 聞き取れて、かつ発音やアクセントも正しく理解できた単語や表現にチェックしよう。

- □ **network** [néˌwɚːrk] ▶ アクセントは頭にある。t音が脱落しやすい。
- □ **commentator** [kάməntèirɚr] ▶ 第1音節にアクセントがくる。torのt音が弾音化しやすい。「コメンテーター」よりも［**カ**メンテイダ〔ラ〕ー〕が近い。
- □ **pro** [próu] ▶ 「プロ」ではなく、2重母音で［プロウ］と発音する。
- □ **media** [míːdiə] ▶ 発音に注意。「メディア」ではなく［ミーディア］と発音される。

3 文の意味が理解できたところをチェックしよう。

☐ **because of ...** は「…が理由で；…のため」と原因や理由を説明する場面でよく用いられる。

LEVEL-2 ★★☆   音声DL-068 ／ 再生回数の目安 **5**回

スクリプトと訳

Former NFL player turned announcer Kurt James **has been relieved of his** duties at OSPN. According to sources, his dismissal was the result of a couple of ancient social media posts. The posts were made and deleted prior to his joining the network. **Many see this as an overreaction** and **have voiced criticism for the network's handling of the whole affair**.

かつてのNFLプレーヤーから転身したアナウンサーのカート・ジェイムズが、OSPNでの彼の職務を解かれました。情報筋によると、彼の解雇は複数のかなり昔のSNSへの投稿の結果とのことです。その投稿はいったん書き込まれたあと、彼が局に入る前に削除されていました。多くの人はこれを過剰な反応だとみなしていて、局の事件全体の取り扱いに対して批判の声を上げています。

聞き取りの3段チェックリスト

1 聞き取れて、かつ意味も正しく理解できた単語や表現にチェックしよう。

☐ turned「転向した；転職した」
☐ relieve「解任する」
☐ duty「職務」
☐ dismissal「解雇；免職」
☐ voice「言葉に表す」
☐ handling「処理；取り扱い」

2 聞き取れて、かつ発音やアクセントも正しく理解できた単語や表現にチェックしよう。

☐ **duties** [djúːriz] ▶ t音は弾音化しやすい。[デューディ〔リ〕ズ]。
☐ **According to** [əkɔ́ːrdin_tə] ▶ According 末尾のgが脱落している。toは [トゥー]ではなく [タ] 程度に弱く短く発音される。
☐ **dismissal** [dismísl] ▶ アクセントは第2音節にくる。
☐ **overreaction** [òuvəriǽkʃən] ▶ 後半のacにアクセントがある。

3 文の意味が理解できたところをチェックしよう。

- 1文目では、Level 1の was fired から **has been relieved of his duties**「職務を解かれた」とよりフォーマルな表現になったことに気づきたい。
- 最後の1文では、**Many see this as an overreaction** から、怒りの原因になっているのが局の過剰な反応であることがわかる。批判の対象である **the network's handling of the whole affair** は「事件全体の局の取り扱い」。動詞は have voiced「声を上げている」で、have voiced criticism for ... で「…に対する批判の声を上げている」。

LEVEL-3 ★★★ 音声DL-069 / 再生回数の目安 8回

スクリプトと訳

Sports broadcasting giant OSPN recently **parted** ways with longtime football analyst Kurt James. James, **a former NFL all-star and hall-of-fame hopeful** was **apparently let go** due to several social media posts he made and then deleted over a decade ago. "I can only **reiterate** that I'm sorry and **I did not intend for those posts to be hurtful**" James said in a statement to the press. **Supporters of James have flooded OSPN with criticism**. While termination of employment over violations of employer social media policy is commonplace, this begs **the question, "How long should a person be held accountable?"**

スポーツ放送界の巨人OSPNは長年勤めてきたアメフトのアナリスト、カート・ジェイムズと最近、袂を分かちました。かつてのNFLオールスターで殿堂入りが期待されているジェイムズは、おそらく10年以上前に彼が行って、そのあと削除したいくつかのSNS投稿によって解雇されたものと思われます。ジェイムズは「私には申し訳ないと繰り返すことしかできません。またあれらの投稿でだれかを傷つけるような意図はありませんでした」とプレスへの声明の中で述べました。ジェイムズの支持者たちの批判がOSPNに殺到しています。雇用主のSNS方針に違反したことで解雇となるのはよくあることですが、この件は「ひとりの人物がいつまで責任を問われるべきなのか?」という疑問を投げかけています。

聞き取りの3段チェックリスト

1 聞き取れて、かつ意味も正しく理解できた単語や表現にチェックしよう。

- [ ] part ways
  「袂を分かつ；別の道を行く」
- [ ] reiterate「何度も繰り返し言う」
- [ ] statement「声明」
- [ ] flood「殺到する；いっぱいにする」
- [ ] termination「終了；満了；解雇」
- [ ] violation「違反；違反行為」
- [ ] beg the question
  「疑問を投げかける；問題を提起する」
- [ ] be held accountable
  「責任を問われる」

2 聞き取れて、かつ発音やアクセントも正しく理解できた単語や表現にチェックしよう。

- [ ] parted [pɑ́ːrṭid] ▶ t音は弾音化しやすい。[パーディ〔リ〕ッド]。
- [ ] apparently [əpǽrən_li] ▶ 第2音節にアクセント。ntl のt音は脱落しやすい。
- [ ] reiterate [riːítərèit] ▶ アクセントは第2音節。[リイタレイト] という発音になる。
- [ ] accountable [əkáunəbl] ▶ t音が脱落し [アカウナブル] と読まれている。

3 文の意味が理解できたところをチェックしよう。

- [ ] 2文目の **a former NFL all-star and hall-of-fame hopeful** は、Jamesと同格で、彼の実績などを紹介している。**let go** は「解雇する」という意味で、ここでは was let go「解雇された」と受動態の過去形になっている。
- [ ] 3文目の **I did not intend for those posts to be hurtful** は intend for A to be B 「AがBになることを意図する」の構文が使われている。
- [ ] 4文目の **Supporters of James have flooded OSPN with criticism** にある flood A with B「AをBで溢れさせる」の構文に気づきたい。
- [ ] 最後の **the question, "How long should a person be held accountable?"** のカンマは同格。the question=How long should a person be held accountable? だ。

\Tidbits/

いまや多くの人が日々利用するSNSだが、かなり昔の投稿やコメントで重いツケを払わされる人も多い。SNSへの投稿によって、失脚する政治家や恥ずかしい思いをするセレブ、解雇される会社員などが続出している。ネット上でシェアされたものに対する責任はいつまで追及されるべきかという論争も起こっている。

UNIT 24 Angels Come Back

各レベルの音声がある程度聞き取れたら、 スクリプトと訳 を見て答え合わせをしよう。その下にある 聞き取りの3段チェックリスト の□にすべて✓がつくまで、繰り返し音声を聞いて、解説を読もう。□が埋まったら、次のレベルに進もう。

LEVEL-1 ★☆☆　　音声DL-070 ／ 再生回数の目安 3回

スクリプトと訳

The Angels **won against** the Yankees last night. Shohei Ohtani was the hero of the game. Ohtani was the **starting** pitcher. After that, he played in the outfield. The **Halos** were losing 3-0 in the last inning. Ohtani hit a grand-slam home run **to win** the game.

昨夜エンジェルスがヤンキースに勝利しました。大谷翔平がゲームのヒーローとなりました。大谷は先発投手を務めました。その後、彼は外野でプレーしました。ヘイローズ（エンジェルス）は最終回に3-0で負けていました。大谷は満塁ホームランを打ち試合を勝利に導きました。

聞き取りの3段チェックリスト

1 聞き取れて、かつ意味も正しく理解できた単語や表現にチェックしよう。

- □ starting pitcher「先発投手」
- □ outfield「外野」
- □ Halos「ヘイローズ」
  ※エンジェルスの愛称。
- □ inning「回」
- □ grand-slam home run「満塁ホームラン」

2 聞き取れて、かつ発音やアクセントも正しく理解できた単語や表現にチェックしよう。

- □ **won** [wʌ́n] ▶ 発音は［ウォン］ではなく［ワン］であることに注意。
- □ **against** [əgénst] ▶ aiの部分は［エ］と読まれているが［エイ］と読まれることもある。
- □ **starting** [stάːrṭɪŋ] ▶ tingのt音は弾音化しやすい。また末尾のg音は脱落しやすい。
- □ **Halos** [héɪloʊz] ▶ aは2重母音で、［エイ］と発音される。

3 文の意味が理解できたところをチェックしよう。

☐ 最後のセンテンスの **to win** は不定詞の副詞的用法で、結果を表す。

LEVEL-2 ★★☆　　音声DL-071 ／ 再生回数の目安 **5** 回

スクリプトと訳

The Angels **made a dramatic comeback** against the NY Yankees last night. Ohtani was the starting pitcher and then moved to right field after a stellar six innings of pitching. However, the bullpen pitched poorly and the Angels **found themselves** down 3-0 in the 9th. <u>**Ohtani saved the day** by **hitting** a fastball **out of** the park for a grand-slam home run, giving the Halos a 4-3 victory</u>.

昨夜、ヤンキースに対して、エンジェルスがドラマチックな復活を果たしました。大谷は先発投手で、6イニングの際立ったピッチングのあとライトに移りました。しかし、後続投手陣の投球がすぐれず、エンジェルスは9回に3-0で負けていました。大谷は速球を場外に打ち込み満塁ホームランとし、ヘイローズに4-3での勝利をもたらし、窮地を救いました。

聞き取りの3段チェックリスト

1 聞き取れて、かつ意味も正しく理解できた単語や表現にチェックしよう。

☐ comeback「復活」
☐ right field「(野球の) ライト」
☐ stellar「際立った；一流の」
☐ bullpen「救援投手陣」
☐ down「負けて」

☐ save the day
　「窮地を救う；土壇場で勝利を収める」
☐ fastball「速球」
☐ out of the park「場外に」

2 聞き取れて、かつ発音やアクセントも正しく理解できた単語や表現にチェックしよう。

☐ comeback [kʌ́mbæ̀k] ▶ 第1音節にアクセントがある。
☐ found themselves [fáunðəmsélvz] ▶ [d]＋[ð] が脱落しながら2語が連結。

- ☐ hitting [hírɪŋ] ▶ t音が弾音化しやすい。
- ☐ out of [aʊɾəv] ▶ 連結部で弾音化が起こり［アウダ〔ラ〕ヴ］と聞こえる。

3 文の意味が理解できたところをチェックしよう。

- ☐ 1文目の **made a dramatic comeback against ...** で「…に対して劇的な復活を果たした」。Level 1のwonよりも詳細な描写になり、スポーツニュースらしさが増している。
- ☐ 最後の1文には **Ohtani saved the day**「大谷が窮地を救った」という表現を加え、彼の功績を強調している。**by hitting a fastball ... for a grand-slam home run** で「ホームランを打った」→ **giving the Halos a 4-3 vistory**「勝利を与えた」と出来事が続いて起こったことを示している。**giving the Halos a 4-3 victory** は分詞構文。

LEVEL-3 ★★★   音声DL-072 ／ 再生回数の目安 8回

スクリプトと訳

The Halos **accomplished** an incredible come-from-**behind** win at home over the Yankees last night, thanks to the efforts of Shohei Ohtani. Ohtani, **who started on the mound for the Angels**, **struck out 7 and gave up only one run** in the six innings he pitched. The Haros relief pitching continued to struggle and by the **bottom** of the 9th inning the Yankees led 3-0. NY closer John Seiver walked two and gave up a single **to load the bases**. Shohei, who had moved to right field **to stay in the game**, delivered a 4-run homer to end the game.

ヘイローズは昨夜ホームで、大谷翔平の奮闘によりヤンキースに対して信じられない逆転勝利を成し遂げました。エンジェルスのマウンド上でスタートした大谷は、彼が投げた6イニングで7つの三振を奪い、ヒットは1本しか与えませんでした。ヘイローズのリリーフの投球は苦しみ続け、9回裏までにヤンキースが3-0でリードしていました。ヤンキースの抑え投手ジョン・シーヴァーは、ふたりを四球で歩かせ、シングルヒットを与え、その結果、満塁となりました。ゲームに残るためライトに移動していた翔平は、試合を決める満塁ホームランを放ちました。

聞き取りの3段チェックリスト

1 聞き取れて、かつ意味も正しく理解できた単語や表現にチェックしよう。

- ☐ accomplish「達成する」
- ☐ come-from-behind win「逆転勝利」
- ☐ effort「奮闘；頑張り」
- ☐ strike out「三振に取る」
- ☐ give up「ヒット・得点を与える」
- ☐ bottom「(野球の回の)裏」
- ☐ closer「抑え投手」
- ☐ walk「四球で歩かせる」
- ☐ load the bases「満塁にする」
- ☐ deliver「放つ；投げる」
- ☐ 4-run homer「満塁ホームラン」

2 聞き取れて、かつ発音やアクセントも正しく理解できた単語や表現にチェックしよう。

- ☐ **accomplished** [əkámpliʃt] ▶ アクセントが第2音節にあることに注意。
- ☐ **behind** [bəháind] ▶ 弱化して［ビハインド］が［バハインド］と発話されている。
- ☐ **started on** [stɑːrɾirɑːn] ▶ 2語が連結し［スターディ[リ]ダ[ラ]ーン］と聞こえる。-ted on の t と d の部分で弾音化。
- ☐ **bottom** [bárəm] ▶ t の弾音化で［バダ[ラ]ム］のような発音になっている。

3 文の意味が理解できたところをチェックしよう。

- ☐ 2文目の関係代名詞節の **who started on the mound for the Angels** では、「大谷がエンジェルスのマウンドでスタートした」＝「大谷が先発だった」ことがわかる。このセンテンスの動詞は関係代名詞節の直後の **struck out** と **gave up** だ。
- ☐ 4文目の **to load the bases** は不定詞の副詞用法で結果を表している。
- ☐ 最後の1文の **to stay in the game** も不定詞の副詞用法で目的を表している。

\Tidbits/

日米の野球のおもな違いとして、日本では引き分けがあるが、メジャーリーグにはない。またメジャーでは、観客もホーム側とアウェー側で分かれて着席したりしない。日本ではほとんどないが、アメリカではダブルヘッダーは一般的で人気がある。またメジャーの選手はキャリアの中で平均2.5チームを渡り歩く。

UNIT 25　New Dinosaur

各レベルの音声がある程度聞き取れたら、スクリプトと訳 を見て答え合わせをしよう。その下にある 聞き取りの3段チェックリスト の□にすべて✓がつくまで、繰り返し音声を聞いて、解説を読もう。□が埋まったら、次のレベルに進もう。

LEVEL-1 ★☆☆

音声DL-073 ／ 再生回数の目安 **3**回

スクリプトと訳

A new species of **dinosaur** was **discovered** in Australia. **Scientists have named it "Australotitan Cooperensis."** A large number of **fossils** were found 15 years ago. The bones have been carefully studied since. Researchers believe this dinosaur was the largest ever in **Australia**.

オーストラリアで新種の恐竜が発見されました。科学者たちはその恐竜を「オーストラロタイタン・クパレンシス」と名づけました。15年前にたくさんの化石が発見されました。以来、骨は注意深く研究されてきました。研究者たちはこの恐竜がオーストラリアでこれまで最大のものであったと考えています。

聞き取りの3段チェックリスト

1 聞き取れて、かつ意味も正しく理解できた単語や表現にチェックしよう。

□ species「種」　　　□ dinosaur「恐竜」

2 聞き取れて、かつ発音やアクセントも正しく理解できた単語や表現にチェックしよう。

□ **dinosaur** [dáinəsɔ̀ːr] ▶ アクセントは第1音節にある。語頭のdiは［ディ］ではなく［ダイ］。

□ **discovered** [diskʌ́vərd] ▶ 第2音節にアクセントがある。

□ **fossils** [fάsəlz] ▶ ［ファソゥズ］と発音。音と綴りをいっしょに覚えることが重要。

□ **Australia** [ɔːstréiljə] ▶ アクセントは第2音節。straの部分は［スチュレイ］のように変化しやすい。

3 文の意味が理解できたところをチェックしよう。

☐ **Scientists have named it "Australotitan Cooperensis."** のセンテンスはSVOCの文型になっている。name A B で「AをBと名づける」。

LEVEL-2 ★★☆   🔊 音声DL-074 ／ 再生回数の目安 **5** 回

スクリプトと訳

Scientists and researchers have revealed a new species of dinosaur, **thought to be the biggest ever in Australia**. The new species first discovered 15 years ago has been given **the Latin name, "Australotitan Cooperensis."** Based on **analysis** of the fossilized bones, the animal is **estimated to** have been almost 30 meters long. It also **may have weighed as much as 60 tons**.

科学者と研究者たちが、オーストラリアではこれまでで最大と考えられる新種の恐竜を発表しました。15年前に最初に発見されたこの新種は「オーストラロタイタン・クパレンシス」というラテン名を与えられました。化石化した骨の分析に基づくと、この動物はほぼ30メートルの長さと推定されています。また60トンもの重さがあった可能性があります。

聞き取りの3段チェックリスト

1 聞き取れて、かつ意味も正しく理解できた単語や表現にチェックしよう。

☐ reveal「明かす；示す」
☐ fossilized「化石化した」
☐ weigh ...「重さが…である」
☐ as much as ...「…も」

2 聞き取れて、かつ発音やアクセントも正しく理解できた単語や表現にチェックしよう。

☐ thought to [θɔːt_tə] ▶ 破裂音の連続でthoughtのt音が脱落。
☐ Latin [lǽʔn] ▶ tinの部分でt音が声門閉鎖音化して［ラんン］と発話される。
☐ analysis [ənǽləsɪs] ▶［アナラシス］と発音される。アクセントはna部分にくる。
☐ estimated to [ɛstəmeɪɾɪ_tu] ▶ -ted部分でt音の弾音化とd音の脱落が生じる。

3 文の意味が理解できたところをチェックしよう。

- ☐ 1文目は過去分詞のフレーズ **thought to be the biggest ever in Australia** が直前の a new species of dinosaur を説明している。
- ☐ 2文目の **the Latin name, "Australotitan Cooperensis"** は同格で、「『オーストラロタイタン・クパレンシス』というラテン名」。
- ☐ 最後の1文、**may have weighed ...** は「…の体重だった可能性がある」。**as much as ...** は「…も」と強調を表している。

LEVEL-3 ★★★   🔊 音声DL-075 / 再生回数の目安 8回

スクリプトと訳

Paleontologists "down under" have officially announced the discovery of the largest dinosaur **ever to roam the continent**. **Dubbed "Australotitan Cooperensis,"** this animal was a whopping **25 to 30** meters long, 6.5 meters at the hip and weighed **up to** 60 tons. The fossils were found 15 years ago in Queensland, where **the partial skeletal remains of several specimens have been** excavated. Painstaking efforts were then made **to compare the bones against all known species so as to finally be able to classify and name it**. These creatures are thought to have roamed Queensland 95 million years ago.

オーストラリアの古生物学者たちは、大陸を歩き回っていたこれまでで最大の恐竜の発見を公式に発表しました。「オーストラロタイタン・クパレンシス」と名づけられたこの動物は、25～30メートルの長さ、6.5メートルの腰回り、最大で60トンの体重と、とてつもない大きさでした。化石は15年前にクイーンズランドで発見され、そこでは複数の標本の骨格化石の一部が発掘されました。その後、すべての知られている種と骨を比較するために丹念な努力がなされました。最終的に分類して命名することができるようにするためです。この生物は9,500万年前にクイーンズランドを歩き回っていたと考えられています。

聞き取りの3段チェックリスト

1 聞き取れて、かつ意味も正しく理解できた単語や表現にチェックしよう。

- □ paleontologist「古生物学者」
- □ down under「オーストラリアの」
  ※または「ニュージーランドの」
- □ roam「歩き回る」
- □ dub「あだ名をつける」
- □ whopping
  「とてつもなく大きい；途方もない」
- □ skeletal「骨格の」
- □ remains「化石」
- □ specimen「標本」
- □ excavate「発掘する」
- □ painstaking「徹底した」
- □ creature「生物」

2 聞き取れて、かつ発音やアクセントも正しく理解できた単語や表現にチェックしよう。

- □ **Paleontologists** [pèiliɔntɔ́:lədʒists] ▶ ［ペイリアントーロジスツ］と発音。
- □ **25 to 30** ▶ 25ではt音が脱落し［トゥエニーファイヴ］と発話。30は［サーディ［リ］ー］とt音が弾音化する。
- □ **up to** [ɔp tə] ▶ 弱化によって［アプタ］と聞こえる。p音が脱落することもある。
- □ **excavated** [ékskəvèiṭid] ▶ 第1音節にアクセントがくる。t音は弾音化しやすい。

3 文の意味が理解できたところをチェックしよう。

- □ 1文目の **ever to roam the continent** は直前の the largest dinosaur を修飾している。
- □ 2文目の **Dubbed ...** は付帯状況を表す分詞構文で、「…と名づけられて」という意味になる。this animal was のあとは、A, B and C と並列の形になっている点に注意。
- □ 3文目の関係副詞の where 以降の文、**the partial skeletal ...** の主語は the partial ... specimens と非常に長いことに注意。
- □ 4文目の **to compare** は不定詞の副詞的用法で、「比較するために」という意味。センテンス後方の **so as to ...** は「…するために」と付加的に目的を説明している。

\Tidbits/

オーストラリアは世界でも人口密度（population density）がもっとも低い国のひとつだ。7,600万平方キロの広大な土地に2,300万ほどの人口で、人口密度は1平方キロに3人程度だ。内陸部の広大な砂漠は事実上、数百年手つかずで、乾燥した気候は化石や考古学上の遺物の保存に最適だ。今後も記事のような発見は続くことだろう。

UNIT 26 Morning Traffic

各レベルの音声がある程度聞き取れたら、**スクリプトと訳**を見て答え合わせをしよう。その下にある**聞き取りの3段チェックリスト**の□にすべて✓がつくまで、繰り返し音声を聞いて、解説を読もう。□が埋まったら、次のレベルに進もう。

LEVEL-1 ★☆☆　🔊 音声DL-076 ／ 再生回数の目安 3回

スクリプトと訳

Now for traffic. There are **delays** on several train lines. The number two and number five lines are running slow. **This is because of** a problem at Grand **Central** Station. On the roads, I-**985** has some traffic jams. The 3rd **Ave** bridge is also slow.

次は交通情報です。いくつかの鉄道路線で遅れが出ています。2番線と5番線は遅延しています。これはグランドセントラル駅での問題が原因となっています。道路については、I-985号線で多少の渋滞が発生しています。3番街橋も渋滞しています。

聞き取りの3段チェックリスト

1 聞き取れて、かつ意味も正しく理解できた単語や表現にチェックしよう。

□ delay「遅延」　　□ Ave=avenue「大通り」

2 聞き取れて、かつ発音やアクセントも正しく理解できた単語や表現にチェックしよう。

- □ **delays**［diléiz］▶ アクセントは第2音節にある。語頭のdeは［デ］ではなく［ディ］となることに注意。
- □ **Central**［séntʃrəl］▶ traの部分が変化し［センチュラゥ］と発音されやすい。
- □ **985** ▶ nine eighty-fiveと読まれる。eightyではt音が弾音化しやすい。
- □ **Ave** ▶ avenue［ǽvənùː］の略。アクセントが頭にある点に注意。また、-nue部分はここでは［ニュー］ではなく［ヌー］となる。［ǽvənjùː］で［アベニュー］と読むこともある。カタカナ語の「アベニュー」とは異なる発音に注意。

3 文の意味が理解できたところをチェックしよう。

☐ **This is because of ...** は「これは…によるものだ；…が理由だ」。この記事で主語の This は以前の 2 センテンスの情報を「これ」と言っている。

LEVEL-2 ★★☆ 　🔊 音声DL-077 ／ 再生回数の目安 **5** 回

スクリプトと訳

Here's your morning traffic report. We just received reports of delays on the subways. The 2 and 5 **express** trains are experiencing delays **due to something** that happened at Grand Central. On the roadways, <u>we are seeing delays on I-985</u>. Commuters are also reporting slow speeds on the 3rd Avenue Bridge because of **an accident**. <u>**The Lincoln Tunnel is bumper-to-bumper as well.**</u>

朝の交通情報です。ちょうど地下鉄での遅延の報告が入ったところです。グランドセントラルで起こったなんらかの事情によって、2 番線と 5 番線の急行が遅れています。道路では、I-985 号線で遅れが見られます。通勤者は事故によって 3 番街橋でも渋滞があると報告しています。リンカーントンネルでものろのろ運転となっています。

聞き取りの 3 段チェックリスト

1 聞き取れて、かつ意味も正しく理解できた単語や表現にチェックしよう。

☐ report「報告；報道」
☐ subway「地下鉄」
☐ roadway「道路」
☐ commuter「通勤者」
☐ bumper-to-bumper「数珠つなぎの；のろのろ運転の」

2 聞き取れて、かつ発音やアクセントも正しく理解できた単語や表現にチェックしよう。

☐ **Here's**［híərz］ ▶ Here is の短縮形。発音は［ヒァズ］。［híəriz］と読む場合もある。
☐ **express**［iksprés］ ▶ アクセントの位置が後ろにある点に注意。
☐ **an accident**［ənǽksədənt］ ▶ 連結して［アナクシデント］と発音されやすい。
☐ **Lincoln**［líŋkən］ ▶ アクセントは第 1 音節にある。coln の部分は［カン］と発音。

3 文の意味が理解できたところをチェックしよう。

- ☐ 3文目の **due to ...** は「…によって」と原因を示すときに使う。
- ☐ 4文目の後半、**we are seeing delays on I-985** のseeは「…がわかる；…を認める」という意味。
- ☐ 最後の1文にある **bumper-to-bumper** はバンパー同士がとても近い様子から「のろのろ運転の」「数珠つなぎの」といった意味で用いられている。**... as well** は「…も同様に」。

LEVEL-3 ★★★ 音声DL-078 / 再生回数の目安 8回

スクリプトと訳

Good morning, I'm Stacy Smith with your morning rush-hour traffic report. We're just **getting word from the mass-transit authority of some delays** on the subway lines. The 2 and 5 express trains are slowing due to an incident at Grand Central Station. Looking at the surface streets, I-985 **is backed up** around the river due to construction. Speeds on the 3rd Ave Bridge **are averaging only 5-10 MPH** because of a collision in the **southbound** lanes. **Watch out for stop-and-go traffic** in the Lincoln Tunnel as well.

おはようございます、朝のラッシュアワーの交通情報担当のステーシー・スミスです。公共交通局からちょうど地下鉄路線でのいくつかの遅延に関する情報を受け取っているところです。2番線と5番線の急行がグランドセントラル駅での事象によって遅延しています。道路状況を見ると、工事の影響を受けI-985号線が川沿いで渋滞しています。3番街橋のスピードは、南方向車線での衝突事故によって平均時速がたったの5〜10マイルとなっています。リンカーントンネルでののろのろ運転にもご注意ください。

聞き取りの3段チェックリスト

1 聞き取れて、かつ意味も正しく理解できた単語や表現にチェックしよう。

- ☐ word「知らせ；情報」
- ☐ mass-transit「大量輸送の；公共交通の」
- ☐ authority「公共機関；当局；局」
- ☐ surface street「道路」

- ☐ backed up「渋滞して」
- ☐ construction「工事」
- ☐ ... MPH「時速…マイル」
- ☐ collision「衝突」
- ☐ southbound lanes「南方向車線」
- ☐ watch out for ...「…に気をつける」
- ☐ stop-and-go「のろのろ運転の」

2 聞き取れて、かつ発音やアクセントも正しく理解できた単語や表現にチェックしよう。

- ☐ **getting**［gérin_］▶ t音の弾音化と末尾のgの脱落で［ゲッディ〔リ〕ン（グ）］と発話。
- ☐ **authority**［əθɔ́ːrəri］▶ アクセントは第2音節。t音も弾音化しやすい。
- ☐ **5-10 MPH** ▶ five to ten miles per hourと読まれる。
- ☐ **southbound**［sáuθbàund］▶ 第1音節にアクセントがくる。［**サウス**バウンド］。

3 文の意味が理解できたところをチェックしよう。

- ☐ 1文目の**Good morning, I'm Stacy Smith with ...** は「おはようございます、…を担当するステーシー・スミスです」という意味。あいさつからスタートする形はニュースで頻出のパターンだ。
- ☐ 2文目の**getting word from ...** のwordは「情報」という意味。また**of some delays**は「いくらかの遅延に関して」。ここでのofは「…について；関して」。
- ☐ 4文目は、**is backed up**「渋滞している」と句動詞を使ってより自然な表現になっている。
- ☐ 5文目の動詞は**are averaging ...** で「平均して…となっている」という意味。主語はSpeeds on the 3rd Ave Bridgeで「3番街橋のスピード」だ。
- ☐ 最後の1文にある**stop-and-go traffic**は「止まったり進んだりの交通状況」つまり「のろのろ運転」のことだ。**Watch out for ...** で「…に気をつける」。

\Tidbits/

ほとんどのアメリカ人は傘を持ち歩かない。車利用が多く、駐車する場所に困らないからだ。ニューヨークやシカゴ、ロスなどの大都市の住民以外の多くのアメリカ人は、電車に乗ったことがない人も多い。また郊外の住宅地では、低所得者の流入や犯罪の増加を危惧して公共交通機関への反対運動が多いのが現状だ。

UNIT 27 Happy Thanksgiving

各レベルの音声がある程度聞き取れたら、 スクリプトと訳 を見て答え合わせをしよう。その下にある 聞き取りの3段チェックリスト の□にすべて✓がつくまで、繰り返し音声を聞いて、解説を読もう。□が埋まったら、次のレベルに進もう。

LEVEL-1 ★☆☆

🔊 音声DL-079 ／ 再生回数の目安 **3**回

スクリプトと訳

Lastly, here's a story of kindness. A grandmother sent a text to the wrong number. She wanted to invite her grandchildren to **Thanksgiving** dinner. Instead, she **accidentally** invited a **stranger**. When the college senior informed her of her mistake, she invited both him and two friends also.

最後に、思いやりの物語をご紹介します。あるお婆さんが間違った番号にショートメールを送りました。彼女は感謝祭のディナーに孫たちを招待したかったのです。代わりに彼女は誤って見知らぬ人を招待したのです。大学4年生がお婆さんの間違いについて告げたとき、彼女は彼とふたりの友だちも招待したのです。

聞き取りの3段チェックリスト

1 聞き取れて、かつ意味も正しく理解できた単語や表現にチェックしよう。

□ Thanksgiving「感謝祭」　　□ senior「(大学の)4年生」

2 聞き取れて、かつ発音やアクセントも正しく理解できた単語や表現にチェックしよう。

□ **Thanksgiving** [θæŋksgívin] ▶ アクセントは最初の音節ではなく、第2音節にくる。また末尾の [ŋ] 音は [n] に近い音になりやすい。

□ **accidentally** [æksədéntəli] ▶ 第3音節にアクセントがある。名詞のaccidentでは [ǽksədənt] と先頭にアクセントがくることにも注意。

□ **stranger** [stréindʒər] ▶ アクセントは最初の音節にある。

3 文の意味が理解できたところをチェックしよう。

☐ **Lastly, ...** は最後の締め括りのニュースの前によく用いられる。**here's ...** は、「…を紹介します」と、ニュースや話題などを切り出すときにも用いられる。

LEVEL-2 ★★☆   音声DL-080 ／ 再生回数の目安 5回

スクリプトと訳

To end our broadcast, here's a feel-good story. **Houston** resident Missy Smith meant to invite her grandkids to Thanksgiving dinner **but sent** the **text to** the wrong person. When the stranger texted her back, she made good on her invitation. **Not only that,** she decided to host the Texas University senior's two dorm mates as well. "I guess I need to buy a bigger turkey," she was **quoted** as saying.

放送の最後に、心がハッピーになるストーリーをご紹介します。ヒューストンに住むミッシー・スミスさんは感謝祭のディナーに孫を招待するつもりでしたが、間違った人物にショートメールを送ってしまいました。知らない人物が彼女にメッセージを送り返したとき、彼女は招待の約束を守りました。それだけでなく、彼女はテキサス大学の4年生が部屋をシェアしているふたりの僚友も接待することにしたのです。「もっと大きな七面鳥を買う必要があるかもしれないわ」と、彼女は話したそうです。

聞き取りの3段チェックリスト

1 聞き取れて、かつ意味も正しく理解できた単語や表現にチェックしよう。

- ☐ resident「住人」
- ☐ grandkid「孫」
- ☐ make good on ...「…の約束を守る；責任を果たす」
- ☐ host「接待する」
- ☐ dorm mate「僚のルームメート」
- ☐ ... was quoted as saying「…が話したと伝えられた」

2 聞き取れて、かつ発音やアクセントも正しく理解できた単語や表現にチェックしよう。

- ☐ Houston [hjúːstən] ▶ 発音は［ハウストン］ではなく［ヒューストゥン］。
- ☐ text to [teks_tə] ▶ 破裂音の連続で、前のt音が脱落している。

UNIT27 Happy Thanksgiving

- ☐ **Not only** [nɑrounli] ▶ 連結部で弾音化が起こり［ナッド［ロ］ウンリ］と聞こえる。
- ☐ **quoted** [kwóurid] ▶ t音が弾音化しやすい。

3 文の意味が理解できたところをチェックしよう。

- ☐ 冒頭の **To end our broadcast, ...** は「放送を終わらせるために…」が直訳。これで「放送の最後になりますが…」といった含みになる。
- ☐ 2文目は **but sent** の sent が最初の meant に続く、2番目の動詞だと気づきたい。
- ☐ 4文目の **Not only that, ...** は「それだけでなく…」とすでに述べた事柄に、さらに付加して新情報を加える場面で用いられる。

LEVEL-3 ★★★

🔊 音声DL-081 ／ 再生回数の目安 **8** 回

スクリプトと訳

Wrapping up our broadcast, we have this heartwarming story out of Houston, Texas. 60-year-old Missy Smith sent out a text **inviting her grandchildren to Thanksgiving dinner.** As it turned out, she **inadvertently** texted **the wrong number and thus a complete stranger**. The recipient was Mike Collins, a senior at Texas University. When the mistaken recipient texted back and politely informed her of her mistake, Mrs. Smith then welcomed **not only him but two of his college roommates** to have dinner with her and her grandchildren. Her social media post titled "I guess I need a bigger turkey" has since gone viral.

放送の締め括りに、テキサス州ヒューストンのこの心温まるストーリーをどうぞ。60歳のミッシー・スミスさんは孫を感謝祭のディナーに招待するショートメールを送信しました。あとになって、彼女がうっかり間違った番号、したがって完全に知らない人にショートメールしたことがわかりました。受け取ったのはテキサス大学4年生のマイク・コリンズさんでした。間違えられた受信者がショートメールを返し、丁寧に彼女のミスを指摘すると、スミスさんはそのとき彼だけではなく、彼のふたりの大学のルームメイトも、彼女と彼女の孫たちとのディナーに歓迎しました。「もっと大きな七面鳥が必要になるかも」というタイトルの彼女のソーシャルメディアへの投稿は、それ以来ネット上で拡散しました。

聞き取りの3段チェックリスト

1 聞き取れて、かつ意味も正しく理解できた
単語や表現にチェックしよう。

- ☐ wrap up「締め括る」
- ☐ turn out「判明する」
- ☐ inadvertently 「うっかり；不注意に」
- ☐ recipient「受信者；受取人」
- ☐ title「タイトルをつける」
- ☐ go viral「瞬く間に広がる」

2 聞き取れて、かつ発音やアクセントも
正しく理解できた単語や表現にチェックしよう。

- ☐ **As it turned out** [əzɪ_ tɜːrndau_] ▶ ［アズィッ_ターンダウ_］のように発音される。as it は連結、it の t は破裂音の連続のため脱落しやすい。turned out も連結しやすい。
- ☐ **inadvertently** [ɪnədvɜ́ːrtənt_li] ▶ 第3音節にアクセント。tly からは t 音が脱落しやすい。
- ☐ **recipient** [rɪsípiənt] ▶ アクセントは第2音節に置かれる。後半は［ピエント］ではなく［ピアント］と発音。

3 文の意味が理解できたところをチェックしよう。

- ☐ 1文目、**Wrapping up our broadcast, ...** は「放送の締め括りに…」という意味。分詞が「放送を締め括りながら…」と同時性を表した例。
- ☐ 2文目の **inviting ...** は「…を招待する」という意味の現在分詞。直前の text を修飾している。
- ☐ 3文目の **As it turned out, ...** は「あとでわかったことだが…」という前置きのフレーズ。**the wrong number ... stranger** 部分は A and thus B「A、したがってB」の構文。
- ☐ 4文目の **Mike Collins, a senior at Texas University** はカンマの前後で同格になっている。
- ☐ 5文目は長いが、主節の **not only him but ...** の部分が not only A but (also) B「AだけでなくBも」の構文であることがポイント。A=him, B=two of his college roommates だ。

\Tidbits/

11月の最終木曜は感謝祭だ。祖父母や叔父、叔母などと賑やかな食卓を囲む。七面鳥が伝統的だが、ハムも非常によく食卓に並ぶ。感謝祭の歴史は、メイフラワー号のピルグリムファーザーズの時代にまで遡る。彼らは豊かな実りに感謝するためにネイティヴアメリカンと食卓を囲んだと言われている。

UNIT 28 Boston Mayor Out

各レベルの音声がある程度聞き取れたら、 スクリプトと訳 を見て答え合わせをしよう。その下にある 聞き取りの3段チェックリスト の□にすべて✓がつくまで、繰り返し音声を聞いて、解説を読もう。□が埋まったら、次のレベルに進もう。

LEVEL-1 ★☆☆　　🔊 音声DL-082／再生回数の目安 3回

スクリプトと訳

Boston's mayor quit his position today. Dan Harris **has been surrounded** by scandal. He was **accused** of several cases of bribery. He claims that he is **innocent**. He also says his **resignation** is due to poor health.

ボストン市長が今日、職を辞しました。ダン・ハリスはスキャンダルに囲まれてきました。彼はいくつかの贈収賄事件で訴えられました。彼は無罪を主張しています。彼はまた自身の辞職は健康の悪化によるものだと語っています。

聞き取りの3段チェックリスト

1 聞き取れて、かつ意味も正しく理解できた単語や表現にチェックしよう。

- □ quit「辞職する；辞める」
- □ accuse「告訴する；訴える」
- □ bribery「賄賂」
- □ resignation「辞職」

2 聞き取れて、かつ発音やアクセントも正しく理解できた単語や表現にチェックしよう。

- □ surrounded [səráundid] ▶ 第2音節にアクセントがある。
- □ accused [əkjúːzd] ▶ これも同じく第2音節にアクセントが置かれる。accu-部分は[アキュー]という音が近い。
- □ innocent [ínəsənt] ▶ 第1音節にアクセントがきて[イナスント]と発音される。
- □ resignation [rèzignéiʃən] ▶ siの部分は[zi]の発音。動詞のresignは[rizáin]と発音することにも注意したい。

3 文の意味が理解できたところをチェックしよう。

☐ **has been surrounded** は現在完了形の継続用法で「（過去から現在に至るまでずっと）取り囲まれてきた（いまも取り囲まれている）」という意味。

LEVEL-2 ★★☆   🔊 音声DL-083 ／ 再生回数の目安 **5**回

スクリプトと訳

Dan Harris, the mayor of Boston has resigned. **Recently** the mayor has faced several scandals, **mostly** involving bribery. He has **been accused of** taking bribes, **among other things**. Harris has denied any wrongdoing and **cites poor health as the reason for his resignation**. A few months ago, some people thought he **might be** elected the next governor.

ボストン市長のダン・ハリスが辞職しました。最近、市長はいくつかのスキャンダルに直面してきましたが、おもに賄賂に絡んだものです。彼はとりわけ収賄の罪で告訴されています。ハリスは犯罪を一切否定していて、辞職の理由としては健康の悪化を挙げています。数カ月前には、彼が次の知事に選出されるかもしれないと考えていた人たちもいました。

聞き取りの3段チェックリスト

1 聞き取れて、かつ意味も正しく理解できた単語や表現にチェックしよう。

☐ involve「含む」　　　　　☐ elect「選ぶ；選出する」
☐ wrongdoing「犯罪；悪事」　☐ governor「知事」

2 聞き取れて、かつ発音やアクセントも正しく理解できた単語や表現にチェックしよう。

☐ **Recently**［ríːsn_li］▶ ntl の連続では t 音が脱落しやすい。
☐ **mostly**［móus_li］▶ これも上の recently と同様、t 音の脱落が頻繁に起こる。
☐ **taking bribes**［teikin_braibz］▶ g＋b の破裂音の連続で脱落が起こる。bribes の ri は［ライ］と発音されることにも注意したい。
☐ **might be**［mai_bi］▶ t＋b の破裂音の連続で t 音が脱落する。

3 文の意味が理解できたところをチェックしよう。

- □ 3文目の **been accused of taking bribes, among other things** を細かく見ると be accused of ...「…で訴えられる」、taking bribes「賄賂の受け取り」＝「収賄」。among other things は「とりわけ；特に」と、その他のものと区別して強調する場面で用いる。
- □ 4文目の2つ目の動詞が含まれる部分、**cites poor health as the reason for his resignation** は cite A as B「BとしてAを挙げる」の構文。A=poor health, B=the reason for his resignation だ。

LEVEL-3 ★★★

音声DL-084 ／ 再生回数の目安 **8**回

スクリプトと訳

Boston City Mayor, Dan Harris has **announced that he is stepping down from his post effective immediately**. Mayor Harris has been **embroiled** in scandal **as of late**, and **prosecutors** are investigating allegations of bid rigging, receiving kickbacks and other cases of financial **impropriety**. The Mayor has refuted these claims and maintains that he is stepping down only because of health issues. **As recently as a few months ago**, **it was thought that** he might run for state governor. Harris has downplayed the issues, **claiming they are nothing but a smear campaign by his opponents.**

ボストン市長のダン・ハリスは即刻、自らの地位を退くことを公表しました。ハリス市長は最近スキャンダルにまみれており、検察官が談合、リベートの受領、その他の財政上の不正などの疑惑を捜査しています。市長はこれらの主張を否認し、自身は健康上の問題でのみ辞職するのだと主張しています。つい数カ月前までは、市長が州知事選に立候補する可能性もあると考えられていました。ハリスは、疑惑は彼の敵による中傷キャンペーンに過ぎないと主張して、問題を軽視してきました。

聞き取りの3段チェックリスト

1 聞き取れて、かつ意味も正しく理解できた単語や表現にチェックしよう。

- □ embroiled「巻き込まれて」
- □ prosecutor「検察官；検事」

- ☐ allegation「嫌疑；疑惑；申し立て」
- ☐ bid rigging「談合」
- ☐ impropriety「不正」
- ☐ refute「否認する」
- ☐ maintain「主張を続ける」
- ☐ downplay「重要視しない；控えめに扱う」
- ☐ smear「中傷」

2 聞き取れて、かつ発音やアクセントも正しく理解できた単語や表現にチェックしよう。

- ☐ **announced that** [ənaunst ðæt] ▶ announced 末尾の破裂音 t は脱落しやすい。
- ☐ **embroiled** [embrɔ́ild] ▶ 第2音節にアクセントが置かれる。
- ☐ **prosecutors** [prɑ́ːsəkjùːrərz] ▶ 第1音節にアクセント。t 音は弾音化しやすい。
- ☐ **impropriety** [ìmprəpráiəti] ▶ 第3音節の［プライ］の部分にアクセントがくる。

3 文の意味が理解できたところをチェックしよう。

- ☐ 1文目のthat節内は、Level 2ではresignだったが、Level 3では**step down**という句動詞を用いて「辞職する」の意を表現している。また、**effective immediately**「即時効力を発揮して」は辞任や解雇の場面でよく用いられる。
- ☐ 2文目は1センテンスが長いので、細かく確認しよう。まず、**as of late**はrecentlyと同じ意味。**prosecutors are investigating**「検察官が捜査している」で捜査主体が表現されている。また、捜査対象が**allegations of bid rigging, receiving kickbacks and other cases of financial impropriety**とA, B and Cの形で列記されていることに気づこう。
- ☐ 4文目の**As recently as a few months ago**は「つい数カ月前には」。**it was thought that ...**の部分はit ... that ... という構文が使われていて、「…と考えられていた」という意味。
- ☐ 最後の1文の**claiming ...**は分詞構文で「…と主張しながら」と同時性を表している。

関連語句

- campaign「選挙運動」
- candidate「候補者」
- rival/opposing candidate「対立候補」
- ballot「投票」
- political party「政党」
- political donations/contributions「政治献金」
- front runner「有力候補」
- dark horse「穴馬候補」
- exit poll「出口調査」

UNIT 29 USMNT Loses

各レベルの音声がある程度聞き取れたら、 スクリプトと訳 を見て答え合わせをしよう。その下にある 聞き取りの3段チェックリスト の□にすべて☑がつくまで、繰り返し音声を聞いて、解説を読もう。□が埋まったら、次のレベルに進もう。

LEVEL-1 ★☆☆　　🔊 音声DL-085 ／ 再生回数の目安 3回

スクリプトと訳

The US men's national soccer team lost to Costa Rica today. **This loss means** they **won't be** able to **compete** at the World Cup. The US team was strong, but several **top players** were **injured**. The US hasn't missed a World Cup tournament in more than 20 years.

アメリカ代表サッカーチームは今日コスタリカに敗北を喫しました。この敗北は彼らがワールドカップで競技できないことを意味します。アメリカチームは強かったのですが、数人のトップ選手たちが負傷していました。アメリカは20年以上ワールドカップを逃したことはありませんでした。

聞き取りの3段チェックリスト

1 聞き取れて、かつ意味も正しく理解できた単語や表現にチェックしよう。

- □ compete「競争する；競技に参加する」
- □ miss「逃す」

2 聞き取れて、かつ発音やアクセントも正しく理解できた単語や表現にチェックしよう。

- □ won't be [woun_bi] ▶ won'tのt音の脱落。oは［オウ］と2重母音で発話される。
- □ compete [kəmpíːt] ▶ アクセントは第2音節に置かれる。［カンピート］と発音する。
- □ top players [ta_ pleiərz] ▶ p音の連続で、topのpが脱落する。
- □ injured [índʒərd] ▶ 第1音節にアクセントがある。

3 文の意味が理解できたところをチェックしよう。

☐ **This loss means ...** は means のあとにくるべき that（名詞節を作り「…ということ」を表す）が省略されている。

LEVEL-2 ★★☆   🔊 音声DL-086 ／ 再生回数の目安 **5** 回

スクリプトと訳

Costa Rica **knocked the** US men out of the World Cup qualifying tournament today. **This surprise upset in the group stage means the US will miss the main event**. The US team was **promising**; however, injuries have been a problem throughout the year. Because of this, they had to play without their best forward and goaltender. **The last time the US failed to make the World Cup was 20 years ago.**

今日、コスタリカがワールドカップの予選トーナメントからアメリカ男子を退かせました。グループステージでのこの驚きの番狂わせはアメリカが本戦を逃すことを意味します。アメリカチームは有望でした。しかし、1年を通してケガが問題となっていました。このため、アメリカチームは最高のフォワードとゴールキーパーなしに戦わねばなりませんでした。最後にアメリカがワールドカップ出場を逃したのは20年前でした。

聞き取りの3段チェックリスト

1 聞き取れて、かつ意味も正しく理解できた単語や表現にチェックしよう。

☐ qualifying tournament 「予選トーナメント」
☐ upset「番狂わせ」
☐ promising「前途有望な」
☐ forward「フォワード選手」
☐ goaltender「ゴールキーパー」
☐ fail to ...「…するのに失敗する」

2 聞き取れて、かつ発音やアクセントも正しく理解できた単語や表現にチェックしよう。

☐ **knocked the** [nɑk_ðə] ▶ knocked 末尾の -ed の t 音は脱落しやすい。
☐ **upset** [ʌ́psèt] ▶ アクセントが第1音節にあり、名詞だとわかる。動詞の場合はアクセ

ントが後ろにくる。
- □ promising [prάːmisiŋ] ▶ 第1音節にアクセントがくる。[プラーミシング] と発音。
- □ last time [læs_taim] ▶ 破裂音の連続で先にきているt音が脱落している。

3 文の意味が理解できたところをチェックしよう。

- □ 1文目の **knocked the US men out of the World Cup qualifying tournament** は knocked A out of B「AをBから退かせる」の表現が使われている。
- □ 2文目、**This surprise upset ...** の中心となる動詞がmeansだとわかれば文意が取れる。
- □ 最後の1文、**The last time the US ...** の主語はThe last time、動詞はwasであることを確認したい。the US failed to make the World CupはThe last timeを修飾している。

LEVEL-3 ★★★

🔊 音声DL-087 / 再生回数の目安 **8**回

スクリプトと訳

In soccer, the US Men's National Team suffered a **demoralizing** defeat against Costa Rica today, **dashing their hopes for playing in the World Cup**. Despite having a side stacked with both experienced **veterans** and **up-and-coming** young players, they have been plagued with injuries this year. Playing without their star striker Mike Speck and goalkeeper Jason Long, the team **was not favored to win the Cup,** but **losing in the qualifying stage was quite unexpected**. **This marks the first time in two decades** the US team failed to qualify for the world's most **prestigious** soccer tournament.

サッカーでは、今日アメリカ代表男子チームがコスタリカを相手に、自信を喪失させられるような敗北を喫し、彼らのワールドカップでのプレーの望みは打ち砕かれました。経験豊富なベテランや有望な若い選手たちが多いチームだったにもかかわらず、今年のチームはケガに悩まされてきました。スタートライカーのマイク・スペックとゴールキーパーのジェイソン・ロングを欠いてのプレーで、チームはワールドカップ優勝を有望視されてはいませんでしたが、予選ステージでの敗北はまったく予想外でした。アメリカチームが世界でもっとも威信のあるサッカートーナメントへの出場資格を逃すのは、20年でこれがはじめてとなります。

聞き取りの3段チェックリスト

1 聞き取れて、かつ意味も正しく理解できた
単語や表現にチェックしよう。

- □ suffer「被る」
- □ demoralizing
  「自信喪失させるような」
- □ dash「落胆させる；打ち砕く」
- □ side「チーム；組」
- □ stacked with ...
  「…が多くいて；山積みになって」
- □ up-and-coming
  「新進気鋭の；有望な」
- □ plague「悩ませる；蔓延する」
- □ qualifying stage「予選ステージ」
- □ mark ...「…に当たる」
- □ qualify「資格を得る」
- □ prestigious「威信のある；有名な」

2 聞き取れて、かつ発音やアクセントも
正しく理解できた単語や表現にチェックしよう。

- □ **demoralizing** [dimɔ́ːrəlàiziŋ] ▶ アクセントは第2音節にある。
- □ **veterans** [vérərənz] ▶ t音が弾音化し［ヴェダ［ラ］ラン］のように発話されている。
- □ **up-and-coming** [ʌ̀pən_kʌ́miŋ_] ▶ 第1音節と第3音節にアクセントがあるが、第3音節のほうが強く発話される。［アップン_**カ**ミン_］。
- □ **prestigious** [prestíːdʒ(i)əs] ▶ -tigious は［ティージャス］と読む場合と［ティージアス］と読む場合がある。

3 文の意味が理解できたところをチェックしよう。

- □ 1文目の **dashing their hopes for ...** は「…への彼らの望みを打ち砕いた」と分詞で動作や事態の連続を表現している。
- □ 3文目の **was not favored to ...** は「…を有力視されていなかった」という意味。また、but以降は **losing in the qualifying stage** という動名詞が主語になっている。
- □ **This marks the first time in two decades (since) ...** では接続詞のsinceが省略されている。文全体では、「これは…以来20年で最初に当たる」という意味になる。

\Tidbits/

世界中の多くの人たちはアメリカのサッカー人気の盛り上がりに気づいていない。少年・少女サッカーは1970年代末期から強く、2006年には約400万人もの若い選手がいた。またその3分の1は女子選手だった。プロサッカーリーグのMLSは1996年まで登場しなかったが、いまや大人気となっている。

UNIT 30 Tuna Price Tag

各レベルの音声がある程度聞き取れたら、 スクリプトと訳 を見て答え合わせをしよう。その下にある 聞き取りの3段チェックリスト の□にすべて✓がつくまで、繰り返し音声を聞いて、解説を読もう。□が埋まったら、次のレベルに進もう。

LEVEL-1 ★☆☆   音声DL-088 / 再生回数の目安 3回

スクリプトと訳

A bluefin **tuna** <u>sold</u> at a record price in Tokyo yesterday. The fish **weighed** more than 600 pounds. A man paid **3.2 million** dollars for the entire fish. The buyer is a **well-known** sushi restaurant owner. His name is Kiyoshi Kimura.

昨日、東京でクロマグロが記録的な価格で売れました。魚は600ポンドを超える重さでした。ひとりの男性が、丸ごと1本の魚に320万ドルを支払いました。購入者は有名な寿司店のオーナーで、彼の名前は木村清です。

聞き取りの3段チェックリスト

1 聞き取れて、かつ意味も正しく理解できた単語や表現にチェックしよう。

- □ bluefin tuna「クロマグロ」
- □ weigh ...「重さが…になる」
- □ pound「ポンド」
- □ entire「丸ごと全部の」

2 聞き取れて、かつ発音やアクセントも正しく理解できた単語や表現にチェックしよう。

- □ **tuna** [túːnə] ▶「ツナ」ではなく、[トゥーナ] と発音される。
- □ **weighed** [wéid] ▶ 1音節の語。ghは発音しないため［ウェイドゥ］となる。
- □ **3.2 million** ▶ three point two million と読む。
- □ **well-known** [wélnóun] ▶ 両方の音節にアクセントが置かれる。

3 文の意味が理解できたところをチェックしよう。

☐ この **sold** は「売った」ではなく「売れた」という意味の用法。tuna がなにかを「売る」はずはないので、自然に考えれば「マグロが売れた」という意味だと推測できる。

LEVEL-2 ★★☆ 🔊 音声DL-089 ／ 再生回数の目安 **5**回

スクリプトと訳

A giant bluefin tuna **was auctioned off for** the record price of $3.2 million dollars in Tokyo yesterday. The auction was held at the famous Tsukiji Fish Market. The bluefin tuna is highly regarded as table fare in Japan. **Restauranteur** Kiyoshi Kimura **placed the top bid for** the 600-pound fish**, which comes to a little over $5,100/lb**. It is said that the Japanese **consume** 80% of the bluefin tuna harvested around the world.

昨日、東京で巨大なクロマグロが競りにかけられ、記録的な320万ドルの値をつけました。競りは有名な築地魚市場で行われました。クロマグロは日本の食卓では高く評価されています。レストラン経営者の木村清が600ポンドの魚に最高額の値をつけましたが、これは1ポンドで5,100ドルを少し超える額になります。日本人は世界中で収穫されるクロマグロの80%を消費すると言われています。

聞き取りの3段チェックリスト

1 聞き取れて、かつ意味も正しく理解できた単語や表現にチェックしよう。

☐ auction off A for B
　「Aを競りにかけてBで売る」
☐ be highly regarded as …
　「…として高く評価される」
☐ table fare「テーブルに並ぶ食べ物」
☐ restauranteur「レストラン経営者」
☐ bid「つけ値；指し値」
☐ harvest「収穫する；獲る」

2 聞き取れて、かつ発音やアクセントも正しく理解できた単語や表現にチェックしよう。

☐ **Restauranteur** [rèstərətɔ́ːr] ▶ 最後の第4音節にアクセントが置かれることに注意。
☐ **top bid** [tɑ_bid] ▶ 破裂音の連続でp音の脱落が生じやすい。

- ☐ /lb ▶ a poundと読まれている。a は per「…につき」と同じ意味。
- ☐ consume [kənsjúːm] ▶ アクセントは後半にあることに注意。consumer のときも同様。

3 文の意味が理解できたところをチェックしよう。

- ☐ 1文目の **was auctioned off for ...**「…で競りで売られた」というところから、魚が売れたのが市場での競りだったことがわかる。
- ☐ 4文目を細かく確認しよう。**placed the top bid for ...** は「…にもっとも高い値をつけた」ということ。**..., which comes to a little over $5,100/lb** の which ... は「そしてそれは…」という意味の主格の関係代名詞だと考えればいい。come to ... は「…の金額になる」という意味。

LEVEL-3 ★★★

音声DL-090 ／ 再生回数の目安 8回

スクリプトと訳

A huge bluefin tuna, **prized for its high fat content and flavor**, netted a record price at the Tsukiji Fish Market in Tokyo yesterday. The tuna**, which tipped the scales at more than 600 pounds** was sold at auction for more than $3.2 million dollars, **which translates to an incredible $5,100 per pound**. Kiyoshi Kimura, who owns a chain of sushi restaurants in Japan is renowned for paying **fantastic** prices at the traditional New Year's auction. More than 80% of the world's bluefin tuna catch is reported to go to Japan, and **the exorbitant prices have led to concerns about overfishing.**

巨大なクロマグロは、非常に脂がのっていることやすばらしい味わいで高く評価されていますが、昨日、東京の築地魚市場で記録的な値段を売り上げました。600ポンドを超える重さのそのマグロは、競りで320万ドル以上の額で売られましたが、これは驚くべきことに1ポンドで5,100ドルに当たります。日本で寿司レストランチェーンを経営する木村清さんは、伝統的な新年の初競りでとんでもない額を支払うことで有名です。世界の漁獲高の80％以上のクロマグロは日本へ送られると報告されていて、その法外な価格は魚の乱獲の懸念につながっています。

聞き取りの3段チェックリスト

1 聞き取れて、かつ意味も正しく理解できた単語や表現にチェックしよう。

- □ prize「高く評価する」
- □ net「利益を得る」
- □ tip the scales at ...
  「…の重さである」
- □ catch「捕獲高；漁獲高」
- □ be reported to ...
  「…すると報告されている」
- □ exorbitant「法外な；途方もない」
- □ concern「懸念」
- □ overfishing「乱獲」

2 聞き取れて、かつ発音やアクセントも正しく理解できた単語や表現にチェックしよう。

- □ **tipped the** [tip_ðə] ▶ -edのt音が脱落しやすい。
- □ **$5,100** ▶ five thousand one hundred dollarsと読まれている。
- □ **fantastic** [fæntǽstik] ▶ アクセントが第2音節にくることに注意。
- □ **exorbitant** [igzɔ́ːrbətənt] ▶ 第2音節にアクセント。[イグゾーバタント] と発音。

3 文の意味が理解できたところをチェックしよう。

- □ 1文目の **prized for its high fat content and flavor** の部分は過去分詞でクロマグロを説明し直している。
- □ 2文目の **, which tipped the scales at more than 600 pounds** は関係代名詞節でクロマグロの重さに関して補足説明を行っている。さらに **, which translates to an incredible $5,100 per pound** も関係詞節で、こちらは価格をポンドあたりで言い換えている。translate to ... は「…に相当する」。
- □ 最後の1文中の **the exorbitant prices have led to ...** にはA have led to B「AがBへとつながってきた」という表現が隠れている。ここでは、A=the exorbitant prices, B=concerns about overfishingだ。

\Tidbits/

日本人のクロマグロ好きのおかげで、この魚は世界中でもっとも珍重される魚種となった。多くのアメリカ東海岸の趣味の釣り人が、いまやクロマグロを釣って日本へ輸出し生計を立てている。この流行は、釣りで生計を立てる釣り師のドキュメンタリー番組、Wicked TunaやAll on the Lineが火をつけたものだ。

UNIT 31 Bear Attack

各レベルの音声がある程度聞き取れたら、スクリプトと訳 を見て答え合わせをしよう。その下にある 聞き取りの3段チェックリスト の□にすべて✓がつくまで、繰り返し音声を聞いて、解説を読もう。□が埋まったら、次のレベルに進もう。

LEVEL-1 ★☆☆　　🔊 音声DL-091 ／ 再生回数の目安 3回

スクリプトと訳

A grizzly bear attacked several campers on Tuesday. The attack happened **while they were sleeping**. One person was killed. Two others were **seriously wounded**. The reason for the attack is **unknown**. The bear was caught and killed by park **rangers**.

グリズリーベアが火曜日に複数のキャンパーを襲いました。襲撃は彼らが眠っているときに起こりました。ひとりが殺されました。ほかのふたりは重症を負いました。襲撃の理由はわかっていません。クマはパークレンジャーに捕獲され、殺されました。

聞き取りの3段チェックリスト

1 聞き取れて、かつ意味も正しく理解できた単語や表現にチェックしよう。

- □ grizzly bear「ハイイログマ；グリズリーベア」
- □ wounded「傷ついた」
- □ park ranger「公園管理者」

2 聞き取れて、かつ発音やアクセントも正しく理解できた単語や表現にチェックしよう。

- □ **seriously** [síəriəsli] ▶ 最初にアクセントがくる。「シリアス」というカタカナに引っ張られて「シリアスリー」だと構えていると異なる音なので注意。[**シア**リアスリ] という発音。
- □ **wounded** [wúːndid] ▶ 最初にアクセントがある。発音は [**ウーン**ディッド]。
- □ **unknown** [ʌnnóun] ▶ 発音は [アン**ノウ**ン]。アクセントは後ろにある。
- □ **rangers** [réindʒərz] ▶ 「レンジャー」ではなく [**レイン**ジャー] と2重母音の発音。

3 文の意味が理解できたところをチェックしよう。

☐ **while they were sleeping** の部分は時を表す従属副詞節で、while ... で「…している間に」という意味になる。

LEVEL-2 ★★☆　🔊 音声DL-092 ／ 再生回数の目安 **5** 回

スクリプトと訳

One camper was killed, and **three others injured** when a grizzly bear attacked them. The attack happened at a campsite at a park in **Montana** Tuesday night. The campers **were asleep** in their tents **at the** time. Two of the campers are still currently hospitalized. **Other campers in the party said that they had been careful about not attracting bears**. The bear was **later** caught and **put down**.

ハイイログマが襲ってきたとき、1名のキャンパーが殺害され、ほかの3名は傷を負いました。襲撃は火曜の夜、モンタナにある公園のキャンプ場で起こりました。当時キャンパーたちはテントの中で眠っていました。2名のキャンパーは現在も入院中です。その一行の別のキャンパーは、クマを引きつけないように注意していたと語りました。クマはその後捕獲され、安楽死させられました。

聞き取りの3段チェックリスト

1 聞き取れて、かつ意味も正しく理解できた単語や表現にチェックしよう。

- ☐ campsite「キャンプ場」
- ☐ Montana「モンタナ州」
- ☐ hospitalize「入院させる」
- ☐ party「一行；一団」
- ☐ put down「安楽死させる；殺す；始末する」

2 聞き取れて、かつ発音やアクセントも正しく理解できた単語や表現にチェックしよう。

- ☐ Montana [mɑntǽnə] ▶ アクセントは第2音節に置かれる。
- ☐ at the [ə_ðə] ▶ t音が脱落し［アッ_ザ］と発話されることが多い。
- ☐ later [léirər] ▶ t音が弾音化し［レイダ［ラ］ー］という発音になる。
- ☐ put down [pu_daun] ▶ 破裂音の連続で、先にきているt音が脱落。

3 文の意味が理解できたところをチェックしよう。

- □ 1文目の **three others injured** は others と injured の間にあるべき were が省略されている。
- □ 3文目の **were asleep** は were sleeping という現在進行形ではなく、「動詞＋形容詞」の形の同等の表現を使っている。
- □ 5文目の **Other campers in the party said that ...** の that ... 以降は「…ということ」という意味の名詞節。
- □ 最後の1文では、Level 1 の killed から句動詞の **put down** を用いて、より自然な表現になっている。

LEVEL-3 ★★★

音声DL-093 ／ 再生回数の目安 **8** 回

スクリプトと訳

In Montana, a group of campers were attacked by a rogue grizzly bear that tore through their tents in the middle of the night last Tuesday. The bear mauled four of the seven people at the site, eventually killing one of the victims. Two of the injured are said to be hospitalized in severe-yet-stable condition, and one camper was treated and released. Witnesses say the attack was completely unprovoked and that the experienced backcountry hikers had taken every safety precaution. The U.S. National Park Service issued a statement saying that the bear was subsequently captured and euthanized.

先日、火曜日の深夜に、モンタナでキャンパーのグループが凶暴なハイイログマに襲われ、クマは彼らのテントを引き裂きました。クマはその場にいた7人のうち4人を引っ掻き、結局犠牲者のひとりを殺害しました。ケガ人のうち2名は重症ですが安定した状態で入院していると言われていて、さらに1名のキャンパーは治療を受けて退院しました。攻撃はまったく挑発によるものなどではなく、経験豊富なバックカントリーハイカーたちはあらゆる安全予防策を取っていたと、目撃者たちは述べています。アメリカ合衆国国立公園局は、クマはその後捕獲され、安楽死させられたとの声明を出しました。

聞き取りの3段チェックリスト

1 聞き取れて、かつ意味も正しく理解できた単語や表現にチェックしよう。

- □ rogue
「（群れから離れていて）凶暴な」
- □ tear through「…を引き裂く」
- □ maul
「（引っ掻いて）傷つける；切り裂く」
- □ unprovoked
「挑発によるものでない」
- □ backcountry「山奥；未開地」
- □ precaution「予防策」
- □ (The U.S.) National Park Service
「（アメリカ合衆国）国立公園局」
- □ statement「声明」
- □ subsequently「その後」
- □ euthanize「安楽死させる」

2 聞き取れて、かつ発音やアクセントも正しく理解できた単語や表現にチェックしよう。

- □ **attacked by**［ətǽk_baɪ］▶ 破裂音の連続で -ed の t 音が脱落しやすい。
- □ **rogue**［róug］▶ 発音は［ロウグ］。gue は［g］と発音される。
- □ **mauled**［mɔ́:ld］▶［モールドゥ］という発音になる。綴りだけ覚えて［マウルドゥ］のように誤った音で覚えないように。
- □ **unprovoked**［ʌ̀nprəvóukt］▶ アクセントは第3音節。［アンプラボウクトゥ］。

3 文の意味が理解できたところをチェックしよう。

- □ 2文目の後半、**eventually killing ...** は「結局…を殺害した」という意味の分詞表現。
- □ 3文目の **in severe-yet-stable condition** は「重症だが安定した状態で」という意味。**... , and one camper was treated and released** の treat はここでは「扱う」ではなく「（病気やケガを）治療する；手当する」という意味。
- □ 1センテンスが長い4文目、**Witnesses say the attack...** の文は、Witnesses say (that) A and that B という形の文型になっている。全体では「目撃者はAと言い、Bと述べている」という意味。A=the attack ... unprovoked, B=the experienced ... safety precaution だ。

Tidbits

北アメリカではクマによる襲撃が増加している。北米はホッキョクグマやグリズリー、アメリカクロクマの住処なのだ。ホッキョクグマとグリズリーはサイズや凶暴性で有名だが、アメリカクロクマはアラスカからフロリダにまで至る生息範囲の広さや個体数の多さが際立っている。

UNIT 32 Fatal Crash

各レベルの音声がある程度聞き取れたら、**スクリプトと訳** を見て答え合わせをしよう。その下にある **聞き取りの3段チェックリスト** の□にすべて✓がつくまで、繰り返し音声を聞いて、解説を読もう。□が埋まったら、次のレベルに進もう。

LEVEL-1 ★☆☆　　音声DL-094 ／ 再生回数の目安 3回

スクリプトと訳

A bad car accident just happened **downtown**. It was a head-on **collision**. A man lost control of his car. He then ran into another **vehicle**. The four **occupants** of the other car were family members. All of the people were **flown** to a local hospital.

先ほど繁華街でひどい自動車事故が起こりました。正面衝突の事故でした。男性が自動車をコントロールできなくなりました。その後、彼はもう1台の自動車に衝突しました。もう一方の車に乗っていた4人は家族でした。すべての人が地元の病院にヘリで緊急搬送されました。

聞き取りの3段チェックリスト

1 聞き取れて、かつ意味も正しく理解できた単語や表現にチェックしよう。

- □ downtown「繁華街で；中心街で」
- □ head-on collision「正面衝突事故」
- □ occupant「乗員；乗客」
- □ fly「ヘリで緊急搬送する」

2 聞き取れて、かつ発音やアクセントも正しく理解できた単語や表現にチェックしよう。

- □ **collision** [kəlíʒən] ▶ アクセントは第2音節にくる。[カリジャン] と発音。
- □ **vehicle** [víːəkl] ▶ 第1音節にアクセントが置かれ [ヴィーァクゥ] のように発音。
- □ **occupants** [áːkjəpənts] ▶ これも第1音節にアクセント。[アーキュパンツ] と発音。
- □ **flown** [flóun] ▶ [フロウン]。現在形 fly [フライ] とは発音がまったく異なるので覚えておこう。

3 文の意味が理解できたところをチェックしよう。

☐ **downtown** は1語で「繁華街で；中心街で」という意味になる場所を表す副詞だ。だから例えば「繁華街へ行く」はgo downtownでよい（go to downtownではない）。

LEVEL-2 ★★☆　　🔊 音声DL-095 ／ 再生回数の目安 **5** 回

スクリプトと訳

Four members of the same family were severely injured in a head-on collision tonight. **Sadly, a newborn baby was also** reportedly **in the vehicle** at the time of the accident. The cause of the accident **is still being investigated**. Onlookers say a man **swerved into** the oncoming traffic. **All five passengers involved** were air-lifted to a local hospital.

今夜、同じ家族の4人が正面衝突事故で重症を負いました。伝えられるところによると、悲しいことに、事故当時、新生児の赤ん坊も自動車に乗っていたそうです。事故の原因はいまだ捜査中です。たまたま通りかかった人は、男性が急にハンドルを切って対向の車の流れに突っ込んだと話しています。巻き込まれた5人の乗員すべてが地元の病院にヘリで緊急搬送されました。

聞き取りの3段チェックリスト

1 聞き取れて、かつ意味も正しく理解できた単語や表現にチェックしよう。

☐ investigate「捜査する；調査する」
☐ onlooker「通りすがりの見物人」
☐ swerve into ...
　「急にハンドルを切って…に突っ込む」
☐ oncoming「対向の；向かってくる」
☐ air-lift「(緊急) 空輸する」

2 聞き取れて、かつ発音やアクセントも正しく理解できた単語や表現にチェックしよう。

☐ severely [sivíərli] ▶ アクセントは第2音節に置かれる。形容詞のsevereでも同じ。
☐ reportedly [ripɔ́ːrridli] ▶ 第2音節にアクセントがくる。t音が弾音化しやすい。
☐ Onlookers [ánlùkərz] ▶ ［アンルカーズ］と発音。アクセントは最初にくる。

3 文の意味が理解できたところをチェックしよう。

- □ 2文目の **Sadly, ... in the vehicle** 内の reportedly は「伝えられたところによると」と曖昧に情報の出所を伝える単語。ニュース頻出なので覚えておくとよい。
- □ 3文目の **is still being investigated** は受動態の現在進行形になっている。
- □ 4文目は、**swerved into ...**「急にハンドルを切って…に突っ込んだ」という意味のフレーズを知っていると文意を捉えやすい。
- □ 最後の1文の主語でもある **All five passengers involved** は「巻き込まれた乗員5人全員」という意味。involved は形容詞で、それ以前の部分を後置修飾している。

LEVEL-3 ★★★　　🔊 音声DL-096 ／ 再生回数の目安 **8** 回

スクリプトと訳

Some tragic news just in from downtown Cleveland tonight. A family of four including a newborn baby were traveling along a treacherous **stretch** of road when a suspected drunk driver crossed the centerline and **hit them** head-on. Good Samaritans stopped and called first responders. **Paramedics** had to use the jaws of life to remove the passengers**, who were then life-flighted** to St. John's hospital. **While the cause of the accident is still under investigation,** witnesses say the single male driver, **also injured in the wreck, veered out of his lane and into oncoming traffic.**

悲劇的なニュースが今夜のクリーヴランドの繁華街から入ってきたところです。飲酒していた疑いのあるドライバーがセンターラインを超え正面衝突したとき、新生児を含む4人家族が危険な道路区間を走行していました。善意ある人が車を停め第一対応者を呼びました。救急隊員たちは乗員を引き出すためにジョーズオヴライフを使用しなければなりませんでした。その後、彼らはセントジョーンズ病院に救急ヘリで運ばれました。事故の原因はまだ捜査中ですが、目撃者は、これもまた事故で負傷したひとりの男性ドライバーが、自分の車線から向きを変えて対向車線の流れに飛び出したと話しています。

聞き取りの3段チェックリスト

1 聞き取れて、かつ意味も正しく理解できた単語や表現にチェックしよう。

- ☐ treacherous「危険な」
- ☐ stretch of road「道路の区間」
- ☐ Good Samaritan「（困っている人に手を差し伸べる）親切な人」
- ☐ first responder「消防・警察・救急などの第一対応者」
- ☐ paramedic「特別救急医療士」
- ☐ jaws of life「ジョーズオヴライフ」
  ※てこの原理を使った救出ツール。
- ☐ life-flight「救急ヘリで搬送する」
- ☐ wreck「事故」
- ☐ veer「向きを変える；曲がる」

2 聞き取れて、かつ発音やアクセントも正しく理解できた単語や表現にチェックしよう。

- ☐ **stretch** [stréʃ] ▶ streの部分は［スチュレ］と変化しやすい。
- ☐ **hit them** [hi_ðəm] ▶ tが脱落して、［ヒッ_ゼム］あるいは［ヒッデム］と発音。
- ☐ **Paramedics** [pæ̀rəmédiks] ▶ アクセントは第3音節。［パラメディックス］と発音。
- ☐ **out of** [aurə_] ▶ 連結部で弾音化が生じている。ofのv音も脱落している。

3 文の意味が理解できたところをチェックしよう。

- ☐ 冒頭の **Some tragic news just in from ...** は「ちょうど…から悲劇的なニュースが入ってきた」という意味。動詞が抜けているが、ニュースではよく用いられる表現法だ。
- ☐ 4文目の **, who were then life-flighted** の関係代名詞whoの先行詞はpassengersだ。
- ☐ 最後の1文は1センテンスが長いのでひとつひとつ確認しよう。**While the cause ... under investigation,** のWhile ... は「…ではあるが」という意味で譲歩を表す。**also injured in the wreck**「これもまた事故で負傷した」はその前にあるthe single male driverを説明している。**veered out of his lane and into oncoming traffic** はveered out of A and into B「曲がってAを出てBに入った」という意味。

\ Tidbits /

Good Samaritanという単語は、立ち止まって知らない人によい行為をする人を指す。聖書から出た言葉だ。旅行者が盗賊に襲われ、瀕死の状態で放置されていたが、多くの人がなにもしなかった。しかし、サマリアから来た人だけが立ち止まってその人物を助けた。そこからGood Samaritanに「哀れみ深い人」という意味が生まれた。

UNIT 33 New Hit Movie

各レベルの音声がある程度聞き取れたら、スクリプトと訳 を見て答え合わせをしよう。その下にある 聞き取りの3段チェックリスト の□にすべて✓がつくまで、繰り返し音声を聞いて、解説を読もう。□が埋まったら、次のレベルに進もう。

LEVEL-1 ★☆☆

音声DL-097 ／ 再生回数の目安 **3**回

スクリプトと訳

The new movie "Mar's Mission" played in **theaters** this weekend. Ticket sales **earned** more than four **million** dollars. The cast included many famous actors. The film was **directed** by Steve Ryder. The lead role was played by Michael Stone.

この週末、新作映画の『マーズミッション』が劇場で上映されました。チケットの売上は400万ドル以上を稼ぎ出しました。キャストには多くの有名俳優が含まれています。映画はスティーヴ・ライダーによって監督されました。主役はマイケル・ストーンが演じました。

聞き取りの3段チェックリスト

1 聞き取れて、かつ意味も正しく理解できた単語や表現にチェックしよう。

- □ earn「稼ぐ；利益を得る」
- □ include「含む；参加させる」
- □ direct「監督する」
- □ lead role「主役」

2 聞き取れて、かつ発音やアクセントも正しく理解できた単語や表現にチェックしよう。

- □ **theaters** [θíːərərz] ▶ ［シーアターズ］と発音。ただし、［シ］はthの音なので、siではないことに注意。t音は弾音化しやすい。
- □ **earned** [ə́ːrnd] ▶ 最初の母音は曖昧母音の［ə］。はっきりとクリアな［ア］には発音されない。
- □ **directed** [dəréktid] ▶ 第2音節にアクセントが置かれる。形容詞のdirectは［ダイレクト］と発音することに気をつけよう。

3 文の意味が理解できたところをチェックしよう。

☐ 英語では3桁ずつの単位で数字が示される。最初の単位から順に、千（thousand）→100万（**million**）→10億（billion）→1兆（trillion）となる。

LEVEL-2 ★★☆ 音声DL-098 ／ 再生回数の目安 5回

スクリプトと訳

The new science fiction movie "Mar's Mission" **outperformed** other movies at the box office this weekend. **The film has been given great reviews by critics and audiences alike**. It earned more than four million dollars **in its first three days on screen**. Director Steve Ryder said this is the best movie **he's** ever made. The starring role featured **Michael Stone, who purportedly retired more than ten years ago**.

新しいSF映画の『マーズミッション』は、この週末、興行的に他の映画を凌ぎました。映画は評論家とオーディエンスのどちらからも好評でした。映画は劇場公開から最初の3日で400万ドル以上を稼ぎ出しました。「これは私が作った最高の映画だ」と監督のスティーヴ・ライダーは述べました。主役にはマイケル・ストーンが出演していますが、噂によると彼は10年以上前に引退していました。

聞き取りの3段チェックリスト

1 聞き取れて、かつ意味も正しく理解できた単語や表現にチェックしよう。

☐ science fiction「SF」※ sci-fi とも。
☐ outperform「凌ぐ」
☐ at the box office「興行的に；チケット売り場で」
☐ review「評論；論評」
☐ critic「評論家」
☐ starring role「主役」
☐ feature「出演させる」
☐ purportedly「噂によれば；伝えられるところによると」

2 聞き取れて、かつ発音やアクセントも正しく理解できた単語や表現にチェックしよう。

☐ **outperformed** [àu_pəfɔːmd] ▶ 破裂音 t＋p の部分で、t音の脱落が生じやすい。
☐ **critics** [krírɪks] ▶ critics の t音が弾音化し［**クリディ**〔リ〕ックス］と聞こえる。

- □ **he's**[hiz] ▶ [ヒィズ]と発音。この音を耳にしたときは、he is だけではなく he has の短縮の可能性も考えたい。
- □ **purportedly**[pɚrpɔ́ːrṭədli] ▶ アクセントは第2音節にある。t 音は弾音化している。

3 文の意味が理解できたところをチェックしよう。

- □ 2文目、**The film has been given ...** の has been given great reviews は受動態の現在完了形で「好評が与えられた」。by A and B alike は「AからもBからも同様に」。
- □ 3文目の **in its first three days on screen** は「上映の最初の3日間で」。アメリカでは金曜封切りがふつうなので、金曜から日曜の3日と考えるのが妥当だ。
- □ 最後の1文の **Michael Stone, who ...** の who は主格の関係代名詞。

LEVEL-3 ★★★　　🔊 音声DL-099 ／ 再生回数の目安 8回

スクリプトと訳

The newly released sci-fi thriller "Mar's Mission" was number one at the box office this weekend, **grossing north of** four million dollars. **The PG-13 film, directed by Oscar-winner Steve Ryder, boasts a star-studded cast and state-of-the-art special effects.** Critics have given the film rave reviews and moviegoers flocked to the theaters nationwide for the movie's premiere. Ryder, **known for his fever-pitched action movies**, **was quoted as saying** "This is the best script I've ever read." **Audiences were treated to a stirring performance by** lead actor Michael Stone, who **hasn't been** on screen in over a decade.

新たに公開されたSFスリラーの『マーズミッション』が、今週末、総収入で400万ドル以上を売り上げ、興行収入の首位となりました。オスカー受賞者のスティーヴ・ライダー監督のPG-13指定のこの映画はオールスターキャストと最新の特殊効果を誇ります。評論家たちは映画を大絶賛、映画観覧者たちは映画の封切りを目当てに国中の映画館に集まりました。大興奮のアクション映画で知られるライダーは、「これは私がこれまでに読んだ最高の脚本だ」と述べたと報じられました。オーディエンスたちは、10年以上映画に出演していなかった主役のマイケル・ストーンの心を揺さぶるパフォーマンスに酔いしれました。

聞き取りの3段チェックリスト

1 聞き取れて、かつ意味も正しく理解できた単語や表現にチェックしよう。

- ☐ gross ...「…の総収入を挙げる」
- ☐ north of ...「…より多い」
- ☐ star-studded「スターたちがずらりと並ぶ；オールスターキャストの」
- ☐ special effects「特殊効果」
- ☐ rave review「大絶賛」
- ☐ moviegoer「映画を観に行く人」
- ☐ flock to ...「…に集まる」
- ☐ premiere「封切り」
- ☐ fever-pitched「アクションやサスペンスが多くテンポの速い」
- ☐ stirring「感動的な；奮起させる」

2 聞き取れて、かつ発音やアクセントも正しく理解できた単語や表現にチェックしよう。

- ☐ grossing [gróusiŋ] ▶ o の発音は [ou] と2重母音になっている。
- ☐ studded [stʌ́ri_] ▶ dd の部分は弾音化しやすい。また末尾の d も脱落しやすい。
- ☐ state-of [steirəv] ▶ 連結部で弾音化が生じる。[ステイダ〔ラ〕ヴ]。
- ☐ hasn't been [hæzn_bin] ▶ 破裂音の連続で t 音が脱落。[ハズン_ビン]。

3 文の意味が理解できたところをチェックしよう。

- ☐ 1文目の分詞の **grossing north of ...** は「…以上を稼いだ」と連続的に生じる物事を説明している。
- ☐ 2文目、**The PG-13 film, directed by ...** の主語は The PG-13 film、動詞は boasts だ。PG-13（Parental Guidance for Children under 13）は映画の年齢制限基準のひとつ。
- ☐ 4文目の **known for ... action movies** は過去分詞で、直前の Ryder を後置修飾している。**was quoted as saying ...** はニュースで頻出の言い回しで、「…と述べたと報じられた」。
- ☐ 最後の文、**Audiences were treated to ...** は「オーディエンスは…に酔いしれた」という意味。

関連語句

- drive-in movies「ドライブイン映画」 ▶ 屋外で車の中から大スクリーンの映画を観る。音声はAMラジオで流れてくる。
- matinee「昼興行」 ▶ 客引きのため、昼間に安く見ることができるショー。
- premiere「封切り」 ▶ 映画の初公開のこと。

UNIT 34 Bullying Awareness

各レベルの音声がある程度聞き取れたら、 スクリプトと訳 を見て答え合わせをしよう。その下にある 聞き取りの3段チェックリスト の□にすべて☑がつくまで、繰り返し音声を聞いて、解説を読もう。□が埋まったら、次のレベルに進もう。

LEVEL-1 ★☆☆　　音声DL-100 ／ 再生回数の目安 3回

スクリプトと訳

October is "National Bullying **Awareness**" month. Bullying is a big problem in America. One-fifth of all students in the U.S. **experience** bullying. This **causes some students to miss classes**. Online bullying and negative **criticism** through social **media** are growing problems.

10月は「全国虐め意識月間」です。アメリカでは虐めは大きな問題になっています。アメリカの生徒の5分の1が虐めを経験しています。これが学校に行かない子どもを生み出してもいるのです。ネット上の虐めやソーシャルメディアを通しての否定的な非難の問題は拡大しつつあります。

聞き取りの3段チェックリスト

1 聞き取れて、かつ意味も正しく理解できた単語や表現にチェックしよう。

- □ bullying「虐め」
- □ one-fifth「5分の1」
- □ miss「欠席する」
- □ criticism「非難」

2 聞き取れて、かつ発音やアクセントも正しく理解できた単語や表現にチェックしよう。

- □ Awareness [əwéərnəs] ▶ 第2音節にアクセントがくる。
- □ experience [ikspíəriəns] ▶ 発音は［イクスピァリァンス］。第2音節にアクセント。
- □ criticism [krítəsizm] ▶ アクセントは第1音節にある。t音は弾音化しやすい。
- □ media [míːdiə] ▶ 「メディア」ではなく［ミーディァ］と発音。アクセントのある語頭のmeは伸ばして［ミー］と読まれる。

3 文の意味が理解できたところをチェックしよう。

☐ <u>causes some students to ...</u> は使役動詞 cause A to B「[主語]が原因となってAにBをさせる」の用法。ここでは主語＝This＝虐め, A＝some students, B＝miss classes だ。

LEVEL-2 ★★☆　🔊 音声DL-101 ／ 再生回数の目安 5回

スクリプトと訳

Across the US, October is **a month where focus is placed on bullying**. **Surveys** report that one in five students in America experience bullying. This can lead to **psychological** problems and **truancy**. According to most studies, gender, sexual **preference** and race are the most common causes. <u>Schools and elected officials nationwide meet every October to try to better address this issue.</u>

アメリカ中で、10月は虐めに焦点が当てられる月になっています。調査によると、アメリカの5人にひとりの生徒が虐めを経験していると報告されています。これは精神的な問題や不登校につながる可能性があります。ほとんどの研究によると、性、性的嗜好そして人種がもっとも一般的な原因です。全国の学校関係者や選出議員が、この問題にさらにうまく対処するために毎年10月に集まっています。

聞き取りの3段チェックリスト

1 聞き取れて、かつ意味も正しく理解できた単語や表現にチェックしよう。

☐ across ...
　「…中で；…のあちこちで」
☐ psychological
　「精神的な；心理的な」
☐ truancy「不登校」
☐ sexual preference「性的嗜好」
☐ elected official「選出議員」
☐ address「取り組む；対処する」

2 聞き取れて、かつ発音やアクセントも正しく理解できた単語や表現にチェックしよう。

☐ **Surveys**［sə́ːrveiz］ ▶ 第1音節にアクセントがくるが、第3音節の場合もある。

- ☐ **psychological** [sàikəlɑ́dʒikəl] ▶ 第3音節にアクセントがある。psychologyの場合は第2音節にアクセントがくる。
- ☐ **truancy** [trúːənsi] ▶ アクセントは最初の音節にある。［トゥルーアンシー］。
- ☐ **preference** [préfərəns] ▶ 第1音節にアクセント。preferでは後方にアクセント。

3 文の意味が理解できたところをチェックしよう。

- ☐ 1文目の **a month where focus is placed on bullying** のwhereは関係副詞。where以降でa monthを説明している。ここではa monthを焦点が置かれる「場所」と捉えているため、関係副詞のwhereが使われている。
- ☐ 最後の1文は、**Schools and elected officials nationwide** までが長い主語。meetが動詞でto try ... 以下は目的を表す不定詞の副詞用法だ。

LEVEL-3 ★★★

🔊 音声DL-102 ／ 再生回数の目安 **8**回

スクリプトと訳

October 1st marks the start of "National Bullying Awareness" month. Statistics show that one out of 5 students in America experiences bullying, and more than 6 million students skip school **at least** one day a week to avoid **persecution** by their peers. Gender identification, sexual **proclivities** and racism are three of the most cited causes for bullying. Schools are also struggling to **deal with the increase of trolling or other types of tormenting** online or via social media platforms. Each October, school officials and local and state lawmakers nationwide **meet to discuss and evaluate new ways to tackle this problem**.

10月1日は「全国虐め意識月間」のスタート日に当たります。統計ではアメリカの生徒の5人にひとりが虐めを経験していて、600万人以上の生徒たちが少なくとも週に1日仲間たちからの迫害を避けるために学校を休みます。性同一性や性的指向、人種差別が、もっとも引き合いに出される虐めの3つの原因です。学校はまた、ネットやSNS上での煽りやその他の虐めの増加への対処にも奮闘しています。毎年10月には、全国の学校関係者や地方や州の議員たちが、この問題に取り組むための新たな方法を議論したり評価したりするために集まります。

聞き取りの3段チェックリスト

1 聞き取れて、かつ意味も正しく理解できた単語や表現にチェックしよう。

- ☐ persecution「迫害」
- ☐ gender identification「性同一性」
- ☐ sexual proclivity「性的指向」
- ☐ trolling「ネット上の煽り；荒らし」
- ☐ torment「精神的に苦しめる；虐める」
- ☐ lawmaker「議員」

2 聞き取れて、かつ発音やアクセントも正しく理解できた単語や表現にチェックしよう。

- ☐ at least [ə_líːs_] ▶ 2語の末尾でt音の脱落が生じやすい。
- ☐ persecution [pə̀ːrsikjúːʃən] ▶ アクセントは第3音節にある。
- ☐ proclivities [prouklívəriz] ▶ 第2音節にアクセントがある。[プロウ**クリ**ヴィティ〔リ〕ズ]。
- ☐ trolling [tʃróuliŋ] ▶ troの部分は[チュロウ]と変化しやすい。

3 文の意味が理解できたところをチェックしよう。

- ☐ 冒頭の **October 1st marks the start of ...** のmarkは「…に当たる」という意味で、ニュースの中で記念日やなにかの起こった日などを述べるときによく用いられる。
- ☐ 4文目の **deal with the increase of ...** にあるdeal with A or B「AやBに対処する」を見抜こう。A=the increase of trolling, B=other types of tormentingでonline or via social media platformsはAとBにかかっている。
- ☐ 最後の1文の **meet to discuss and ... tackle this problem** 部分はmeet to A and B「AやBを行うために集まる」。AとBはどちらも不定詞の副詞用法の一部となる動詞だ。A=discuss, B=evaluateで、new ways to tackle this problemはAとBの目的語になっている。

\Tidbits/

虐めはどの年齢層にも存在する。職場ではセクハラがもっとも多い。最近はSNSでの挑発や虐めも増加し問題化している。「SNSでは悪い言葉を口に出すことができ、口にパンチをもらうことがない」。ボクサーのマイク・タイソンの言葉だ。

UNIT 35　New Eatery in LV

各レベルの音声がある程度聞き取れたら、 スクリプトと訳 を見て答え合わせをしよう。その下にある 聞き取りの3段チェックリスト の□にすべて✓がつくまで、繰り返し音声を聞いて、解説を読もう。□が埋まったら、次のレベルに進もう。

LEVEL-1 ★☆☆　　音声DL-103 ／ 再生回数の目安 3回

スクリプトと訳

A new restaurant is going to open in Las Vegas. The restaurant will be called "**Heaven's** Gate." **The owner and head chef is** famous TV cook Julie Mack. The menu at Heaven's Gate will be Asian **fusion**. The restaurant isn't open yet, but **reservations** are **hard to** get.

新しいレストランがラスベガスでオープンします。レストランは「ヘブンズゲート」と呼ばれることになります。オーナー兼料理長はテレビで有名なシェフのジュリー・マックです。ヘブンズゲートのメニューはアジアの無国籍料理です。レストランはまだ開店していませんが、予約は取りづらくなっています。

聞き取りの3段チェックリスト

1 聞き取れて、かつ意味も正しく理解できた単語や表現にチェックしよう。

- □ head chef「料理長」
- □ fusion「無国籍料理」

2 聞き取れて、かつ発音やアクセントも正しく理解できた単語や表現にチェックしよう。

- □ Heaven's [hévnz] ▶ ea の部分の発音は、はっきりした [エ] に近い音になる。
- □ fusion [fjúːʒən] ▶ アクセントは第1音節にくる。[フュージャン] と発音する。
- □ reservations [rèzərvéiʃənz] ▶ 第3音節にアクセントが置かれる。
- □ hard to [hɑːr_tʊ] ▶ d音の脱落が生じやすい。[ハー_トゥ] と聞こえる。

3 文の意味が理解できたところをチェックしよう。

☐ **The owner and head chef is ...** は「オーナーと料理長は…だ」ではなく、「オーナーと料理長を兼任しているのは…だ」である。そのため、後続のbe動詞が3人称単数のisになっていることに気づきたい。

LEVEL-2 ★★☆   🔊 音声DL-104 ／ 再生回数の目安 **5** 回

スクリプトと訳

A new upscale restaurant is **coming to** the MGM **Casino** in June. **"Heaven's Gate" is the brainchild of popular TV chef Julie Mack. The trendy Vegas spot** will focus on **Asian**-style **cuisine**. Mack says the restaurant theme and menu were inspired by her recent trip to East Asia. <u>Despite menu prices starting at about $100 per person</u>, the restaurant is already booked for June.

新しい高級レストランが6月にMGMカジノにやってきます。「ヘブンズゲート」は人気のテレビシェフであるジュリー・マックの独創的なアイデアから生まれました。このトレンディーなベガスのスポットはアジアスタイルの料理に焦点を絞ります。レストランのテーマやメニューは彼女の最近の東アジア旅行から着想を得たものだとマックは言います。メニュー価格がひとり約100ドルからスタートするにもかかわらず、レストランはすでに6月の予約が埋まっています。

聞き取りの3段チェックリスト

1 聞き取れて、かつ意味も正しく理解できた単語や表現にチェックしよう。

☐ upscale「高級向けの」　　☐ cuisine「(高級な) 料理」
☐ brainchild「独創的な発案物」　　☐ book「予約する」

2 聞き取れて、かつ発音やアクセントも正しく理解できた単語や表現にチェックしよう。

☐ **coming to** [kʌmin_tə] ▶ g＋tで脱落が生じ［カミン_トゥー］と発話。
☐ **Casino** [kəsíːnou] ▶ 日本語読みの「カジノ」ではなく、［カシーノウ］と発話。
☐ **Asian** [éiʒən] ▶ 発音は「アジアン」ではなく［エイジャン］。
☐ **cuisine** [kwizíːn] ▶ ［クウィズィーン］と発音する。アクセントは後ろに置かれる。

3 文の意味が理解できたところをチェックしよう。

☐ 2文目、**"Heaven's Gate" is ...** の1文は、A is the brainchild of B「AはBの独創的な発想から生まれたものだ」という意味の構文でできていることを見抜こう。

☐ 3文目の **The trendy Vegas spot** は「ヘブンズゲート」の別の表現。英語では繰り返しを避けるために別の表現を取ることがよくある。

☐ 最後の1文、**Despite menu prices starting ...** の starting は動名詞で、直前の menu prices はその意味上の主語。Despite A, B. の形で「AにもかかわらずB」という意味になる。

LEVEL-3 ★★★　　音声DL-105 ／ 再生回数の目安 **8**回

スクリプトと訳

The MGM casino in Las Vegas is soon to be home to celebrity chef Julie Mack's new restaurant "Heaven's Gate." **The upscale restaurant, set to open in June, predominantly features** Asian-inspired fusion dishes. **Mack, who rose to stardom in the culinary world through her YouTube channel,** said she developed the menu after a three-month tour of East Asia **while filming her popular reality TV show**. This chic new eatery is designed to cater to high rollers, so you can expect a meal to **set you** back $100 or more. **Despite not being open yet,** reservations are booked solid **through June**.

ラスベガスのMGMカジノが、まもなくセレブシェフ、ジュリー・マックの新レストラン「ヘブンズゲート」の本拠地となります。この高級レストランは6月にオープンすることになっていますが、おもにアジアに着想を得た無国籍料理が目玉となります。YouTubeチャンネルを通して料理の世界でスターダムにのし上がったマックは、彼女の人気リアリティーテレビ番組を撮影しながら行った3カ月の東アジア旅行のあとにメニューを開発したと語りました。このスタイリッシュな新しい飲食店はギャンブルで大金を使う人たちの要望に応えるために設計されているため、食事によって100ドルあるいはそれ以上を支払うことになることが予想できます。まだ開店されていないにもかかわらず、予約は6月までいっぱいになっています。

聞き取りの3段チェックリスト

1 聞き取れて、かつ意味も正しく理解できた単語や表現にチェックしよう。

- ☐ predominantly「おもに」
- ☐ feature「目玉にする；呼び物にする」
- ☐ culinary「料理の」
- ☐ chic「スタイリッシュな」
- ☐ eatery「飲食店」
- ☐ cater「要望に応える」
- ☐ high roller「大金をギャンブルに使う人」
- ☐ set ... back「…に費用がかかる」
- ☐ be booked solid「予約でいっぱいだ」

2 聞き取れて、かつ発音やアクセントも正しく理解できた単語や表現にチェックしよう。

- ☐ **set to** [seˍtə] ▶ 破裂音の連続でt音の脱落が起こる。
- ☐ **predominantly** [pridάːminəntli] ▶ アクセントは第2音節。［プリドーミナントリ］。
- ☐ **reality** [ri(ː)ǽləri] ▶ t音が弾音化し［リ（ー）アラディ［リ］ー］と発音。アクセントは第2音節。
- ☐ **set you** [setʃə] ▶［t］+［j］で音が同化し、［セッチャ］と発音。

3 文の意味が理解できたところをチェックしよう。

- ☐ 2文目は **The upscale restaurant, set to open in June** までが主語になっている。set to ... は「…することになっている」という意味でrestaurantを後置修飾している。
- ☐ 3文目は **Mack, who rose to ... YouTube channel,** までが非常に長い主語になっている。**while filming her popular reality TV show** では、whileのあとのshe wasが省略されている。
- ☐ 最後の1文の **Despite not being open yet,**「まだ開店されていないにもかかわらず、」は前置詞+動名詞の形になっている。前置詞=Despite, 動名詞=being open（be+形容詞）「営業している」の動名詞の否定形。**through June** は「6月まで」。

\Tidbits/

セレブシェフとはテレビや雑誌などで有名になったシェフのことだ。この言葉は60年代から存在するが、ケーブルテレビの24時間チャンネルとともに、多くのシェフが有名になった。番組をホストし、書籍を出版し、いまやネットメディアを使うことで彼らは数百万ドル規模のフランチャイズを開けるようになった。

UNIT 36　G7 Leaders Meet

各レベルの音声がある程度聞き取れたら、 スクリプトと訳 を見て答え合わせをしよう。その下にある 聞き取りの3段チェックリスト の□にすべて✓がつくまで、繰り返し音声を聞いて、解説を読もう。□が埋まったら、次のレベルに進もう。

LEVEL-1 ★☆☆　🔊 音声DL-106 ／ 再生回数の目安 3回

スクリプトと訳

The elected leaders from G7 countries met last weekend. This meeting of world leaders takes place every year. This year, there were three main topics. **First was** the problem of **climate** change. **Second was** China's aggressive movement in the **Pacific** Ocean. **Last was pandemic preparedness**.

G7の選ばれた指導者たちが先週末、会合をもちました。この世界のリーダーたちの会合は毎年行われます。今年は、3つのおもな議題がありました。ひとつ目は気候変動の問題でした。2番目は中国の太平洋での侵略的な動きでした。最後はパンデミックへの備えでした。

聞き取りの3段チェックリスト

1 聞き取れて、かつ意味も正しく理解できた単語や表現にチェックしよう。

- □ elected「選出された」
- □ aggressive「侵略的な；攻撃的な」
- □ preparedness「準備（のできていること）；備え」

2 聞き取れて、かつ発音やアクセントも正しく理解できた単語や表現にチェックしよう。

- □ **climate** [kláimət] ▶ ［クライメイト］ではなく［**クライマット**］と発音する。
- □ **Pacific** [pəsífik] ▶ 第2音節にアクセントがある。
- □ **pandemic** [pændémik] ▶ これも第2音節にアクセントが置かれる。
- □ **preparedness** [pripéərədnəs] ▶ 同じく第2音節にアクセントがある。

3 文の意味が理解できたところをチェックしよう。

☐ 非常にシンプルだが、3つのことを順序立てて説明するのにはこのニュースが参考になる。**First was ...**「最初は…だった」、**Second was ...**「2番目は…だった」、**Last was ...**「最後は…だった」と、順に事柄を並べて表現した一例だ。

LEVEL-2 ★★☆   音声DL-107 / 再生回数の目安 5回

スクリプトと訳

Heads of State from the G7 countries met at Camp David **this past weekend**. Camp David is a **142**-acre **retreat** reserved for use by the **sitting** US President. This meeting, **dubbed the "G7 Summit,"** takes place every year. The focus of this year's **dialogs** was on climate change, China's actions in the Pacific and global pandemic response.

G7諸国の指導者たちが、先週末キャンプデービッドで会合をもちました。キャンプデービッドは現職のアメリカ大統領が使用するために用意された142エーカーの休養地となっています。「G7」と呼ばれるこの会合は毎年行われます。今年の会談の焦点は、気候変動と中国の太平洋での行動と地球規模のパンデミックへの対応に置かれました。

聞き取りの3段チェックリスト

1 聞き取れて、かつ意味も正しく理解できた単語や表現にチェックしよう。

☐ Head of State「国の長」
☐ acre「エーカー」
☐ retreat「休養地」
☐ reserve「取っておく」
☐ sitting「現職の」
☐ dub ...「…と呼ぶ；あだ名をつける」
☐ dialog「会談」
☐ response「対応」

2 聞き取れて、かつ発音やアクセントも正しく理解できた単語や表現にチェックしよう。

☐ **142** ▶ one hundred forty-twoと読む。fortyではt音が弾音化しやすい。
☐ **retreat** [ritʃríːt] ▶ アクセントは第2音節。-trea は［チュリー］と発話されやすい。
☐ **sitting** [sírin] ▶ 弾音化で［スィディ〔リ〕ン（グ）］となる。末尾の音も脱落しやすい。

☐ dialogs [dáiələgz] ▶ アクセントが頭に置かれる点に注意。

3 文の意味が理解できたところをチェックしよう。

☐ 1文目の **this past weekend** は last weekend と同じ意味。
☐ 2文目の **reserved for use by ...** は過去分詞を用いた表現で「…の使用に向けて用意された」という意味になる。**the sitting US President** は「現職アメリカ大統領」。
☐ 3文目の **dubbed the "G7 Summit,"** は「G7サミットと呼ばれる」という意味でThis meeting を後置修飾している。This meeting, dubbed ... から始まる3文目の動詞は takes place である。

LEVEL-3 ★★★

🔊 音声DL-108 ／ 再生回数の目安 **8**回

スクリプトと訳

Camp David was host to the annual G7 Summit this past weekend, **where** leaders from the Group of Seven countries met to discuss a variety of topics. The talks took place over two days at the 142-acre US Presidential retreat. Several items were on **the agenda, including specific proposals to tackle climate change as well as how to deal with China's expansionist activity in the Pacific. The group also reportedly agreed to** invest billions of dollars **to strengthen both infrastructure and protocols for dealing with pandemics**.

先週末、キャンプデービッドは毎年開催されるG7サミットの主催地となりましたが、そこでG7諸国のリーダーたちが会合し、さまざまなトピックを話し合いました。会談は2日間にわたり142エーカーのアメリカ大統領の保養地で開催されました。いくつかの議事が議題に上がっていましたが、それには気候変動に取り組むための具体的な提案に加え、中国の太平洋における拡張主義的活動への対処法も含まれていました。グループはまた、パンデミックの対処に向けたインフラとガイドラインの強化のために、数十億ドルを投資することで合意したと報じられています。

聞き取りの3段チェックリスト

1 聞き取れて、かつ意味も正しく理解できた単語や表現にチェックしよう。

- ☐ proposal「提案」
- ☐ tackle「取り組む」
- ☐ expansionist「拡張主義的」
- ☐ invest「投資する」
- ☐ strengthen「強化する」
- ☐ protocol「ガイドライン；治療計画」

2 聞き取れて、かつ発音やアクセントも正しく理解できた単語や表現にチェックしよう。

- ☐ **proposals** [prəpóuzəlz] ▶ アクセントは第2音節に置かれる。
- ☐ **expansionist** [ikspǽnʃənist] ▶ こちらも第2音節にアクセントが置かれる語。
- ☐ **reportedly** [ripɔ́rridli] ▶ t音の弾音化で〔リポーディ〔リ〕ドゥリー〕と読まれている。
- ☐ **protocols** [próutəkɔ̀lz] ▶ 最初の音節にアクセントがある。proのoは〔オウ〕という2重母音。

3 文の意味が理解できたところをチェックしよう。

- ☐ 1文目は、**Camp David was host to ...**「キャンプデービッドが…の主催地だった」という無生物主語の表現。be host to ... で「…の主催地となる」。さらに **..., where** から始まる関係副詞の叙述用法で、そこで行われたことについての説明が続いている。
- ☐ Several items were ... から始まる3文目の **the agenda, including ...** では議題に including 以降のものが含まれていたことがわかる。including 以降の A as well as B「A同様にBも」の形を見抜こう。ここでは A=specific proposals ... change, B=how to ... in the Pacific だ。
- ☐ 最後の1文、**The group also reportedly agreed to ...** は「グループはまた…することに合意したと報じられている」という意味。また **to strengthen both infrastructure and protocols for ...** は不定詞の副詞用法で「…のためのインフラとガイドラインの両方を強化するために」という意味。

\Tidbits/

石油危機や世界的な経済の悪化に対処するため1973年、臨時に主要国の財務大臣たちが集まった。そこから始まったG7は、以来、貿易、安全保障、経済、気候変動などの地球規模の諸問題を話し合う場となっている。アメリカ、カナダ、英国、ドイツ、日本、フランス、イタリアの7カ国の指導者に加え、EUの代表も参加している。

UNIT 37 Drug Approval

各レベルの音声がある程度聞き取れたら、 スクリプトと訳 を見て答え合わせをしよう。その下にある 聞き取りの3段チェックリスト の□にすべて✓がつくまで、繰り返し音声を聞いて、解説を読もう。□が埋まったら、次のレベルに進もう。

LEVEL-1 ★☆☆　　🔊 音声DL-109 ／ 再生回数の目安 3回

スクリプトと訳

Recently a new medicine was invented to treat **Alzheimer's** disease. The drug has been **approved** by the US government. However, some doctors and researchers think the treatment may not be effective. **It is not known if** the drug will be covered by federal **insurance** programs.

最近、アルツハイマー病を治療するために新しい薬が発明されました。薬はアメリカ政府によって承認されました。しかしながら、治療は効果的ではないかもしれないと考える医者や研究者もいます。薬が連邦保険制度でカバーされるかどうかはわかっていません。

聞き取りの3段チェックリスト

1 聞き取れて、かつ意味も正しく理解できた単語や表現にチェックしよう。

- □ invent「発明する」
- □ Alzheimer's disease「アルツハイマー病」
- □ approve「承認する」
- □ federal insurance program「連邦保険制度」

2 聞き取れて、かつ発音やアクセントも正しく理解できた単語や表現にチェックしよう。

- □ **Recently** [ríːsn_li] ▶ t音が脱落しやすい。アクセントは先頭の音節にある。
- □ **Alzheimer's** [άːltshaimərz] ▶ アクセントは第1音節にある。頭のAの読みは長く伸ばすので［アールツハイマーズ］という発音になる。
- □ **approved** [əprúːvd] ▶ アクセントのあるroは［ルー］と伸ばして発話される。
- □ **insurance** [inʃúərəns] ▶ アクセントは第2音節に置かれる。su部分は［シュァ］。

3 文の意味が理解できたところをチェックしよう。

☐ **It is not known if ...** のitは形式主語で、if ...「…かどうかということ」以降の名詞節が実際の主語。

LEVEL-2 ★★☆   音声DL-110 ／ 再生回数の目安 **5** 回

スクリプトと訳

A new drug designed to treat patients with Alzheimer's or other forms of dementia was just approved. Some doctors and researchers believe, however, that the evidence proving the effectiveness of the drug is lacking. The prohibitively high cost of the medicine is also an issue. Even if it is partially covered by government insurance programs, it may be too expensive for the average senior citizen to afford.

アルツハイマーやその他の型の認知症の患者を治療するために作られた新薬がちょうど承認されたところです。しかしながら、薬の有効性を証明する証拠が欠けていると考える医師や研究者もいます。薬の途方もない高額のコストも問題になっています。もし薬が一部、政府の保険プログラムでカバーされたとしても、ふつうの高齢者が購入するにはあまりにも高額となるかもしれません。

聞き取りの3段チェックリスト

1 聞き取れて、かつ意味も正しく理解できた単語や表現にチェックしよう。

- ☐ design「意図する；構想する」
- ☐ dementia「認知症」
- ☐ evidence「証拠」
- ☐ effectiveness「有効性」
- ☐ prohibitively「途方もなく」
- ☐ afford「金を割くことができる」

2 聞き取れて、かつ発音やアクセントも正しく理解できた単語や表現にチェックしよう。

- ☐ **designed to** [dizáin_tə] ▶ 破裂音の連続でd音の脱落が生じやすい。
- ☐ **effectiveness** [iféktivnəs] ▶ アクセントは第2音節に置かれる。effectiveでも同じ。
- ☐ **prohibitively** [prouhíbərivli] ▶ 第2音節にアクセント。t音は弾音化している。
- ☐ **citizen** [sírizn] ▶ t音は弾音化しやすい。

UNIT37 Drug Approval

3 文の意味が理解できたところをチェックしよう。

- ☐ 1文目は、**A new drug designed … other forms of dementia** までが主語で、次の **was just approved** が動詞。
- ☐ **Even if it is …** から始まる最後の1文は、Even if A, B.「たとえAであったとしても、B」という可能性の低い仮定の構文と、後半（Bに当たる部分）、**too expensive … to afford** に too … to … の構文が使われている点を認識したい。ひとつひとつ確認してみると、too expensive「高額すぎる」、for the average senior citizen「ふつうの高齢者にとって」、to afford「購入するには」と分解できる。for を使って表現している意味上の主語が長いため、文意が取りにくくなっている。

LEVEL-3 ★★★　　🔊 音声DL-111 ／ 再生回数の目安 **8** 回

スクリプトと訳

The U.S. Food and Drug Administration (FDA) recently approved **what the manufacturer hails to be the first pharmaceutical to treat Alzheimer's and dementia**. Despite the approval, however, many experts in the field have raised concerns about the effectiveness of the medication. Another red flag is the proposed cost of the treatment, **currently estimated to be up to $56,000 annually**. **Even if this were to be covered by Medicare, the out-of-pocket costs estimated to be $11,000 per year would put the drug out of reach of the predominantly elderly patients it is meant to help**.

最近アメリカの食品医薬品局（FDA）は、製造業者がアルツハイマーや認知症を治療する最初の薬だと認めたものを認可しました。しかしながら、認可にもかかわらず、その分野の多くの専門家が薬の有効性に関して懸念を表明しています。もうひとつの危険信号は提案された治療のコストで、現在、毎年最大で5万6,000ドルにも達すると試算されています。たとえこれが高齢者医療保険制度によってカバーされることになるとしても、年間で1万1,000ドルになると見積もられている自己負担額は、この薬で救おうとしている患者たち（おもに高齢者が占める）の手の届かないものになることでしょう。

聞き取りの3段チェックリスト

1 聞き取れて、かつ意味も正しく理解できた単語や表現にチェックしよう。

- □ hail to be ...
  「…であると認める；評価する」
- □ pharmaceutical(s)「薬」
- □ red flag「赤旗；危険（信号）」
- □ Medicare「高齢者医療保険制度」
- □ out-of-pocket costs「自己負担額」
- □ predominantly「おもに」

2 聞き取れて、かつ発音やアクセントも正しく理解できた単語や表現にチェックしよう。

- □ **pharmaceutical** [fɑ̀ːrməsúːrikəl] ▶ t音が弾音化しやすい。ceu部分は［スー］と読み、ここにアクセントが置かれる。
- □ **estimated** [éstəmèirid] ▶ -tedの部分でt音が弾音化。［エスティメイディ〔リ〕ッド］。
- □ **were to be** [wər rə bi] ▶ 弱化や弾音化で［ワードゥ〔ル〕ビ］と発話されている。
- □ **would put** [wə_pu(t)] ▶ wouldのd音は脱落しやすい。putのt音も脱落しやすい。

3 文の意味が理解できたところをチェックしよう。

- □ The U.S. Food and Drug ...から始まる1文目の **what ...** は先行詞を含む関係代名詞で「…というもの」= the thing which ...の意味。
- □ 3文目の **currently estimated to be ...** は「現在…になると見積もられている」という意味。過去分詞のフレーズで情報を付加している点を理解したい。
- □ 最後の1文は、**Even if this were to ...** は「万一…するとしても」という意味になる仮定表現。後半の主節 **the out-of-pocket costs ...** は **the out-of-pocket ... $11,000 per year** が主語で、仮定法過去のwould putを用いて結んでいる。また、put ... out of reach of ～で「…を～の手の届かないところに置く」というイディオムにも気づきたい。さらに、**elderly patients it is meant to help** はitの前にあるべき関係代名詞の目的格のthatが省略されていることに注意。

\ Tidbits /

総合的な国の保険制度がないアメリカでは、医療費は天文学的な数字になる。医療は利益追求型のビジネスとみなされている。処方薬も他国と比較すると非常に高価で、処方ツーリズムというものまで生まれた。安価な薬を求めてカナダやメキシコに旅することを指す。また、医療ツーリズムの人気も高まっている。

UNIT 38 Climate Report

各レベルの音声がある程度聞き取れたら、スクリプトと訳 を見て答え合わせをしよう。その下にある 聞き取りの3段チェックリスト の□にすべて✓がつくまで、繰り返し音声を聞いて、解説を読もう。□が埋まったら、次のレベルに進もう。

LEVEL-1 ★☆☆

音声DL-112 / 再生回数の目安 3回

スクリプトと訳

The United Nations released a **detailed** report about global warming. It was written by a group of scientists and researchers. Many of these authors think that **climate** change cannot be stopped. The pace of global warming and the **buildup** of greenhouse gases **is accelerating faster than** we can handle.

国連は地球温暖化に関する詳細な報告書を公表しました。報告書は科学者と研究者のグループによって書かれたものです。この著者の多くは、気候変動をストップすることはできないと考えています。地球温暖化と温室効果ガスの蓄積のペースは私たちが対処できるスピードを超えて加速しています。

聞き取りの3段チェックリスト

1 聞き取れて、かつ意味も正しく理解できた単語や表現にチェックしよう。

- □ buildup「蓄積；増大」
- □ greenhouse gas「温室効果ガス」
- □ accelerate「速くなる；加速する」

2 聞き取れて、かつ発音やアクセントも正しく理解できた単語や表現にチェックしよう。

- □ **detailed** [díːteild] ▶ アクセントは第1音節にある。de は［ディー］と発音。
- □ **climate** [kláimət] ▶ アクセントは第1音節。［クライメイト］ではなく［**クライマット**］と発音する。
- □ **buildup** [bíldʌ̀p] ▶ 最初の build のほうにアクセントが置かれる。

3 文の意味が理解できたところをチェックしよう。

- ☐ **is accelerating faster than ...** は「…より速く加速している」。このセンテンスの than は接続詞で後ろに we can handle と文が置かれている。

LEVEL-2 ★★☆   音声DL-113 ／ 再生回数の目安 **5**回

スクリプトと訳

According to a report issued by the United Nations, many top scientists and researchers are fearing the worst. The majority think that we have already passed or are about to pass several key thresholds concerning climate change. One such barrier is a global rise in temperature of 1.5 degrees Celsius. Once these milestones are reached, the effects of climate change will likely be unstoppable.

国連が発表した報告書によると、多くのトップクラスの科学者や研究者は最悪の事態を恐れています。私たちは気候変動に関するいくつかの重要な境界をすでに通過したか通過しようとしていると、大多数は考えています。そのような防壁のひとつに、摂氏1.5度の地球規模の気温上昇があります。いったんこれらの一里塚に到達すると、気候変動の効果はおそらく止められなくなるでしょう。

聞き取りの3段チェックリスト

1 聞き取れて、かつ意味も正しく理解できた単語や表現にチェックしよう。

- ☐ issue「発表する；発行する」
- ☐ threshold「基準値；境界値」
- ☐ ... degrees Celsius「摂氏…度」
- ☐ milestone「一里塚；指標；時点」

2 聞き取れて、かつ発音やアクセントも正しく理解できた単語や表現にチェックしよう。

- ☐ **According to**［əkɔːrrɪn_tu］▶ according では d 音が弾音化。According の末尾の音は g が脱落して［n］に近い音に変わる。
- ☐ **majority**［mədʒɔ́rəɾi］▶ t 音が弾音化。［マジョラディ〔リ〕］と発音されている。
- ☐ **about to**［əbaʊ_tə］▶ 破裂音の連続で先にある t 音が脱落する。
- ☐ **1.5** ▶ one point five と読まれる。

3 文の意味が理解できたところをチェックしよう。

- ☐ 2文目のthat以降、**we have already passed or are about to pass several key thresholds concerning climate change** の部分は、A or Bの形。中心にあるorを挟んで情報が並列されていて「AあるいはB」と解釈できる。A=we have already passed (several key thresholds concerning climate change), B=(we) are about to pass several key thresholds concerning climate changeだ。be about to ... は「…しようとしている」。

- ☐ **Once these milestones ...** の最後の1文はOnce A, B.「いったんAすると、B」という構文を見抜きたい。

LEVEL-3 ★★★ 音声DL-114 / 再生回数の目安 8回

スクリプトと訳

A UN panel of researchers and scientists has just released **a several-thousand-page whitepaper outlining their evaluation and concerns about climate change**. The tone of the report is rather **somber**, and most **contributors** believe that mankind is already passing **several thresholds which will lead to dire consequences in the near future**. "**Continued carbon emissions, deforestation and the melting of permafrost in the arctic regions are already causing tangible impacts, which will simply be exacerbated in the future,**" said top researcher Ian Flemming. "Quite simply, we are rapidly approaching **a point of no return**," echoed Tom Keller, who edited the report.

研究者と科学者で構成される国連の委員会が、気候変動に関する評価と懸念を述べた数千ページの白書を先ほど発表しました。報告書の論調はかなり暗く、人類はすでにいくつかの境界点を超えつつあり、それによって近い将来恐ろしい影響が引き起こされると、ほとんどの寄稿者が考えています。「継続的な二酸化炭素の排出や森林破壊、北極圏地域の永久凍土の融解はすでに明白な影響を生じさせているが、それは将来深刻化するばかりだ」と首席研究員のイアン・フレミングは述べています。「要するに、われわれは急速に取り返しのつかない段階に近づいているのだ」と報告書を編集したトム・ケラーが呼応しています。

聞き取りの3段チェックリスト

1 聞き取れて、かつ意味も正しく理解できた単語や表現にチェックしよう。

- □ panel of ...「…からなる委員会」
- □ tone「口調；論調」
- □ somber「深刻な；陰気な；暗い」
- □ dire「恐ろしい；ひどい」
- □ deforestation「森林破壊」
- □ permafrost「永久凍土」
- □ arctic「北極圏の」
- □ tangible「明白な；有形の」
- □ exacerbate「さらに悪化させる；深刻化させる」

2 聞き取れて、かつ発音やアクセントも正しく理解できた単語や表現にチェックしよう。

- □ **somber** [sámbər] ▶ 発音は［サムバー］。アクセントは頭に置かれる。
- □ **contributors** [kəntríbjərərz] ▶ 第2音節にアクセント。-torsの部分でt音が弾音化。
- □ **consequences** [kánsəkwènsiz] ▶ 第1音節にアクセントが置かれる。
- □ **exacerbated** [iɡzǽsərbèirid] ▶ 第2音節にアクセントがくる。またtedのt音は弾音化しやすい。

3 文の意味が理解できたところをチェックしよう。

- □ 1文目の **a several-thousand-page whitepaper ...** 部分のoutlining ... 以降は「…を概説している」という意味で、直前のwhitepaperを後置修飾している。
- □ 2文目の **several thresholds which will lead to ...** は関係代名詞の主格を使った表現で「…につながるだろういくつかの境界点」という意味になる。
- □ 3文目の **"Continued carbon emissions, ... in the future,"** の引用文内の動詞はare already causingだ。それ以前は非常に長い主語である。**, which will simply ...** は関係代名詞節で、先行詞であるimpactsを説明している。
- □ 最後の1文の **a point of no return** は「引き返せない地点」が直訳。

関連語句

- gereenhouse gas/effect「温室効果ガス／温室効果」
- fossil fuel「化石燃料」▶ 石炭、石油などが含まれる。
- carbon dioxide「二酸化炭素」
- carbon footprint「二酸化炭素排出量」▶ 人、家庭、企業などの活動によって一定期間に発生する二酸化炭素の量。

UNIT 39 Black Friday

各レベルの音声がある程度聞き取れたら、**スクリプトと訳**を見て答え合わせをしよう。その下にある**聞き取りの3段チェックリスト**の□にすべて✓がつくまで、繰り返し音声を聞いて、解説を読もう。□が埋まったら、次のレベルに進もう。

LEVEL-1 ★☆☆   音声DL-115 / 再生回数の目安 3回

スクリプトと訳

Black Friday is **approaching**. Stores are **getting** ready for the rush of customers. Black Friday is the day after **Thanksgiving** in the US. For years it has been the most popular day for buying Christmas presents. **Special discounts bring out huge crowds.**

ブラックフライデーが近づいています。お店はお客さんの殺到に備えつつあります。ブラックフライデーはアメリカでは感謝祭のあとの日です。長年ブラックフライデーはクリスマスプレゼントを買うのにもっとも人気の高い日となっています。特別値引きがものすごい人混みを生み出すのです。

聞き取りの3段チェックリスト

1 聞き取れて、かつ意味も正しく理解できた単語や表現にチェックしよう。

- □ rush「殺到；激増」
- □ Thanksgiving「感謝祭」
- □ bring out「引き出す；連れ出す」

2 聞き取れて、かつ発音やアクセントも正しく理解できた単語や表現にチェックしよう。

- □ **approaching** [əpróutʃiŋ] ▶ 第2音節にアクセントが置かれる。［アプローチング］ではなく、［ア**プロウ**チング］が近い。
- □ **getting** [ɡeɾiŋ] ▶ t音が弾音化しやすい。
- □ **Thanksgiving** [θǽŋksɡiviŋ] ▶ 第2音節にアクセントが置かれる。
- □ **discounts** [dískaunts] ▶ 日本語にもなっていて間違えやすいが、英語ではアクセントは第1音節にある。

③ 文の意味が理解できたところをチェックしよう。

☐ **Special discounts bring out huge crowds.** という最後のセンテンスでは、「特別な値引き」＝無生物が主語になっている。

LEVEL-2 ★★☆   音声DL-116 ／ 再生回数の目安 **5**回

スクリプトと訳

This busiest weekend in retail sales is just around the corner. Stores are already advertising their Black Friday sales items **to entice people to shop**. **The four days from Thursday to Sunday of Thanksgiving weekend** in the US have long been the popular time to shop for Christmas. Online shopping has exploded in recent years, **with online retailers even starting their own "Cyber Monday" sales event**.

小売業でもっとも忙しい今週末はもうすぐそこまで来ています。人々を誘導して買い物をさせるために、お店はすでにブラックフライデーの売り出し品を宣伝しています。アメリカの感謝祭の週末である木曜から日曜の4日間は、長い間クリスマスのための買い物をするのに人気の時期となっています。近年、ネットでの買い物が激増していて、ネット販売業者が独自の「サイバーマンデー」の売り出しイベントを開始するところまできています。

聞き取りの3段チェックリスト

① 聞き取れて、かつ意味も正しく理解できた単語や表現にチェックしよう。

☐ retail sales「小売り」
☐ be just around the corner 「すぐそこまで来ている」
☐ entice「誘導して…させる」
☐ explode「急増する」

② 聞き取れて、かつ発音やアクセントも正しく理解できた単語や表現にチェックしよう。

☐ advertising [ǽdvərtàiziŋ] ▶ アクセントは第1音節。
☐ Online [ánláin] ▶ 第1音節と第2音節にアクセントがある。

- [ ] **exploded** [iksplóudid] ▶ 第2音節にアクセント。d音が弾音化することもある。
- [ ] **starting** [stάːɾtin_] ▶ t音の弾音化。末尾のgは脱落しやすい。

3 文の意味が理解できたところをチェックしよう。

- [ ] 2文目の **to entice people to shop** は「人々を誘導して買い物をさせる」という意味になるフレーズ。不定詞の副詞的用法。この shop は動詞で「買い物をする」。
- [ ] 3文目の **The four days from Thursday to Sunday of Thanksgiving weekend** の of は同格の of で、前後で同じことを伝えている。「木曜から日曜の4日間＝感謝祭の週末」ということだ。
- [ ] 最後の1文の **with online retailers even starting ...** 以降は付帯状況を表し、「…という状況を伴って」という意味。

LEVEL-3 ★★★

音声DL-117 ／ 再生回数の目安 **8** 回

スクリプトと訳

Big-box stores and other retailers are **gearing up** for this year's Black Friday sales and the crowds that push it. **While not an official holiday,** the Friday after Thanksgiving has been the most popular shopping day in the US for decades, **with the four-day weekend drawing close to 200 million shoppers**. **As they compete for customers**, E-commerce giants have **since** invented their own "Cyber Monday" sales event. **Undoubtedly**, online purchasing has put a dent in the number of people that flock to stores for these events, but this tradition is **expected to** continue.

超大型量販店やその他の小売店は今年のブラックフライデーのセールと、イベントを後押しする群衆のために準備を整えています。公式な休日ではありませんが、感謝祭のあとの金曜日は、アメリカでは何十年もの間もっとも人気のあるショッピングの日となっていて、4日間の週末が2億人近い買い物客を引き寄せます。顧客を求めて競いながら、Eコマースの巨人たちはその後、彼ら独自の「サイバーマンデー」セールのイベントを考え出しました。間違いなくネットショッピングはこのイベントのために店舗に群がる人出を減少させていますが、この伝統は継続するものと見られています。

聞き取りの3段チェックリスト

1 聞き取れて、かつ意味も正しく理解できた単語や表現にチェックしよう。

- ☐ big-box store「超大型量販店」
- ☐ gear up for ...「…の準備を整える」
- ☐ draw「引き寄せる」
- ☐ compete for ...「…を求めて競う」
- ☐ E-commerce「電子商取引」
- ☐ invent「創出する；考え出す」
- ☐ put a dent in ...「…を減少させる」
- ☐ flock「群がる；集まる」

2 聞き取れて、かつ発音やアクセントも正しく理解できた単語や表現にチェックしよう。

- ☐ **gearing up** [gíəriŋʌp] ▶ gearing 末尾の g が脱落しながら2語が連結。[ギアリナップ] と発音される。
- ☐ **not an official** [nɑɾənəfíʃəl] ▶ 連結と弾音化で [ナッダ〔ラ〕ナフィシャゥ] と変化。
- ☐ **Undoubtedly** [ʌndáʊɾidli] ▶ アクセントは第2音節。t 音は弾音化している。Undoubted の後半の b は発音しない。
- ☐ **expected to** [ikspékti_tə] ▶ 破裂音の連続で、前にある d 音の脱落が生じる。

3 文の意味が理解できたところをチェックしよう。

- ☐ 2文目は1センテンスが長いので細かく確認しよう。**While not an official holiday,** の部分は「公式な休日ではないが」と譲歩を表す。**with the four-day weekend drawing close to 200 million shoppers** は付帯状況を表す with ... の形になっている。「…という状態を伴って」と解釈しよう。部分的に直訳すると「4日間の週末が2億人近い買い物客を引き寄せる状態を伴って」となる。
- ☐ 3文目の **As they compete for customers** の as は while と同じで「…しながら；…しているとき」。またこの文の **since** は完了形の中で用いられていて「その後」の意味。完了形の中で使われているので、つい前置詞や接続詞の「…以来」の意味だと考えがちだが、今回のような副詞として「その後」という意味があることを知っておこう。この意味で使われるときは、通常、have と過去分詞の間に since が置かれる。

\Tidbits/

通常ブラックフライデーには、店舗は深夜0時から早朝にかけて開店する。バーゲンの数量限定品に飛びつくために、多くの買い物客は列をなして店の外で待っているのだ。寒い気候の州ではテントを用意したり、キャンプ用のバンを借りたりする者もいる。友人と交代で寒空の下の列に並ぶためだ。

UNIT 40　Nobel Winner Dies

各レベルの音声がある程度聞き取れたら、**スクリプトと訳**を見て答え合わせをしよう。その下にある**聞き取りの3段チェックリスト**の□にすべて✓がつくまで、繰り返し音声を聞いて、解説を読もう。□が埋まったら、次のレベルに進もう。

LEVEL-1 ★☆☆

🔊 音声DL-118 ／ 再生回数の目安 **3**回

スクリプトと訳

Harvard **Chemistry** professor Michael Smith died today. He was 71 years old. Smith **won** the Nobel Prize for Chemistry in 1983. He was diagnosed with liver cancer last year. **Funeral** services <u>are going to be held</u> this weekend at the Harvard University Chapel.

ハーバードの化学の教授であるマイケル・スミス氏が今日死亡しました。71歳でした。スミス氏は1983年にノーベル化学賞を受賞しました。彼は昨年、肝臓癌の診断を受けていました。葬儀は今週末ハーバード大学のチャペルで行われる予定です。

聞き取りの3段チェックリスト

1 聞き取れて、かつ意味も正しく理解できた単語や表現にチェックしよう。

- □ Nobel Prize for Chemistry「ノーベル化学賞」
- □ diagnose with ...「…と診断する」
- □ liver cancer「肝臓癌」
- □ funeral service「葬儀」

2 聞き取れて、かつ発音やアクセントも正しく理解できた単語や表現にチェックしよう。

- □ **Chemistry** [kéməstri] ▶ アクセントは第1音節。stry の部分は［スチュリー］と変化しやすい。
- □ **won** [wʌ́n] ▶ win の過去・過去分詞形。want [wɑ́nt] と聞き間違えやすい。似ている発音で異なる単語がある場合、文脈から適切な語を判断したい。
- □ **Funeral** [fjúːnərəl] ▶ アクセントは第1音節に置かれる。Fu の部分は［フュー］。

3 文の意味が理解できたところをチェックしよう。

□ **are going to be held** は受動態の be held「開催される」に be going to ...「…することになっている」が加わって、「開催されることになっている」という意味。

LEVEL-2 ★★☆　　🔊 音声DL-119 ／ 再生回数の目安 **5** 回

スクリプトと訳

Nobel Prize winner and Harvard professor Michael Smith died today. **Smith, aged 71, was diagnosed with liver cancer last year** and this morning **succumbed to his illness**. His family issued **a statement asking for privacy** during this **difficult time**. A private memorial service **is to be held at the Harvard campus this weekend**.

ノーベル賞受賞者のハーバード大学教授、マイケル・スミス氏が今日亡くなりました。71歳のスミス氏は昨年、肝臓癌と診断され、今朝、病によって亡くなりました。彼の家族は、この困難な期間にプライバシーを求める声明を発表しました。内輪のみの葬儀は今週末ハーバードのキャンパスで行われることになっています。

聞き取りの3段チェックリスト

1 聞き取れて、かつ意味も正しく理解できた単語や表現にチェックしよう。

- □ succumb to ...「…で死ぬ」
- □ statement「声明」
- □ difficult time
  「困難な時期；辛い時期」
- □ private memorial service
  「内輪のみの葬儀」
- □ be to ...「…することになっている」
  ※予定を表す。

2 聞き取れて、かつ発音やアクセントも正しく理解できた単語や表現にチェックしよう。

- □ 71 [sevnri wʌn] ▶ ここでは t 音が弾音化し［セヴンディ〔リ〕］と聞こえる。［セヴニー］と発音される場合もある。
- □ succumbed [səkʌmd] ▶ comb などと同様、末尾の b が発音されない。
- □ difficult time [difikʌl_taim] ▶ t 音の連続で前にある t が脱落しやすい。

UNIT40 Nobel Winner Dies

3 文の意味が理解できたところをチェックしよう。

- [ ] 2文目の **Smith, aged 71,** は「71歳のスミス氏」。agedは後ろに数字を置いて「…歳の」という意味になる。**succumbed to his illness** は「彼の病に屈した；彼の病で亡くなった」。このセンテンスの動詞は **was diagnosed with …** と **succumbed to …** だ。
- [ ] 3文目の **a statement asking for privacy** は「プライバシーを要求する声明」で asking for … 以降が a statement を修飾している。
- [ ] 最後の1文の **is to be held …** の be to（ここでは is to）は「予定」を表し、「行われることになっている」という意味。このほかにも be to には「可能」「意志」「義務」「運命」などを表す用法もある。

LEVEL-3 ★★★

音声DL-120 ／ 再生回数の目安 **8**回

スクリプトと訳

Former Nobel Prize winner and chemist Michael Smith passed away today at the age of 71. Smith, **who had been still working as professor emeritus at Harvard University lost his battle with liver cancer**. His family issued a statement **saying that Professor Smith passed away peacefully surrounded by family**. They asked for privacy during this time of mourning, and also encouraged anyone interested to donate to the charity Final Wish Foundation. **He is survived by his wife, two sons and four grandchildren.** A private memorial service is scheduled to be held this weekend at the Harvard campus church.

かつてのノーベル賞受賞者で化学者のマイケル・スミス氏が今日71歳で亡くなりました。相変わらずハーバード大学の名誉教授として働いていたスミス氏は、肝臓癌との闘いに敗れました。スミス教授の家族は彼は家族に囲まれて静かに亡くなったという声明を発表しました。家族は喪中の期間のプライバシーを求め、さらに慈善団体のファイナルウィッシュ基金への寄付に関心のある人に働きかけました。彼は妻とふたりの息子、そして4人の孫をあとに残しました。内輪で行う葬儀は今週末ハーバード大学キャンパスの教会で執り行われる予定になっています。

聞き取りの3段チェックリスト

1 聞き取れて、かつ意味も正しく理解できた単語や表現にチェックしよう。

- ☐ pass away「亡くなる」
- ☐ professor emeritus「名誉教授」
- ☐ mourning「喪；悲嘆；悲しみ」
- ☐ encourage「働きかける」
- ☐ donate「寄付する」
- ☐ foundation「基金；財団」
- ☐ be survived by ...
  「…をあとに残し（死亡し）た」

2 聞き取れて、かつ発音やアクセントも正しく理解できた単語や表現にチェックしよう。

- ☐ emeritus [imérərəs] ▶ t音が弾音化し［イメラダ〔ラ〕ス］と発話している。
- ☐ surrounded by [səraundi_bai] ▶ 破裂音の連続で、前にあるd音が脱落する。
- ☐ mourning [mɔ́ːrniŋ] ▶ morning「朝」とまったく同じ発音になるので注意。
- ☐ scheduled to [skedʒuːl_tə] ▶ 破裂音の連続でd音が脱落。［ʃédʒuːl］［シェジュール］と発音されることもある。

3 文の意味が理解できたところをチェックしよう。

- ☐ 2文目の **who had been still working as ...**「いまだに…として働いていた」という主格の関係代名詞から始まる節は直前のスミス氏のことを説明している。**lost his battle with ...** は「…との闘いに敗れる」という意味の表現。
- ☐ 3文目の **saying that ...** は「…ということを述べる」。saying 以降の部分が直前のa statement「声明」を修飾していることを認識しよう。
- ☐ 5文目、**He is survived by his wife, ...** のsurveは「…より長生きする」という意味の動詞で、そこからbe survived by ... は「…をあとに残して亡くなる」という意味になる。

\Tidbits/

アメリカでは人が亡くなると、地元紙に「死亡記事（obituary）」が出る。遺体は葬儀場に運ばれ、防腐処置が施される。葬儀の当日か前日には葬儀場で通夜（viewing）が行われ、友人や家族などが死者に哀悼の意を示す。葬式は墓地（cemetery）で行い、死者を埋葬する。葬儀のあとにはよく招待客が食事をともにし、死者の人生を祝う。

UNIT 41 Winter Storm Hits

各レベルの音声がある程度聞き取れたら、**スクリプトと訳**を見て答え合わせをしよう。その下にある**聞き取りの3段チェックリスト**の□にすべて☑がつくまで、繰り返し音声を聞いて、解説を読もう。□が埋まったら、次のレベルに進もう。

LEVEL-1 ★☆☆   音声DL-121 ／ 再生回数の目安 3回

スクリプトと訳

A winter storm has formed in the Eastern U.S. The storm is bringing heavy snow and freezing cold **temperatures**. In **total**, five states are being **affected**. North **Carolina** is being hit the hardest. People there **are being encouraged not to leave their homes**.

アメリカ東部で冬の嵐が発生しています。嵐は豪雪と凍えるような低い気温をもたらしています。合計で5つの州が影響を受けています。ノースカロライナがもっとも打撃を受けています。現地の人々は外出しないことを推奨されています。

聞き取りの3段チェックリスト

1 聞き取れて、かつ意味も正しく理解できた単語や表現にチェックしよう。

- □ storm「嵐」
- □ form「発生する」
- □ affect「影響する；作用する」

2 聞き取れて、かつ発音やアクセントも正しく理解できた単語や表現にチェックしよう。

- □ **temperatures** [témpərtʃùərz] ▶ 第1音節にアクセントがくる。
- □ **total** [tóuṭəl] ▶ tの弾音化によって [トウダゥ〔ラゥ〕] のように聞こえる。
- □ **affected** [əféktid] ▶ アクセントは第2音節にあることに注意。似た発音（発音によっては同音の発音）に effect「影響」があり、聞き間違えやすい。
- □ **Carolina** [kærəláinə] ▶ 第3音節にアクセントがある。日本語では「カロライナ」だがCaがアとエの中間の音、[æ] で発音されて、[キャロライナ] に近い音になる。

3 文の意味が理解できたところをチェックしよう。

- [ ] **are being encouraged not to ...** の部分は encourage not to ...「…しないことを推奨する」を受動態にしてさらに進行形にしたもの（be動詞＋being＋過去分詞）。

LEVEL-2 ★★☆　　音声DL-122 ／ 再生回数の目安 5回

スクリプトと訳

A winter storm is **hitting** several states on the Eastern seaboard. **The storm has dumped as much as four feet of snow in some areas**. Record-low temperatures are being seen in five states. 20 million people **are in the** path of this storm, which is **expected to** **last all weekend**. A **State of** Emergency **has been declared** in North Carolina. People are being told to stay in their homes.

冬の嵐が東海岸の複数の州を襲っています。一部の地域では嵐は4フィートもの雪を降らせました。記録的な低温が5つの州で確認されています。週末中続くと予想されているこの嵐の経路には2千万の人々がいます。ノースカロライナでは緊急事態が宣言されました。人々は家から出ないように言われています。

聞き取りの3段チェックリスト

1 聞き取れて、かつ意味も正しく理解できた単語や表現にチェックしよう。

- [ ] seaboard「海岸線」
- [ ] dump「どさっと落とす；降らす」
- [ ] record-low temperatures「記録的な低温」
- [ ] in the path of ...「…の進路に」
- [ ] State of Emergency「緊急事態」
- [ ] declare「宣言する」

2 聞き取れて、かつ発音やアクセントも正しく理解できた単語や表現にチェックしよう。

- [ ] **hitting** [híriŋ] ▶ t音は弾音化しやすい。
- [ ] **in the** [inə] ▶ ［n］＋［ð］で同化が起こり［イナ］と発話される場合がある。
- [ ] **expected to** [ikspékti_tə] ▶ 破裂音の連続でd音の脱落が生じる。
- [ ] **State of** [steiɾəv] ▶ 連結部で弾音化が生じる。［ステイダ［ラ］ヴ］。

3 文の意味が理解できたところをチェックしよう。

- [ ] 2文目、**The storm has dumped ...** の **dump** は「どさっと降らせる」「どっと捨てる」という意味の動詞。ここでは現在完了形で、has dumped となっている。**as much as ...** は「…もの」と解釈する。
- [ ] 4文目の **are in the path of this storm** は「この嵐の進路にいる」ということ。**... , which is expected to last all weekend** の which は主格の関係代名詞。this storm をさらに説明している。
- [ ] 5文目の動詞、**has been declared** は現在完了形で、過去のある地点から現在まで緊急事態が続いていることを表している。

LEVEL-3 ★★★

🔊 音声DL-123 ／ 再生回数の目安 **8** 回

スクリプトと訳

A powerful winter storm system is currently pounding the mid-Atlantic states. Overnight temperatures have **plummeted** to well below freezing and we are already seeing **snow accumulations of up to four feet** in some areas. **This storm, which is affecting more than 20 million people in five states,** is expected to continue to cause **whiteouts** and blizzard-like conditions throughout the weekend. North Carolina governor Mike Hanson has declared a State of Emergency, and residents are being **asked not to** leave their homes. **Snow removal crews are working around the clock but struggling to keep roads clear.**

現在、強烈な冬の嵐が中部大西洋諸州で猛威を振るっています。ひと晩のうちに気温は急激に下がりはるかに氷点を下回り、すでにいくつかの地域では最高で4フィートもの積雪が見られます。5つの州で2千万人以上の人々に影響を与えているこの嵐は、週末を通してホワイトアウトやブリザードのような状態を生じ続けると予想されています。ノースカロライナ知事のマイク・ハンソン氏は緊急事態を宣言し、住民は自宅を出ないことを要求されています。除雪スタッフは24時間ぶっ通しで働いていますが、道路から雪を取り除くことに苦労しています。

聞き取りの3段チェックリスト

1 聞き取れて、かつ意味も正しく理解できた単語や表現にチェックしよう。

- ☐ pound「（長時間続けて）猛爆撃する；猛威を振るう」
- ☐ mid-Atlantic「中部大西洋（諸州）の」
- ☐ plummet「急落する」
- ☐ well below ...「はるかに…を下回って」
- ☐ freezing「氷点」
- ☐ snow accumulation「積雪」
- ☐ governor「知事」
- ☐ snow removal「除雪」

2 聞き取れて、かつ発音やアクセントも正しく理解できた単語や表現にチェックしよう。

- ☐ plummeted [plʌ́mətɪd] ▶ ［プラマティッド］と発音される。アクセントは頭にある。
- ☐ accumulations [əkjùːmjəléɪʃənz] ▶ 第4音節にアクセントがくる。第3音節のmuは「ム」ではなく「ミュ」となることに注意。
- ☐ whiteouts [hwáɪràʊts] ▶ t音が弾音化しやすい。whiteは「ホワイト」ではなく［ワイト］に近い。
- ☐ asked not to [æs_nɑ_tə] ▶ kt音やt音が脱落して、［アス_ナッ_トゥ］と聞こえる。

3 文の意味が理解できたところをチェックしよう。

- ☐ 2文目は1センテンスが長い。andで結ばれた後半、we are already seeing ... の目的語、**snow accumulations of up to ... feet**は「最高で…フィートの積雪」。up toで「最高（最大）で」。
- ☐ 3文目は**This storm, which ... five states**までがこのセンテンスの主語になっている。whichは主格の関係代名詞でThis stormをさらに詳しく説明している。また、**whiteout**は吹雪などで周囲が真っ白になり、なにも見えなくなる状態のこと。
- ☐ 最後の1文、**Snow removal crews ...** のcrewは「チーム；一団」で、around the clockは「24時間ぶっ通しで」。

\ Tidbits /

冬が厳しく雪の多いアメリカ北部の州では、積雪量や気温が危険と判断されると学校が閉鎖される。学校は子どものスクールバスでの移動に責任をもっているからだ。学校は最高で20日のスノーデー（snow day）を指定することができ、特に寒い気候が続いた年にはスノーデーを使った分、卒業などが遅れることになる。

UNIT 42 London Protests

各レベルの音声がある程度聞き取れたら、 スクリプトと訳 を見て答え合わせをしよう。その下にある 聞き取りの3段チェックリスト の□にすべて✓がつくまで、繰り返し音声を聞いて、解説を読もう。□が埋まったら、次のレベルに進もう。

LEVEL-1 ★☆☆

音声DL-124 / 再生回数の目安 3回

スクリプトと訳

People in London gathered in the streets today. Crowds of people joined several **demonstrations**. The marches were formed **because of** a new **healthcare** policy. The policy is unpopular with some. **Lawmakers** are **expected to** vote on the policy later this week.

今日、ロンドンの人々が通りに集まりました。群衆は複数のデモに参加しました。デモ行進は新たな医療方針が原因で起こりました。方針は一部の人たちには不評なのです。議員たちは今週中に方針に関して決議する見込みです。

聞き取りの3段チェックリスト

1 聞き取れて、かつ意味も正しく理解できた単語や表現にチェックしよう。

- □ march「デモ行進」
- □ unpopular「不評な」
- □ lawmaker「議員」
- □ later this week「今週中に」

2 聞き取れて、かつ発音やアクセントも正しく理解できた単語や表現にチェックしよう。

- □ **demonstrations** [dèmənstréiʃənz] ▶ アクセントは第3音節に置かれる。動詞のdemonstrateでは第1音節にアクセントがある。
- □ **healthcare** [hélθkèər] ▶ healthのほうにアクセントが置かれる。
- □ **Lawmakers** [lɔ́ːmeikərz] ▶ アクセントは頭に置かれる。lawはlowと音を混同しないようにしたい。「低い」を表すlowは[lóu]で［ロウ］、lawは[lɔ́ː]で［ローー］と伸ばす音だ。lawの[ɔ́ː]はオの口でアという音で、オとアの中間の音に聞こえる。
- □ **expected to** [ikspekti_tə] ▶ 破裂音の連続でd音の脱落が生じやすい。

3 文の意味が理解できたところをチェックしよう。

☐ **because of ...** は「…のため；…が原因で」と原因や理由を表す場面で用いられる。このほか due to ... や on account of ... なども理由を表す場面で用いられる。

LEVEL-2 ★★☆

🔊 音声DL-125 ／ 再生回数の目安 **5**回

スクリプトと訳

In international news, several demonstrations took place today in London, England. People marched **in the** streets to show **either** their support or **criticism** for a new healthcare law. **Parliament** is expected to hold a vote on the proposed policy on Tuesday. In general, the marches were peaceful, and **only a few isolated incidents of violence were reported.**

国際ニュースでは、複数のデモが今日、英国のロンドンでありました。人々は新しい医療関連法への支持あるいは批判を示すために通りをデモ行進しました。議会は火曜日に提案された方針に関して投票する見込みです。概してデモ行進は平和的で、ほんのいくつかの単発の暴力事件が報告されました。

聞き取りの3段チェックリスト

1 聞き取れて、かつ意味も正しく理解できた単語や表現にチェックしよう。

☐ either A or B「AかBのどちらか」
☐ criticism「批判；非難」
☐ Parliament「(英国の) 国会」
☐ in general「概して」
☐ isolated「他から孤立した」

2 聞き取れて、かつ発音やアクセントも正しく理解できた単語や表現にチェックしよう。

☐ **in the** [inə] ▶ [n]＋[ð] で同化が起こり [イナ] と発話される場合がある。
☐ **either** [íːðər/áiðər] ▶ 2種類の発音があるが、ここでは [アイザー] と読まれている。イギリス英語は [アイザー]、アメリカ英語は [イーザー] が多い。場面や人によってアメリカ英語でも [アイザー]、イギリス英語でも [イーザー] と読むこともある。
☐ **criticism** [krítəsizm] ▶ t音の弾音化が生じる。[クリディ(リ)シズム] と発話される。
☐ **Parliament** [páːrləmənt] ▶ i の音は発音されず [パーラメント]。

3 文の意味が理解できたところをチェックしよう。

- ☐ 冒頭の **In international news, ...** は他の分野のニュースから、国際ニュースに切り替えるときに用いられるフレーズ。
- ☐ 最後の1文にあるand以降の文の主語、**only a few isolated incidents of violence** のonly a fewは「ほんの少しの…」と少なさを強調する表現になる。isolatedは「相互に関係のない」→「単発の」という意味。

LEVEL-3 ★★★
🔊 音声DL-126 ／ 再生回数の目安 **8**回

スクリプトと訳

Now turning overseas, demonstrations were held in central London today, **where supporters and opponents of a newly proposed health care policy took to the streets.** Critics of the policy say that the related price **increases will unfairly affect** lower-income households. **Proponents** of the legislation say **it is necessary to maintain the current standard of care**. The marches **took place ahead of a key vote in parliament that is to be held on Tuesday**. The rallies were generally peaceful, **with only a handful of protesters being arrested**.

さて、海外に目を向けると、今日、ロンドンの中心でデモが行われ、新たに提案された医療方針の支持者と反対者が街頭デモを行いました。方針を非難する人たちは、関連する値上げが低収入世帯に不公平に影響を与えると語っています。法律を擁護する人たちは現状の医療水準を維持することが必要だと述べています。デモ行進は火曜日に国会で行われることになっている重要な投票に先立って行われました。ほんのひと握りの抗議者の逮捕がありましたが、集会は概ね平和的でした。

聞き取りの3段チェックリスト

1 聞き取れて、かつ意味も正しく理解できた単語や表現にチェックしよう。

- ☐ opponent「反対者」
- ☐ price increase「値上げ」
- ☐ lower-income「低所得の」
- ☐ household「世帯；所帯」
- ☐ proponent「擁護者」
- ☐ legislation「法律」

- ahead of ...「…に先立って」
- rally「集会」
- protester「抗議者」

2 聞き取れて、かつ発音やアクセントも正しく理解できた単語や表現にチェックしよう。

- central [séntʃrəl] ▶ ［センチュラゥ］と発音される傾向が強い。
- opponents [əpóunənts] ▶ 第2音節にアクセントが置かれる。
- increases [ínkri:siz] ▶ 動詞と名詞でアクセントの位置が異なることに注意。ここでは名詞なので頭にアクセントがくる。動詞だと、後ろのrea部分にアクセントがくる。
- Proponents [prəpóunənts] ▶ opponentと同じく第2音節にアクセントがくる。

3 文の意味が理解できたところをチェックしよう。

- 1文目は1センテンスが長いので細かく確認しよう。**... , where supporters and opponents of a newly proposed health care policy ...** は関係副詞の叙述用法。「そしてそこでは新しく提案された医療方針の支持者と反対者が…」という意味になる。take to the streets は「街頭デモを行う」という意味になる慣用句。
- 2文目のthat節内の動詞、**will unfairly affect ...** は「不公平に…に影響を与える」という意味だ。
- 3文目の **it is necessary to maintain the current standard of care** は it ... to ... の形でto以降が意味上の主語となっている。
- 4文目の **took place ahead of a key vote in parliament that is to be held on Tuesday** のthatは主格の関係代名詞で、先行詞はkey voteだ。
- 最後の1文の **with only a handful of protesters being arrested** のwithは付帯状況を表し、「…の状態を伴って」という意味。a handful of ... は「ひと握りの…」。

関連語句

- nonviolent resistance「非暴力の抵抗」
- protest rally「抗議集会」▶ なんらかの行動や運動を支えるために行われる集会。
- protest march「抗議のデモ行進」▶ 抗議を行いながら集団で街中を歩くこと。
- picket (line)「監視線」▶ 抗議する人々がある場所を封鎖するために外側に作るライン。
- sit-in「座り込み」▶ 抗議する人々がある場所を封鎖するために座り込む行為。

UNIT 43 New Trade Deal

各レベルの音声がある程度聞き取れたら、**スクリプトと訳**を見て答え合わせをしよう。その下にある**聞き取りの3段チェックリスト**の□にすべて✓がつくまで、繰り返し音声を聞いて、解説を読もう。□が埋まったら、次のレベルに進もう。

LEVEL-1 ★☆☆ 　音声DL-127 ／ 再生回数の目安 3回

スクリプトと訳

News out of Quebec Canada is that trade **negotiators** have reached an agreement for a trade deal. The main goal of the deal is a new oil pipeline. The pipeline will carry oil from **Alaska** and Canada through the US to the **Gulf** of Mexico.

カナダのケベックからのニュースですが、貿易交渉人は貿易協定で合意に達しました。協定のおもな目標は新たな石油パイプラインです。パイプラインは石油をアラスカとカナダからアメリカを通ってメキシコ湾へ運ぶことになります。

聞き取りの3段チェックリスト

1 聞き取れて、かつ意味も正しく理解できた単語や表現にチェックしよう。

- □ negotiator「交渉人」
- □ agreement「合意」
- □ trade deal「貿易協定」
- □ Gulf of Mexico「メキシコ湾」

2 聞き取れて、かつ発音やアクセントも正しく理解できた単語や表現にチェックしよう。

- □ **Quebec** [kwibék] ▶ ［ケベック］ではなく［クイベック］と発音するので、音を知らないと聞き取りにくいかもしれない。アクセントは後ろにある。
- □ **negotiators** [nɪɡóʊʃièɪrərz] ▶ 第2音節にアクセントが置かれる。atorsのt音は弾音化しやすい。
- □ **Alaska** [əlǽskə] ▶ アクセントは第2音節、lasにある。
- □ **Gulf** [ɡʌ́lf] ▶ 綴りだけ覚えて［グルフ］と覚えないように。アメリカ英語では［ɡɔ́lf］と聞こえることも多い。

3 文の意味が理解できたところをチェックしよう。

☐ **News out of Quebec Canada is that ...** は「カナダのケベックからのニュースは…だ」という意味。that は「…ということ」という意味になる名詞節を作る。

LEVEL-2 ★★☆   🔊 音声DL-128 ／ 再生回数の目安 **5**回

スクリプトと訳

We are hearing reports from sources in Quebec **that say a new trade deal has been successfully** negotiated. **The main part of the accord involves an oil pipeline to move oil from northern Canada to the** southern **US.** Negotiations **had fallen through** several times over the past year. The leaders of both countries **are expected to** hail the milestone event.

ケベックの情報筋からの報告を聞いていますが、それによると、新たな貿易協定が成功裏に取り決められました。協定のおもな部分には、石油をカナダ北部からアメリカ南部に輸送する石油パイプラインが含まれています。交渉はここ1年で何度か頓挫していました。両国の指導者たちは画期的な出来事を歓迎すると見られています。

聞き取りの3段チェックリスト

1 聞き取れて、かつ意味も正しく理解できた単語や表現にチェックしよう。

☐ successfully「成功裏に」
☐ negotiate「（交渉・協議によって）取り決める」
☐ accord「合意；協定」
☐ fall through「失敗する；頓挫する」
☐ hail「歓迎する」
☐ milestone event「画期的な出来事」

2 聞き取れて、かつ発音やアクセントも正しく理解できた単語や表現にチェックしよう。

☐ **negotiated** [nɪɡóʊʃièɪɾɪd] ▶ 第2音節にアクセントがある。t音は弾音化しやすい。
☐ **southern** [sʌ́ðɚn] ▶ ［サウザン］ではなく［サザーン］と発話する。
☐ **past year** [pæstʃɪɚ] ▶ ［t］＋［j］で変化が生じ［パスチャー］のように発話されやすい。

UNIT43 New Trade Deal

- □ hail [héil] ▶ 語尾のlがダークLなので［ヘィゥ］のように発音される。

3 文の意味が理解できたところをチェックしよう。

- □ 1文目の **that say ...**「それは…と言っている」のthatは主格の関係代名詞で、先行詞はreportsだとわかると文意を捉えやすい。
- □ 2文目は **The main part of the accord** までが主語、**involves** が動詞、**an oil pipeline** が目的語。**to move ...** 以降は不定詞の形容詞的用法。
- □ 3文目の **fall through** は「頓挫する；失敗する」という意味の句動詞。すでに協定が決定しているが、以前に何度か頓挫したため過去完了形になっている。
- □ 最後の1文の **are expected to ...** は「…すると予想される；…する見込みだ」という意味のフレーズ。

LEVEL-3 ★★★

音声DL-129 ／ 再生回数の目安 **8**回

スクリプトと訳

We have just received **preliminary** reports that negotiators meeting in Quebec have finally hammered out the details of a sweeping new trade agreement. **Unofficial** sources say the breakthrough comes after months of meetings and stalled talks on **the deal, which focuses largely on a proposed** transcontinental **oil pipeline**. The pipeline **will allow oil from both Alaska and Canada to be** transported to **the Texas coast for refinement and export**. US President James Mackey and Canadian Prime Minister Jonathan Traves both **promised on the campaign trail to make the trade deal happen**.

ケベックでの交渉人の会合で、新たな包括的貿易協定の詳細がついに合意に至ったという暫定速報が入りました。非公式な情報筋によりますと、協定に関する数カ月に及ぶ会合と行き詰まった協議のあとに進展が起こりましたが、協定はおもに提案されていた大陸横断の石油パイプラインに焦点を置いています。精製と輸出を行うために、パイプラインによって石油がアラスカとカナダからテキサス沿岸に輸送できるようになります。アメリカ大統領のジェームズ・マッキーとカナダの首相ジョナサン・トレーブスのどちらもが、選挙の遊説で貿易協定を実現すると約束していました。

聞き取りの3段チェックリスト

1 聞き取れて、かつ意味も正しく理解できた単語や表現にチェックしよう。

- ☐ preliminary report「暫定速報」
- ☐ hammer out「苦労して決着する；同意する」
- ☐ sweeping「広範囲にわたる；包括的な」
- ☐ breakthrough「進展；打開」
- ☐ stall「行き詰まらせる」
- ☐ transcontinental「大陸横断の」
- ☐ refinement「精製」
- ☐ campaign trail「選挙遊説」

2 聞き取れて、かつ発音やアクセントも正しく理解できた単語や表現にチェックしよう。

- ☐ preliminary [prɪlímənèri] ▶ アクセントは第2音節にくる。
- ☐ Unofficial [ʌ̀nəfíʃəl] ▶ 第3音節のfiの部分にアクセントがくる。
- ☐ transcontinental [trænskɑ̀ntənéntəl] ▶ 第4音節にアクセントが置かれることに注意。
- ☐ transported to [trænspɔ́ːri_tə] ▶ t音の弾音化やd音の脱落が生じる。

3 文の意味が理解できたところをチェックしよう。

- ☐ 1文目の **preliminary reports that ...** は「…という暫定速報（報告）」という意味になる。that は同格を表す。that 節では、negotiators meeting in Quebec が主語で have (finally) hammered out が動詞だ。
- ☐ 2文目の **the deal, which focuses largely on ...** の which は主格の関係代名詞で先行詞は the deal だ。
- ☐ 3文目の **will allow oil from both Alaska and Canada to be transported to ...** は allow A to B「AがBすることを可能にする」の形を見抜こう。ここでは A=oil from both Alaska and Canada, B=be transported to ... refinement and export だ。
- ☐ 最後の1文の **promised on the campaign trail to ...** は「選挙遊説で…することを約束した」という意味。

\Tidbits/

最初の油井が1861年にペンシルベニアの小さな町で見つかったことを知るアメリカ人は少ない。その後まもなく大規模な油田がテキサスで見つかり、テキサスは石油産業の都となった。テキサスとメキシコ湾ではアメリカの大部分の石油を生産しており、精製のほぼすべてが行われている。

UNIT 44　New Casino Resort

各レベルの音声がある程度聞き取れたら、 スクリプトと訳 を見て答え合わせをしよう。その下にある 聞き取りの3段チェックリスト の□にすべて✓がつくまで、繰り返し音声を聞いて、解説を読もう。□が埋まったら、次のレベルに進もう。

LEVEL-1 ★☆☆　　音声DL-130／再生回数の目安 3回

スクリプトと訳

A new **casino** resort opened in Las Vegas. The name of the new attraction is Resorts World. **Investors** spent 4.3 billion dollars on the **facility**. The casino hotel is one of the largest. It has **more than** 3,500 rooms.

- -

ラスベガスで新たなカジノリゾートが開業しました。新たなアトラクションの名前はリゾーツワールドです。投資家たちは施設に43億ドルを使いました。カジノのホテルはもっとも大きなもののひとつです。ホテルには3,500以上の部屋があります。

聞き取りの3段チェックリスト

1 聞き取れて、かつ意味も正しく理解できた単語や表現にチェックしよう。

- □ attraction　「呼び物；引きつけるもの」
- □ investor「投資家」
- □ billion「10億」
- □ facility「施設」

2 聞き取れて、かつ発音やアクセントも正しく理解できた単語や表現にチェックしよう。

- □ **casino**［kəsíːnou］▶［カジノ］ではなく［カシーノウ］と発音。
- □ **Investors**［invéstərz］▶ 第2音節にアクセントが置かれる。investでも同じ位置にくる。
- □ **facility**［fəsíləri］▶ アクセントは第2音節にある。t音が弾音化することもある。
- □ 3,500 ▶ three thousand five hundred と読まれている。

3 文の意味が理解できたところをチェックしよう。

☐ **more than ...** は「…より多い」が直訳。通常「…以上」と日本語訳することが多いが、例えばmore than twoと言うと「2つより多い」つまり、「3つ以上の」という日本語にするのが妥当だ。

LEVEL-2 ★★☆   音声DL-131 ／ 再生回数の目安 **5**回

スクリプトと訳

This week marked the grand opening of the Resorts World Hotel and Casino in Las Vegas. The developers are gambling 4.3 billion dollars that it will be a success. With more than 3,500 rooms, Resorts World is one of the biggest casinos in the world. It also is incorporating game-changing technology. One example of this is that the resort is mainly "cashless." Almost anything can be purchased via the Resort's cellphone app.

今週はラスベガスのリゾーツワールドホテル＆カジノのグランドオープンでした。開発者はその成功に43億ドルを賭けています。3,500室以上を備え、リゾーツワールドは世界でももっとも大きなカジノのひとつとなっています。カジノは革新的な技術も取り入れています。大部分が「キャッシュレス」なことも、その一例です。ほとんどすべてのものがリゾートの携帯アプリを通して購入可能です。

聞き取りの3段チェックリスト

1 聞き取れて、かつ意味も正しく理解できた単語や表現にチェックしよう。

☐ mark ...「…に当たる」
☐ gamble「賭ける；賭けをする」
☐ incorporate「組み込む；受け入れる」
☐ game-changing「革新的な」
☐ via ...「…を通して」

2 聞き取れて、かつ発音やアクセントも正しく理解できた単語や表現にチェックしよう。

☐ **it will be** [i_wə_bi] ▶ 脱落や弱化で［イッ_ウッ_ビ］と読まれることがある。
☐ **incorporating** [ɪnkɔ́ːrpəreɪrɪŋ] ▶ アクセントは第2音節。t音が弾音化しやすい。
☐ **One example** [wʌnɪgzǽmpl] ▶ 連結して［ワニグザンプゥ］と1語のように聞こえる。

- □ via [víə] ▶ 発音は［ヴィア］。前置詞とわかれば、beer [bíə] と取り違えない。

3 文の意味が理解できたところをチェックしよう。

- □ 1文目の This week marked the grand opening は「今週がグランドオープンに当たった」。mark は「（記念日などに）当たる」という意味。
- □ 2文目の are gambling ... dollars that ... は gamble A that B「BすることにAを賭ける」の形。A=4.3 billion dollars, B=it will be a success だ。
- □ 3文目、With more than 3,500 rooms の with は付帯状況を表し「…を伴って」。
- □ 5文目の One example of this is that ... は「この一例は…ということだ」という意味。this は前のセンテンスの game-changing technology を指す。

LEVEL-3 ★★★ 🔊 音声DL-132 ／ 再生回数の目安 8回

スクリプトと訳

The Las Vegas strip has **a new jewel in its crown**. The Resorts World Hotel and Casino opened this week **to large fanfare**. **The 4.3-billion-dollar resort-style casino boasts a 117,000-square-foot gaming area and more than 3,500 rooms**. New technology is being **implemented that could change the industry**. Like in other sectors, guests can now use their cell phones to pay for everything, including slot machines and table games. In essence, the casino industry is going "cashless." **Another novel change is, instead of room service, guests can have food delivered to their rooms from any restaurant in the resort.**

ラスベガスの歓楽街に新たにすばらしいものが登場しました。リゾーツワールドホテル＆カジノが大々的なファンファーレとともに今週開業したのです。43億ドルのリゾートスタイルのカジノは11万7,000平方フィートのゲームエリアと3,500以上の客室を誇ります。業界を変える可能性のある新たな技術が実装されています。他分野のようにいまやゲストは、スロットマシンやテーブルゲームを含むすべての支払いに携帯電話を利用することができるのです。要するにカジノ産業は「キャッシュレス」に向かっているのです。もうひとつの斬新な変化は、ゲストはルームサービスの代わりに、リゾート内のどのレストランからも食べ物を部屋にデリバリーしてもらうことが可能なことです。

聞き取りの3段チェックリスト

1 聞き取れて、かつ意味も正しく理解できた単語や表現にチェックしよう。

- □ strip「歓楽街」
- □ gaming「賭博」
- □ implement「実装する」
- □ sector「分野」
- □ table game「テーブルゲーム」
  ※カードゲームなど人同士がプレーするゲーム。
- □ novel「斬新な」

2 聞き取れて、かつ発音やアクセントも正しく理解できた単語や表現にチェックしよう。

- □ in its [inits] ▶ 連結して［イニッツ］と発音されやすい。
- □ fanfare [fænfɛər] ▶ ［ファンフェア］と発音。日本語の「ファンファーレ」とは異なる。
- □ implemented [ímpləmèntid] ▶ 頭にアクセントが置かれる。
- □ that could [ðæ_ku_] ▶ 破裂音の連続で先にきているt音が脱落する。couldの末尾のd音も脱落。

3 文の意味が理解できたところをチェックしよう。

- □ 1文目の **a new jewel in its crown** は「王冠の新しい宝石」が直訳。「新たなすばらしいもの」を比喩的に表現したもの。
- □ 2文目の **to large fanfare** のtoは随伴を表し「…に合わせて；…とともに」。
- □ 3文目の **The 4.3-billion-dollar resort-style casino boasts ...** の動詞はboastsで「…を誇る；誇らしいものを持っている」という意味。目的語はLevel 2にはなかった **a 117,000-square-foot gaming area** と **more than 3,500 rooms** だ。
- □ 4文目の **that could ...** のthatは主格の関係代名詞。先行詞はtechnologyだ。
- □ 最後の1文の **Another novel change is, ...** の補語は (that) **guests can have ...** 以降の名詞節。

\Tidbits/

ラスベガスでもっとも古いカジノはゴールデンゲートホテル＆カジノで、1906年の1月13日に開業した。ベガスの旧市街、フレモントストリートに立地するこのホテルは、ベガスで最初に屋内トイレと電話が設置されたホテルとなった。2番目に古いカジノは1941年に開業されたエルコルテスカジノだった。どちらも現在も存続している。

UNIT 45 Camping Boom

各レベルの音声がある程度聞き取れたら、 スクリプトと訳 を見て答え合わせをしよう。その下にある 聞き取りの3段チェックリスト の□にすべて✓がつくまで、繰り返し音声を聞いて、解説を読もう。□が埋まったら、次のレベルに進もう。

LEVEL-1 ★☆☆

音声DL-133 ／ 再生回数の目安 **3**回

スクリプトと訳

Many businesses **have been negatively affected** by COVID-19. Bars and other **indoor entertainment** companies were hurt the worst. However, many people spent more time **outdoors**. There have been record sales of camping and fishing gear.

多くのビジネスは新型コロナウイルス感染症によって否定的な影響を受けています。バーやその他のインドアのエンタメ企業がもっとも損害を被りました。しかし、多くの人がより多くの時間を外で過ごしました。キャンプや釣りの道具の記録的な売上が生じました。

聞き取りの3段チェックリスト

1 聞き取れて、かつ意味も正しく理解できた単語や表現にチェックしよう。

- □ negatively「否定的に」
- □ affect「影響を与える」
- □ COVID-19「新型コロナウイルス感染症」

2 聞き取れて、かつ発音やアクセントも正しく理解できた単語や表現にチェックしよう。

- □ **indoor** [índɔ̀r] ▶ 形容詞なのでアクセントは前半。副詞のindoorsでは後ろに置かれることに注意。
- □ **entertainment** [èntərtéinmənt] ▶ アクセントは第3音節にある。enterからt音が脱落することもある。
- □ **outdoors** [àu_dɔ́ːrz] ▶ 副詞なのでアクセントは後半。形容詞のoutdoorでは前半にくる。outのt音が脱落している。

3 文の意味が理解できたところをチェックしよう。

☐ **have been negatively affected** は受動態の完了形で「否定的な影響を与えられてきた（いまも与えられている）」という意味になる。

LEVEL-2 ★★☆　　🔊 音声DL-134 ／ 再生回数の目安 **5**回

スクリプトと訳

The COVID-19 **pandemic has been hard on** many businesses, **particularly** bars and restaurants. **Outdoor** leisure products, **however, have been flying off the shelves**. Buying fishing reels to RV campers, customers have been **looking to** spend more time in the "fresh air." Remote learning and working from home <u>likely played a large role in this trend</u>.

新型コロナウイルス感染症のパンデミックは多くのビジネスに悪影響を与えていますが、とりわけバーやレストランはそうだと言えます。しかし、アウトドアのレジャー用品は飛ぶように売れています。釣りのリールからRVキャンピングカーまで購入し、顧客はより多くの時間を新鮮な空気の中で過ごそうとしています。おそらく家でのリモート学習やリモートワークがこのトレンドに大きな影響を与えたようです。

聞き取りの3段チェックリスト

1 聞き取れて、かつ意味も正しく理解できた単語や表現にチェックしよう。

☐ be hard on ...　　　　　　　　☐ fly off the shelves
　「…に悪影響を与える」　　　　　　「飛ぶように売れる」
☐ leisure products「レジャー用品」　☐ RV camper「RVのキャンピングカー」

2 聞き取れて、かつ発音やアクセントも正しく理解できた単語や表現にチェックしよう。

☐ **pandemic** [pændémik] ▶ アクセントは第2音節に置かれる。
☐ **particularly** [pərtíkjələrli] ▶ 第2音節にアクセントがある。
☐ **Outdoor** [áu_dɔ̀ːr] ▶ 形容詞なので前にアクセントがくる。t音は脱落しやすい。
☐ **looking to** [lukin_tə] ▶ 破裂音の連続で最初のgが脱落する。［ルッキン_トゥ］。

3 文の意味が理解できたところをチェックしよう。

- ☐ 過去から現在まで続いていることなので、1文目の動詞は現在完了形 **has been hard on ...** になっている。
- ☐ 2文目の **however,**「しかしながら、」は逆接を表すので、それまでの文とは逆の話がくることを予想したい。過去から現在まで売れていて、今も売れていることを強調するため、have been flying ... と現在完了進行形になっている。
- ☐ 最後の1文の **likely played a large role in ...** の likely は「たぶん…だろう」という意味を添える。play a large role in ... は「…に大きな役割を果たす」が直訳。

LEVEL-3 ★★★ 音声DL-135 / 再生回数の目安 8回

スクリプトと訳

The global pandemic caused by COVID-19 has wreaked **havoc** on businesses and economies across the board, particularly in the *leisure industry. **One sector**, however, has seen considerable growth, **and that is outdoor recreation**. At the height of the crisis, **with schools closed and telecommuting the norm,** families found themselves with more free time together. From RVs to camping and fishing gear, business has been booming. Mark Jennings, owner of RV World in Orlando says **90% of the RVs sold this year were to first-time buyers**. According to the US National Park Service, visitation rates are up 250% over pre-pandemic averages.

新型コロナウイルス感染症によって生じた地球規模のパンデミックは、ビジネスや経済の全般にわたって大惨事を引き起こしましたが、とりわけレジャー産業に強い影響がありました。しかしながら、ある分野ではかなりの成長が見られますが、それはアウトドアレクリエーションの分野です。危機の絶頂で、学校が閉鎖され、テレワークが常態化し、家族はいままでより多くいっしょに過ごす自由な時間をもてるようになりました。RVからキャンプや釣りの道具まで、ビジネスはにわかに活気づいています。オーランドのRVワールドの経営者であるマーク・ジェニングス氏は、今年売れたRV車の90％が初回購入者向けのものだったと語ります。米国国立公園局によると、訪問率はパンデミック以前の平均を250％上回っています。

＊アメリカではレストランやバーに出かけることもレジャーの一部と考えられている。

聞き取りの3段チェックリスト

1 聞き取れて、かつ意味も正しく理解できた単語や表現にチェックしよう。

- ☐ wreak「引き起こす」
- ☐ havoc「大惨事」
- ☐ across the board「全般にわたって」
- ☐ at the height of ...「…の絶頂で」
- ☐ norm「標準；常態」
- ☐ boom「にわかに活気づく」
- ☐ US National Park Service「米国国立公園局」
- ☐ visitation rates「訪問率」

2 聞き取れて、かつ発音やアクセントも正しく理解できた単語や表現にチェックしよう。

- ☐ **caused by** [kɔːz_baɪ] ▶ 破裂音の連続で前にあるd音が脱落。
- ☐ **havoc** [hǽvək] ▶ 第1音節にアクセントが置かれる。
- ☐ **90** [náɪni/náɪnɾi] ▶ ［ナイニー］または［ナインディ（リ）ー］のように発音されやすい。
- ☐ **first-time** [fɚːrs_taɪm] ▶ t音の連続で脱落が生じ［フゥース_タイム］と聞こえる。

3 文の意味が理解できたところをチェックしよう。

- ☐ 1文目の主語、**The global pandemic caused by COVID-19** の caused は過去分詞。直前の pandemic を修飾している。このセンテンスの動詞は has wreaked だ。
- ☐ 2文目は、**One sector** と最初に述べ、これをその後ろで、**and that is ...**「そしてそれは…だ」と強調しながら述べている。
- ☐ 3文目の **with schools (being) closed and telecommuting (being) the norm** は being が省略され、with で付帯的状況を表す。
- ☐ 5文目、**90% of the RVs sold this year were to ...** の sold は過去分詞。were がこの節の動詞に当たる。「今年売れたRVの90%が…向けのものだった」という意味だ。

関連語句

- glamping「グランピング」▶ glamorous「魅力的な」＋camping「キャンプ」。宿泊場所や食事などが揃っていて豪華で快適なキャンプ。roughing it の対義語。
- roughing it「ラフィングイット」▶ 伝統的な不便な方法でのキャンプ。
- walk-in site「ウォークインサイト」▶ 人里離れたキャンプ場。
- s'more「スモア」▶ some more の略語。焼いたチョコとマシュマロをグラハムクラッカーで挟んで作る、キャンプで人気のデザート。

UNIT 46 Hollywood Divorce

各レベルの音声がある程度聞き取れたら、スクリプトと訳 を見て答え合わせをしよう。その下にある 聞き取りの3段チェックリスト の□にすべて✓がつくまで、繰り返し音声を聞いて、解説を読もう。□が埋まったら、次のレベルに進もう。

LEVEL-1 ★☆☆　　音声DL-136 ／ 再生回数の目安 3回

スクリプトと訳

Famous film star Sharon Rock is **divorcing** her husband Jim Jones. Jones is a famous film director. The pair have been married for 10 years. Recently Jones was publicly **accused** of seeing someone else. **The couple have two children and several properties together.**

有名な映画スターのシャロン・ロックが、夫のジム・ジョーンズと離婚します。ジョーンズは有名な映画監督です。ふたりは10年の結婚生活を送ってきました。最近、ジョーンズは浮気を公に非難されました。カップルには子どもがふたりおり、複数の不動産を共有しています。

聞き取りの3段チェックリスト

1 聞き取れて、かつ意味も正しく理解できた単語や表現にチェックしよう。

- □ publicly「公然と；大衆によって」
- □ accuse「非難する」
- □ see someone else「浮気する」
- □ property「不動産」

2 聞き取れて、かつ発音やアクセントも正しく理解できた単語や表現にチェックしよう。

- □ divorcing [divɔ́ːrsiŋ] ▶ 第2音節にアクセントが置かれる。
- □ accused [əkjúːzd] ▶ これも第2音節にアクセントが置かれる語。
- □ properties [prɑ́pərriːz] ▶ 最初の音節にアクセントがある。発音は［プラパディ〔リ〕ズ］。t音は弾音化している。

3 文の意味が理解できたところをチェックしよう。

☐ **The couple have two children and several properties together.** のセンテンスでは、… and 〜「…と〜」を挟んでふたつの情報が並列されている。「ふたりの子ども」と「いくつかの不動産」が並列された情報だ。

LEVEL-2 ★★☆

🔊 音声DL-137 ／ 再生回数の目安 **5** 回

スクリプトと訳

The fairytale romance of two Hollywood **icons might be over**. **Rumors have come out that** actress Sharon Rock is divorcing her husband, award-winning director Jim Jones. **Tabloids** recently **reported that** Jones **had been having an affair**. The couple have two young children and own several properties together. A bitter court battle for custody of their kids **is likely**.

ふたりのハリウッドの有名人のおとぎ話のようなロマンスが終わるのかもしれません。女優のシャロン・ロックが彼女の夫、受賞監督のジム・ジョーンズと離婚するという噂が上がっています。タブロイド紙は最近、ジョーンズが浮気していると報道しました。カップルにはふたりの小さな子どもがおり、共同でいくつかの不動産を所有しています。子どもたちの養育権を巡っての激しい法廷闘争が予想されます。

聞き取りの3段チェックリスト

1 聞き取れて、かつ意味も正しく理解できた
単語や表現にチェックしよう。

☐ fairytale romance
　「おとぎ話のようなロマンス」
☐ icon「偶像視される人」
☐ award-winning director
　「受賞監督」
☐ have an affair「浮気する」
☐ bitter court battle
　「激しい法廷闘争」
☐ custody「養育権」

2 聞き取れて、かつ発音やアクセントも
正しく理解できた単語や表現にチェックしよう。

☐ **icons**[áikənz] ▶ アクセントは先頭に置かれる。

- □ **might be** [mai_bi] ▶ t音の脱落が生じやすい。[マイッ_ビ]のような発話になる。
- □ **Tabloids** [tǽblɔidz] ▶ 第1音節にアクセントがある。
- □ **reported that** [ripɔ́ɹrɛi_ ðæ_] ▶ reportedではt音の弾音化やd音の脱落が生じる。that末尾のt音も脱落しやすい。

3 文の意味が理解できたところをチェックしよう。

- □ 1文目の **might be over** のbe overは「終わる」という意味。mightは可能性を表す助動詞。
- □ 2文目の **Rumors have come out that ...** は「…という噂が出ている」が直訳。that ... は「…という」という意味でrumorsと同格になっている。
- □ 3文目のthat節内の動詞、**had been having an affair** は時制の一致のため過去完了形になっている。
- □ 最後の1文、**... is likely** は「…がありそうだ」という意味になる。

LEVEL-3 ★★★

🔊 音声DL-138 ／ 再生回数の目安 **8**回

スクリプトと訳

The curtain is apparently falling on the marriage of two silver-screen icons. Word has leaked that actress Sharon Rock **has filed for divorce** from her husband of 10 years, director Jim Jones. **The filing cites "irreconcilable differences"** as the cause and comes just two weeks after rumors surfaced of **infidelity** on Jones' part. The couple, **who had been separated for 3 months**, share several **properties** in Malibu, Miami and Hawaii. They also have two children together, ages 8 and 5. Sources close to Rock say that she is preparing for a heated custody battle.

ふたりの銀幕の有名人の結婚の幕が下りようとしているようです。女優のシャロン・ロックが10年連れ添った夫の監督ジム・ジョーンズとの離婚手続を申請したという噂が漏れてきました。提出された文書は「和解しがたい不和」を原因として挙げていて、ジョーンズ側の不倫の噂が表面化したちょうど2週間後に出されました。3カ月間離れていたカップルはマリブとマイアミ、ハワイにいくつかの不動産を共有しています。また彼らの間には8歳と5歳のふたりの子どもがいます。ロックに近い情報筋は、彼女が激しい養育権闘争の準備をしていると語っています。

聞き取りの3段チェックリスト

1　聞き取れて、かつ意味も正しく理解できた単語や表現にチェックしよう。

- ☐ silver-screen「銀幕の」
- ☐ leak「漏れる」
- ☐ file「申請する；申し立てる」
- ☐ filing「提出された公式な文書」
- ☐ irreconcilable differences「和解しがたい不和」
- ☐ surface「表面化する；明るみに出る」
- ☐ infidelity「不貞；不倫」

2　聞き取れて、かつ発音やアクセントも正しく理解できた単語や表現にチェックしよう。

- ☐ **curtain** [kə́ːrn] ▶ ［クーんン］。[tn] の部分でt音が声門閉鎖音化する場合がある。
- ☐ **irreconcilable** [irèkənsáiləbl] ▶ アクセントの位置は第4音節。
- ☐ **infidelity** [ìnfidéləri] ▶ アクセントは第3音節に置かれるので注意。t音は弾音化しやすい。
- ☐ **properties** [prɑ́pərriz] ▶ t音の弾音化が起こりやすい。

3　文の意味が理解できたところをチェックしよう。

- ☐ 1文目の **The curtain is apparently falling on ...** は「…の幕が下りようとしているようだ」。apparentlyは「どうやら…のようだ」という意味の副詞。
- ☐ 2文目、Word has leaked that... 以下のthat節の動詞は、**has filed for divorce** で「離婚訴訟手続を申請した」という意味。
- ☐ **The filing cites ...** から始まる3文目はcitesとcomesというふたつの動詞を伴っている。cites A as B「BとしてAを挙げる」というフレーズに気づきたい。また、**after rumors surfaced of infidelity on Jones' part** のof infidelity on Jones' partは「ジョーンズの側の不倫に関する」という意味でrumorsにかかっている。
- ☐ 4文目の **who had been separated ...** のwhoは主格の関係代名詞。過去の時点でそれまでの3カ月離れていたのでhad been separatedと過去完了形になっている。

関連語句

- alimony「離婚扶養料」▶ 裁判所が命じる離婚後の配偶者への経済的な支払い。spousal supportとも呼ばれる。
- child support「児童支援金」▶ 子育てのため、養育権のない親が親権者に支払う金。
- visitation rights「面会権」▶ 養育権のない親が子どもに会う権利。

UNIT 47　Flight Diverted

各レベルの音声がある程度聞き取れたら、**スクリプトと訳**を見て答え合わせをしよう。その下にある**聞き取りの3段チェックリスト**の□にすべて✓がつくまで、繰り返し音声を聞いて、解説を読もう。□が埋まったら、次のレベルに進もう。

LEVEL-1 ★☆☆

音声DL-139 ／ 再生回数の目安 **3**回

スクリプトと訳

An airplane had to make an **emergency** landing today. It was traveling from LA to Florida. Heavy **turbulence** was the cause. There were **221** passengers on board. It seems 30 passengers were injured. **How severe the injuries were isn't known.**

1機の航空機が今日、緊急着陸しなければなりませんでした。同機はロスからフロリダへ航行中でした。強い乱気流が原因でした。221名の乗客が乗っていました。30名の乗客が負傷した模様です。負傷の程度はわかっていません。

聞き取りの3段チェックリスト

1 聞き取れて、かつ意味も正しく理解できた単語や表現にチェックしよう。

- □ emergency landing「緊急着陸」
- □ turbulence「乱気流」
- □ passenger「乗客」
- □ severe「深刻な；重い」

2 聞き取れて、かつ発音やアクセントも正しく理解できた単語や表現にチェックしよう。

- □ **emergency** [imə́ːrdʒənsi] ▶ 第2音節にアクセントが置かれる。
- □ **turbulence** [tə́ːrbjələns] ▶ アクセントは頭にある。[タービャランス] と発話される。
- □ **221** ▶ two hundred twenty one と発話されている。twenty は [トゥエニー] と発音されることも多いが、ここでは [トゥエンティー] と発音されている。

3 文の意味が理解できたところをチェックしよう。

☐ **How severe the injuries were** までが主語で、「負傷がどの程度深刻だったか」という意味だ。動詞は **isn't known**「わからない」と受動態になっている。

LEVEL-2 ★★☆   音声DL-140 ／ 再生回数の目安 **5** 回

スクリプトと訳

A flight **was forced to make** an emergency landing in Texas earlier today. **The flight, which originated from LA,** was on its way to Miami. **Several hours into the trip the 737 hit a pocket of strong turbulence**. Several dozen people were injured and required medical attention. **ABC Airlines is working to find customers other flights to their original destinations**.

先ほどひとつのフライトがテキサスで緊急着陸を強いられました。ロスを出発したフライトはマイアミへ向かう途中でした。旅立ってから数時間後に、その737型機は強い乱気流のエアポケットにぶつかりました。数十名が負傷し、治療を必要としました。ABC航空は乗客にもともとの目的地へ向かう他のフライトを探す努力をしています。

聞き取りの3段チェックリスト

1 聞き取れて、かつ意味も正しく理解できた単語や表現にチェックしよう。

☐ earlier today
　「今日、現在までに；先ほど」
☐ originate from...
　「(乗り物が)…から出発する」
☐ pocket「エアポケット」
☐ medical attention「治療」
☐ destination「目的地」

2 聞き取れて、かつ発音やアクセントも正しく理解できた単語や表現にチェックしよう。

☐ **forced to** [fɔːrs_tə] ▶ 破裂音の連続で、前にくるt音が脱落する傾向にある。
☐ **originated** [ɔrídʒəneirid] ▶ アクセントは第2音節にある。t音が弾音化しやすい。
☐ **hit a** [hirə] ▶ 連結部が弾音化して［ヒダ〔ラ〕］と発話されている。
☐ **destinations** [dèstənéiʃənz] ▶ アクセントは第3音節に置かれる。

❸ 文の意味が理解できたところをチェックしよう。

- □ 1文目の動詞、**was forced to make ...** は「…することを強制された」という意味になる受動態。
- □ 2文目の **... , which originated from LA** は主格の関係代名詞節で、直前の **the flight** を詳しく説明している。
- □ 3文目の **Several hours into the trip** は「旅に入って数時間で」。これ自体で副詞的用法になるので、several の前に前置詞は不要。
- □ **ABC Airlines is** ... の最後の1文は is working to find A B「AにBを見つけるために努力している」という形に気づこう。ここでは A=customers, B=other flights to their original destinations だ。

LEVEL-3 ★★★

音声DL-141 ／ 再生回数の目安 **8**回

スクリプトと訳

An ABC Airlines flight **originally destined for Florida** had to be **diverted** to Texas this afternoon. **Midway through the flight, about two** **hours after taking off from Los Angeles, the plane encountered** extreme turbulence. The 737 was carrying 221 passengers and a crew of 15 when the incident occurred. Thirty passengers were reportedly injured, **some being transported to local hospitals and others treated and released on the scene.** The airline released an announcement **stating that** they are looking into the matter. **They are also arranging hotel accommodations and other options for stranded customers to resume their travel.**

もともとフロリダ行きだったABC航空のフライトが今日の午後テキサスへ向かわざるを得なくなりました。ロサンゼルスを離陸して約2時間後のフライトの中程で、航空機は極度の乱気流に遭遇しました。事故が起こったとき、737型機は221人の乗客と15名の乗員を運んでいました。伝えられるところによると30名の乗客が負傷し、数名は地元の病院へ移され、その他は治療されその場で解放されました。航空会社は問題を調査しているというアナウンスを発表しました。また会社は、立ち往生させられた乗客が旅行を再開するために、収容先のホテルやその他の選択肢を手配しているところです。

聞き取りの3段チェックリスト

1 聞き取れて、かつ意味も正しく理解できた単語や表現にチェックしよう。

- ☐ divert「方向を変える；迂回させる」
- ☐ midway「中程に；途中で」
- ☐ incident「事件」
- ☐ occur「起こる；生じる」
- ☐ on the scene「その場で；現場に」
- ☐ matter「事件；問題」
- ☐ accommodations「宿泊施設；収容施設」
- ☐ stranded「立ち往生した」
- ☐ resume「再開する」

2 聞き取れて、かつ発音やアクセントも正しく理解できた単語や表現にチェックしよう。

- ☐ destined [déstind] ▶ [デスティンドゥ]と発音。アクセントは頭にある。
- ☐ diverted [dəvə́ːrrid] ▶ 頭の音は[ダ]だが[ダイ]と読む場合もある。t音は弾音化している。
- ☐ about two [əbau_tuː] ▶ t音の連続で片方が脱落する。
- ☐ encountered [enkáuntərd] ▶ 第2音節にアクセントがある。

3 文の意味が理解できたところをチェックしよう。

- ☐ 1文目の **originally destined for Florida** は過去分詞で直前の flight を後置修飾している。
- ☐ 2文目の **Midway through the flight, about two ... Los Angeles** のカンマの前後は同格。どちらも時を表している。このセンテンスの主語は **the plane**、動詞は **encountered** だ。
- ☐ 4文目の **some being transported to ...** の分詞は動作などの連続を表し、時系列で分詞以前のことに続いて起こったことを述べている。
- ☐ 5文目の **stating that ...** 「…ということを述べる」は、announcement を修飾している。
- ☐ **They are also arranging ...** の最後の1文は arrange A for B to C「BがCするためにAを手配する」という構文に気づこう。A=hotel accommodations and other options, B=stranded customers, C=resume their travel だ。

Tidbits

アメリカの国家運輸安全委員会（National Transportation Safety Board）によると、2009年から2018年の平均で、毎年34人が乱気流に関係した事故で負傷している。

UNIT 48 Meat Alternatives

各レベルの音声がある程度聞き取れたら、**スクリプトと訳**を見て答え合わせをしよう。その下にある**聞き取りの3段チェックリスト**の□にすべて✓がつくまで、繰り返し音声を聞いて、解説を読もう。□が埋まったら、次のレベルに進もう。

LEVEL-1 ★☆☆　音声DL-142 ／ 再生回数の目安 3回

スクリプトと訳

Plant-based meats are becoming popular. **Some** people buy them for health reasons. **Others** want to help the environment. More types of products are becoming **available**. Famous fast-food chains and supermarkets are now offering non-meat menu **items**.

植物由来の肉が人気になってきています。健康上の理由で植物由来の肉を購入する人もいます。他の人たちは環境を手助けしたいと思っています。より多くのタイプの製品が手に入るようになってきています。いまや有名なファストフードチェーンやスーパーが、肉を使わないメニューアイテムを提供しています。

聞き取りの3段チェックリスト

1 聞き取れて、かつ意味も正しく理解できた単語や表現にチェックしよう。

- □ plant-based「植物由来の」
- □ available「入手可能な」
- □ non-meat「肉を使わない」
- □ menu item「メニュー項目」

2 聞き取れて、かつ発音やアクセントも正しく理解できた単語や表現にチェックしよう。

- □ available [əvéiləbl] ▶ アクセントは第2音節に置かれる。[アヴェイラブッ]。
- □ items [áiɾəmz] ▶ 頭のiの発音は2重母音の［アイ］になる。t音は弾音化しやすい。

3 文の意味が理解できたところをチェックしよう。

- □ **Some** … **Others** … の2センテンスでひと組になっている。「ある人たちは…」「他の人たちは…」とペアで2種類の人たちを述べている。

LEVEL-2 ★★☆

音声DL-143 ／ 再生回数の目安 **5** 回

スクリプトと訳

So-called "fake meat," technically plant-based meats are taking over the marketplace. Deemed by fans to be healthier and more sustainable, plant-based food products are gaining popularity. As research and development continues, it is becoming harder and harder to tell the imitation products from the real thing. The sales numbers of Burger King's "Impossible Whopper" are a prime example of this.

いわゆるフェイクミート、専門的に言えば植物由来の肉が市場で優位になりつつあります。ファンにより健康的でより持続可能であると考えられ、植物由来の食品は人気を得つつあります。研究開発が続くにつれ、偽物を本物から見分けるのはどんどん難しくなりつつあります。バーガーキングの「インポッシブルワッパー」の売上額はこの典型例です。

聞き取りの3段チェックリスト

1 聞き取れて、かつ意味も正しく理解できた単語や表現にチェックしよう。

- ☐ technically「専門的に言うと」
- ☐ take over 「取って代わる；優位になる」
- ☐ deem「…だと考える」
- ☐ sustainable「持続可能な」
- ☐ Impossible Whopper 「インポッシブルワッパー」 ※代用肉を使ったバーガーキングのハンバーガーの名称。
- ☐ prime example「典型例」

2 聞き取れて、かつ発音やアクセントも正しく理解できた単語や表現にチェックしよう。

- ☐ **plant-based** [plæn_beist] ▶ 破裂音の連続で先にきているt音が脱落している。
- ☐ **sustainable** [səstéinəbl] ▶ 第2音節にアクセント。taiの部分は〔テイ〕と読む。
- ☐ **popularity** [pɑ̀pjəlǽrəri] ▶ アクセントは第3音節。最後のt音は弾音化しやすい。
- ☐ **harder and harder** [hɑrrər ən_ hɑrrər] ▶ 弾音化と脱落で〔ハーダ〔ラ〕ー エン_ ハーダ〔ラ〕ー〕のような音になる。

3 文の意味が理解できたところをチェックしよう。

- ☐ 1文目の **So-called "fake meat," technically plant-based meats** は、同格のカンマの前後で同じものを指していて、長い主語を形成している。
- ☐ 2文目の **Deemed by fans to be ...**「ファンによって…と考えられ」は理由を表す分詞構文。
- ☐ 3文目の **As ...** の節は「…につれて」という意味で時を表している。また **it is becoming ...** 以降の主節では it ... to ... 構文が用いられている点に注意。ここの tell は「見分ける」という意味で、tell A from B で「AとBを見分ける」。

LEVEL-3 ★★★ 音声DL-144 / 再生回数の目安 8回

スクリプトと訳

Whether for health reasons or to follow the trend toward more sustainable foods, plant-based "meats" are becoming increasingly popular. Nowadays, you can find tasty meat replacements **everywhere from fast-food restaurants to grocery store shelves**. The "Impossible Whopper" sold at Burger King outlets has been taking the nation by storm, but there are many other options **available** as well. Now, you can even buy **plant-based versions of ground beef, chicken and fish**. Some products are **meant to replicate** the taste and texture of their animal **protein** counterparts, and they have come a long way in doing so.

健康上の理由のためであろうと、あるいはより持続可能な食べ物を求める趨勢に従うためであろうと、植物由来の肉がどんどん人気を得つつあります。昨今、おいしい肉の代用品をファストフードレストランから食料品店の棚まで、どこででも見つけることができます。バーガーキングの店で売られている「インポッシブルワッパー」は国中に旋風を巻き起こしていますが、ほかにも多くの選択肢が利用可能です。いまや、植物由来版の挽肉や鶏肉、魚さえ購入することが可能なのです。商品の好敵手である動物性タンパクの味や食感を再現するように作られ、再現において大きな進歩を遂げた商品もあるのです。

聞き取りの3段チェックリスト

1 聞き取れて、かつ意味も正しく理解できた単語や表現にチェックしよう。

- ☐ replacement「代替品」
- ☐ outlet「直売店；店」
- ☐ take ... by storm
  「…に嵐・旋風を巻き起こす」
- ☐ ground beef「牛挽肉」
- ☐ be meant to ...
  「…するように作られる」
- ☐ replicate「再現する」
- ☐ animal protein「動物性タンパク質」
- ☐ counterpart「対の片方；片割れ」
- ☐ come a long way
  「大きな進歩を遂げる」

2 聞き取れて、かつ発音やアクセントも正しく理解できた単語や表現にチェックしよう。

- ☐ available [əvéiləbl] ▶ 第2音節にアクセントがある。
- ☐ meant to [men_tə] ▶ t音の連続でmeant末尾のt音が脱落している。
- ☐ replicate [répləkèit] ▶ 頭にアクセントがある。名詞・形容詞では [répləkət]。
- ☐ protein [próuti:n] ▶ アクセントは頭にある。「プロテイン」でなく [**プロウ**ティーン] と発音される。

3 文の意味が理解できたところをチェックしよう。

- ☐ 1文目の **Whether for ... ,** は Whether A or B,「AであろうがBであろうが」の形で A=for health reasons, B=to follow the trend toward more sustainable foods だ。
- ☐ 2文目の **everywhere from ...** は everywhere from A to B「AからBまでどこででも」の形で、ここでは A=fast-food restaurants, B=grocery store shelves だ。
- ☐ 4文目の **plant-based versions of ground beef, chicken and fish** の部分はA, B and Cと並列の関係になっていることに注意。

Tidbits

植物由来の肉は新たにできた代用肉を指す用語だ。代用肉は豆やフルーツ、野菜あるいはその他の植物から作られるが、より健康的なのかどうかに関しては複雑だ。一般的に植物由来の肉は脂質、コレステロール、カロリーが少ないが、かなりの加工が施されているため、特定のビタミンが少なくナトリウムが多く含まれがちだ。

UNIT 49 No Gators Allowed

各レベルの音声がある程度聞き取れたら、**スクリプトと訳**を見て答え合わせをしよう。その下にある**聞き取りの3段チェックリスト**の□にすべて✓がつくまで、繰り返し音声を聞いて、解説を読もう。□が埋まったら、次のレベルに進もう。

LEVEL-1 ★☆☆　音声DL-145／再生回数の目安 3回

スクリプトと訳

In **2016** a small child was killed at Disney World. **Since then**, more than 250 **alligators have been caught** there. Many of these **gators** are killed. Alligator meat and skin is very popular. Some are **sent to** zoos. Smaller alligators are set free in the wild.

2016年にひとりの小さな子どもがディズニーワールドで殺されました。それ以来、ディズニーワールドでは250頭以上のアリゲーターが捕獲されています。このアリゲーターの多くは命を奪われます。アリゲーターの肉と皮はとても人気があります。動物園に送られるものもいます。小さなアリゲーターは野生に放たれます。

聞き取りの3段チェックリスト

1 聞き取れて、かつ意味も正しく理解できた単語や表現にチェックしよう。

- □ gator = alligator「アリゲーター」
- □ be set free「自由の身になる」

2 聞き取れて、かつ発音やアクセントも正しく理解できた単語や表現にチェックしよう。

- □ **2016** ▶ twenty sixteenと読まれる。
- □ **alligators** [ǽləgèitərz] ▶ アクセントは第1音節に置かれる。
- □ **gators** [géitərz] ▶ alligatorの短縮形のgatorでも第1音節にアクセントがくる。
- □ **sent to** [sen_tə] ▶ tの重なりで、前にあるt音が脱落する。

3 文の意味が理解できたところをチェックしよう。

☐ **Since then, ...** は「それ以来」と時を表すフレーズ。現在完了とともに用いられる。ここでは **have been caught**「捕獲されてきた」と、受動態の完了形になっている。

LEVEL-2 ★★☆

音声DL-146 ／ 再生回数の目安 **5** 回

スクリプトと訳

In 2016, a 2-year-old child was **tragically** killed by an alligator at Disney World. Since then, the Orlando **attraction** has been working to **have wild alligators removed**. In the past five years, over 250 alligators **are reported to have been moved** from the resort properties. Florida is known for its gator population, and the animals **are prized for their meat and their hides**.

2016年、悲劇的なことに2歳の子どもがディズニーワールドでアリゲーターに殺されました。それ以来、オーランドの名所は野生のアリゲーターの除去に取り組んでいます。過去5年間で250を超えるアリゲーターがリゾートの敷地から移動させられたと報告されています。フロリダはアリゲーターの個体数で有名で、その肉と皮は珍重されています。

聞き取りの3段チェックリスト

1 聞き取れて、かつ意味も正しく理解できた単語や表現にチェックしよう。

- ☐ tragically「悲劇的なことに」
- ☐ attraction「呼び物；目玉；名所」
- ☐ property「土地；建物」
- ☐ population「個体数」
- ☐ be prized for ...「…故に珍重される」
- ☐ hide「獣の皮」

2 聞き取れて、かつ発音やアクセントも正しく理解できた単語や表現にチェックしよう。

☐ **tragically** [tʃrædʒikəli] ▶ 先頭の音節にアクセント。頭の音は [チュラ] と変化しやすい。

☐ **attraction** [ətrǽkʃən] ▶ 第2音節にアクセントが置かれる。

☐ **reported to** [rɪpɔːrɾɪ_tə] ▶ reportedでt音の弾音化とd音の脱落が生じる。

- **hides** [háidz] ▶ eyesと似ているので混同しやすい。発音からスペルが想像できるようにしたい。

3 文の意味が理解できたところをチェックしよう。

- 2文目の **have wild alligators removed** のhaveは使役動詞。「野生のアリゲーターを取り除かれた状態にする」ということ。
- 3文目の動詞、**are reported to ...** は「…すると報告されている」、これに **have been moved**「これまでに移動された」という完了形が続いている。
- 最後の1文の **are prized for ...** は「…が理由で珍重されている」という意味になるフレーズ。また **their meat and their hides** は「彼ら（アリゲーター）の肉と皮」という意味。

LEVEL-3 ★★★   音声DL-147 ／ 再生回数の目安 8 回

スクリプトと訳

Over the past five years, more than 250 wild alligators **have been culled from lakes and waterways** around the Disney World Resorts in Orlando, Florida. After a 2-year-old was killed there in June of 2016, Disney has been working with the Florida Fish and Wildlife Conservation Commission to have gators removed. **Most of the nuisance gators taken from Disney properties** are **euthanized** and sold for their hides and meat. Some are also **transferred** to **alligator farms, animal exhibits and zoos**. Those **less than 4 feet** (1.2 meters) are relocated. Florida is famous for its reptilian residents.

過去5年間、フロリダのオーランドにあるディズニーワールドリゾーツの湖や水路から、250頭以上の野生のアリゲーターが間引かれました。そこで2016年6月に2歳児が殺されたあと、ディズニーはアリゲーターを取り除くためにフロリダ州魚類・野生生物保存委員会とともに活動してきました。ディズニーの敷地で捕獲された厄介なアリゲーターのほとんどは安楽死させられ、その皮と肉のために売られます。アリゲーター牧場や動物展示会、動物園などに移されるものもいます。4フィート（1.2メートル）未満のものは移住させられます。フロリダは爬虫類の定住動物で有名なのです。

聞き取りの3段チェックリスト

1 聞き取れて、かつ意味も正しく理解できた単語や表現にチェックしよう。

- □ cull「間引く」
- □ waterway「水路；運河」
- □ nuisance「厄介なもの・人」
- □ euthanize「安楽死させる」
- □ relocate「移住させる」
- □ reptilian「爬虫類の」
- □ resident「定住動物」

2 聞き取れて、かつ発音やアクセントも正しく理解できた単語や表現にチェックしよう。

- □ **waterways** [wɔ́ːtərwèiz] ▶ アクセントは先頭にある。t音の弾音化が生じやすい。
- □ **nuisance** [núːsəns] ▶ ［ヌーサンス］と発音される。i の音は発音されない。
- □ **euthanized** [júːθənàizd] ▶ アクセントがある eu は［ユー］という発音になる。
- □ **transferred** [trænsfə́ːrd] ▶ 動詞なのでアクセントが後半に置かれることに注意。

3 文の意味が理解できたところをチェックしよう。

- □ 1文目の **have been culled from lakes and waterways** は「（過去から現在までの5年間）湖や水路から間引かれてきた」という意味なので現在完了形。
- □ 3文目の **Most of the nuisance gators ...** の **taken from ...** は分詞で直前の gators を後置修飾している。この文は are euthanized and sold for ... とふたつの動詞が並列している。
- □ 4文目の **alligator farms, animal exhibits and zoos** は並列の A, B and C「A、BそしてC」の形になっている。
- □ 5文目の **less than 4 feet** は「4フィート未満の」。less は little の比較級。

Tidbits

フロリダの水辺で時間を過ごし、アリゲーターを見かけないことは少ない。数の多さにもかかわらずアリゲーターは連邦政府によって絶滅危惧種（endangered species）に指定されている。養殖や野生のアリゲーターの肉、特に尻尾の肉はフロリダでは人気メニューで、パン粉をまぶして揚げたりフライパンで焼いたりする。

UNIT 50 Message in a Bottle

各レベルの音声がある程度聞き取れたら、スクリプトと訳 を見て答え合わせをしよう。その下にある 聞き取りの3段チェックリスト の□にすべて✓がつくまで、繰り返し音声を聞いて、解説を読もう。□が埋まったら、次のレベルに進もう。

LEVEL-1 ★☆☆　音声DL-148 / 再生回数の目安 3回

スクリプトと訳

The Boston Globe has reported an amusing story. A **Portuguese** teen found a bottle with a note inside. The note was **written** by a 13-year-old in Rhode Island. The note **had traveled some** 2,400 miles or more.

ボストン・グローブがおもしろい話を報道しています。ポルトガルのティーンが中にメモが入った瓶を見つけました。メモはロードアイランド州の13歳によって書かれたものでした。メモは2,400マイルかそれ以上の相当な距離を旅してきたのです。

聞き取りの3段チェックリスト

1 聞き取れて、かつ意味も正しく理解できた単語や表現にチェックしよう。

- □ amusing「おもしろい」
- □ Portuguese「ポルトガルの」
- □ Rhode Island「ロードアイランド州」
- □ ... or more「…かそれ以上」

2 聞き取れて、かつ発音やアクセントも正しく理解できた単語や表現にチェックしよう。

- □ **Portuguese** [pɔ̀ːrtʃəgíːz] ▶ 第3音節にアクセントがある。［ポーチャギーズ］という音で読まれ、日本語の「ポルトガル」とはかなり異なる音なので注意。
- □ **written** [rí'n] ▶ tn音の部分でtが声門閉鎖音化し、［リゥン］のように発話されることがある。
- □ **had traveled** [hæ_trævld] ▶ had末尾のd音の脱落が生じやすい。
- □ **2,400** ▶ two thousand four hundredと読まれている。

3 文の意味が理解できたところをチェックしよう。

☐ この **some** は「相当の；かなりの」という意味。強勢が置かれて読まれる。置かれない場合は「いくらかの」という意味になる。

LEVEL-2 ★★☆ 🔊 音声DL-149 ／ 再生回数の目安 **5** 回

スクリプトと訳

<u>An interesting story out of Portugal</u>. According to the Boston Globe, a teen <u>who was fishing in the Azores islands</u> found a message in a bottle. The note was written by a boy from Vermont who was visiting Rhode Island. <u>Apparently, the note wasn't signed or dated</u>. Finder of the note, Christian Santos, and his mother are hoping social media will <u>help them find the note's author</u>.

ポルトガルからの興味深い話です。ボストングローブによると、アゾレス諸島で釣りをしていたティーンが瓶の中にメッセージを発見しました。メモはロードアイランドを訪れていたバーモント出身の少年によって書かれていました。どうやらメモには署名や日付が書かれていなかったようです。メモを見つけたクリスチャン・サントス君と彼の母親は、SNSがメモの書き手を見つける手助けになってくれたらと願っています。

聞き取りの3段チェックリスト

1 聞き取れて、かつ意味も正しく理解できた単語や表現にチェックしよう。

☐ Azores islands「アゾレス諸島」
☐ apparently, …
 「どうやら…のようだ」
☐ sign「署名する」
☐ social media「SNS」
☐ author「書き手；作者」

2 聞き取れて、かつ発音やアクセントも正しく理解できた単語や表現にチェックしよう。

☐ **Portugal** [pɔ́ːrtʃəgəl] ▶ 形容詞とは異なり、頭にアクセントがくることに注意。
☐ **Azores** [éizɔːrz] ▶ 英語の読みは [エイゾーズ] となる。
☐ **Apparently** [əpǽrəntli] ▶ ntlの部分からt音が脱落しやすい。アクセントは第2音節。
☐ **media** [míːdiə] ▶ 「メディア」ではなく [ミーディア]。アクセントは先頭にくる。

3 文の意味が理解できたところをチェックしよう。

- ☐ 1文目、**An interesting story out of Portugal.** は動詞が抜けていて、文法的に正しくないがニュースではよく使われるパターン。
- ☐ 2文目の **who was fishing in ...** は「…で釣りをしていた」。先行詞はa teenだ。
- ☐ 4文目の **Apparently, ...** はセンテンス全体を修飾して「どうやら…のようだ」という意味になる。
- ☐ 最後の1文の **help them find ...** は「彼らが…を見つけるのを手助けする」という意味。

LEVEL-3 ★★★　🔊 音声DL-150 ／ 再生回数の目安 **8**回

スクリプトと訳

On a lighter note, a Portuguese teenager has found a message in a bottle from a Vermont teenager that traveled more than 2,400 miles. The Boston Globe **reported that** Christian Santos, 17, was spearfishing in the Azores when he found a **crumpled plastic bottle**. The note inside of the soft drink bottle was **written** in orange marker on a notecard **that reads, "It is Thanksgiving. I am 13 and visiting family in Rhode Island. I am from Vermont."** Santos' mother posted a **photo** of the note on Facebook **asking for others to share the post in hopes of finding the note's author.**

気軽な話題に移って、ポルトガルのティーンエージャーが、バーモントのティーンエージャーが送った瓶の中のメッセージを見つけましたが、その瓶は2,400マイル以上を旅してきました。17歳のクリスチャン・サントスが潰れたペットボトルを見つけたとき、彼はアゾレス諸島でやす突き漁をしていたとボストングローブが伝えました。ソフトドリンクのボトルの中に入っていたメモはオレンジ色のラインマーカーでメッセージカードに書かれていましたが、それには「今日は感謝祭です。僕は13歳でロードアイランドの家族を訪れています。僕はバーモントから来ました」と書いてありました。サントスの母親はFacebookにメモの写真を投稿し、メモの書き手を見つけ出すことを願ってほかの人たちに投稿をシェアしてくれるよう頼みました。

聞き取りの3段チェックリスト

1 聞き取れて、かつ意味も正しく理解できた単語や表現にチェックしよう。

- ☐ spearfish「やす突き漁をする」
- ☐ crumpled「潰れた」
- ☐ notecard「メッセージカード」
- ☐ post「投稿する」
- ☐ in hopes of ...
  「…を期待して；願って」

2 聞き取れて、かつ発音やアクセントも正しく理解できた単語や表現にチェックしよう。

- ☐ **reported that** [ripɔːrri_ðæ_] ▶ reportedでt音の弾音化、d音の脱落が生じる。that末尾のt音も脱落しやすい。
- ☐ **written** [riʔn] ▶ tnの音が声門閉鎖音化し［リʔン］のように聞こえている。
- ☐ **photo** [fóuɾou] ▶ ［フォウド〔ロ〕ウ］と弾音化することがある。
- ☐ **asking for** [æskin_fɚ] ▶ askingのgが脱落しやすい。

3 文の意味が理解できたところをチェックしよう。

- ☐ 1文目の**On a lighter note,**「気軽な話題に移って」は話題を軽いものに変えるときに使うフレーズ。
- ☐ 2文目の**crumpled plastic bottle**は「くしゃくしゃのペットボトル」。ペットボトルは和製英語なのでネイティヴには通じない。
- ☐ 3文目の**that reads, ...** は「それは…と読める」、つまり「それには…と書いてあった」ということだ。ここでは書いてあった内容を引用符を使って表現している。
- ☐ 最後の1文、**asking for ... note's author**は付帯状況を表す分詞構文で、「…を頼みながら」という意味になる。asking以下を細かく見ると、ask for A to B「AにBすることを頼む」＋ in hopes of -ing「…することを期待して」の形になっている。

＼Tidbits／

ギネスブックによると、もっとも古いボトルに入ったメッセージは、発見当時131年と223日経過したものだった。1886年の6月12日にジンのボトルがドイツの船長によって海に投げ込まれ、オーストラリアのカップルが2018年1月21日に発見した。瓶の中のメモには、船長や船の情報と経度と緯度の座標が記されていた。

ニュース・ボキャブラリー・リスト

CRIME & ACCIDENTS

- accommodations「宿泊施設;収容施設」
- agent「秘密情報員;諜報員;捜査員」
- air-lift「(緊急)空輸する」
- anonymous「匿名の」
- armed-and-dangerous「武装していて危険な」
- arson「放火」
- a spate of ...「続発する…」
- authority「当局」
- backcountry「山奥;未開地」
- bearer「所持者」
- blaze「炎;火災」
- break-in「不法侵入;押し込み」
- burglarize「侵入して強盗を働く」
- campsite「キャンプ場」
- certify「証明する;保証する」
- charge「告訴;嫌疑」
- charge with ...「…で告発する」
- count「訴因」
- counterfeit「偽造の」
- custody「拘束;拘留;留置」
- destination「目的地」
- detective「刑事」
- divert「方向を変える;迂回させる」
- downtown「繁華街で;中心街で」
- earlier today「今日、現在までに;先ほど」
- early hours「未明」深夜から日の出までの時間帯
- emergency landing「緊急着陸」
- engulf「覆う;取り囲む」
- euthanize「安楽死させる」
- evacuate「避難させる」
- facility「施設」
- falsify「改ざんする」
- family home「戸建て」
- first responder
 「消防・警察・救急などの第一対応者」
- fly「ヘリで緊急搬送する」
- footage「一連のシーン」
- forgery「偽造」
- fugitive「逃亡者」
- Good Samaritan
 「(困っている人に手を差し伸べる)親切な人」
- grizzly bear「ハイイログマ;グリズリーベア」
- head-on collision「正面衝突事故」
- hospitalize「入院させる」
- incident「事件」
- informer「情報提供者」
- injury「ケガ」
- inoculate「ワクチンを接種する」
- invasion「(武力による)侵入」
- investigate「捜査する;調査する」
- investigation「捜査」
- investigator「捜査員」
- jaws of life「ジョーズオヴライフ」
- last「続く;継続する」
- life-flight「救急ヘリで搬送する」
- manhunt「犯人追跡;犯罪捜査」
- matter「事件;問題」
- maul「(引っ掻いて)傷つける;切り裂く」
- medical attention「治療」
- midway「中程に;途中で」
- occupant「乗員;乗客」
- occur「起こる;生じる」
- official「当局者」
- oncoming「対向の;向かってくる」
- onlooker「通りすがりの見物人」
- on the scene「その場で;現場に」
- originate from ...「(乗り物が)…から始発する」
- paramedic「特別救急医療士」
- park ranger「公園管理者」
- party「一行;一団」
- passenger「乗客」
- person of interest「重要参考人」
- plain-clothed「私服の」
- pocket「エアポケット」
- possess「所有する」
- precaution「用心;予防策;警戒」
- premises「店舗;敷地」
- prove「証明する」
- put down「安楽死させる;殺す;始末する」
- put out「(明かり・火などを)消す」
- release「公表する;公開する」
- report「報道」
- resume「再開する」
- reward「報酬」
- robbery「強盗」

214

- ☐ rogue「(群れから離れていて)凶暴な」
- ☐ rule out「除外する」
- ☐ severe「深刻な;重い」
- ☐ spread through ...「…中に広がる」
- ☐ state「述べる;表明する」
- ☐ statement「声明」
- ☐ state police「州警察」
- ☐ stranded「立ち往生した」
- ☐ stretch of road「道路の区間」
- ☐ subsequently「その後」
- ☐ suspect「容疑者」
- ☐ swerve into ...「急ハンドルを切って…に突っ込む」
- ☐ tear through「…を引き裂く」
- ☐ theft「窃盗(罪)」
- ☐ (The U.S.) National Park Service
  「(アメリカ合衆国)国立公園局」
- ☐ tip「たれ込み;情報」
- ☐ tony「高級な;上品な」
- ☐ treacherous「危険な」
- ☐ turbulence「乱気流」
- ☐ unanswered「返答のない」
- ☐ undercover detective「おとり捜査官」
- ☐ undercover operation「おとり捜査」
- ☐ underway「進行中の」
- ☐ unknown「不明の;未確認の」
- ☐ unoccupied「空いている」
- ☐ unprovoked「挑発によるものでない」
- ☐ veer「向きを変える;曲がる」
- ☐ warehouse「倉庫」
- ☐ wounded「傷ついた」
- ☐ wreck「事故」

ENTERTAINMENT

- ☐ accuse「非難する」
- ☐ apparently「どうやら…のようだ」
- ☐ at the box office「興行的に;チケット売り場で」
- ☐ award-winning director「受賞監督」
- ☐ be referred to as ...「…と呼ばれている」
- ☐ bitter court battle「激しい法廷闘争」
- ☐ build「徐々に高まる」
- ☐ build on ...「…をさらに増強する」
- ☐ critic「評論家」
- ☐ custody「養育権」
- ☐ direct「監督する」
- ☐ earn「稼ぐ;利益を得る」
- ☐ exodus「大移動」
- ☐ expansion「拡大」
- ☐ fairytale romance「おとぎ話のようなロマンス」
- ☐ feature「出演させる」
- ☐ fever-pitched
  「アクションやサスペンスが多くテンポの速い」
- ☐ file「申請する;申し立てる」
- ☐ filing「提出された公式な文書」
- ☐ film「撮影する」
- ☐ flock to ...「…に集まる」
- ☐ franchise「シリーズ」
- ☐ fuel「助長する;煽る」
- ☐ gross ...「…の総収入を挙げる」
- ☐ have an affair「浮気する」
- ☐ icon「偶像視される人」
- ☐ include「含む;参加させる」
- ☐ infidelity「不貞;不倫」
- ☐ installment「エピソード」
- ☐ International Space Station
  「国際宇宙ステーション」
- ☐ invest「投資する」
- ☐ irreconcilable differences「和解しがたい不和」
- ☐ lead role「主役」
- ☐ leak「漏らす;リークする;漏れる」
- ☐ literally「文字どおり;まさしく」
- ☐ look to ...
  「…に期待する;当てにする;注目する;目を向ける」
- ☐ moviegoer「映画を観に行く人」
- ☐ no longer ...「もはや…ない」
- ☐ north of ...「…より多い」
- ☐ outperform「凌ぐ」
- ☐ peruse「精読する;精査する」
- ☐ premiere「封切り」
- ☐ production「制作」
- ☐ property「不動産」
- ☐ provider「提供者」
- ☐ publicly「公然と;大衆によって」
- ☐ purportedly
  「噂によれば;伝えられるところによると」
- ☐ rave review「大絶賛」
- ☐ realism「リアル感」
- ☐ report「報道」
- ☐ review「評論;論評」
- ☐ satellite TV「衛星テレビ」
- ☐ science fiction「SF」
- ☐ see someone else「浮気する」
- ☐ sequel「続編;続き」
- ☐ series「シリーズもの」

- [ ] setting「舞台；セット」
- [ ] silver-screen「銀幕の」
- [ ] so-called「いわゆる」
- [ ] source「情報源」
- [ ] special effects「特殊効果」
- [ ] starring role「主役」
- [ ] star-studded「スターたちがずらりと並ぶ；オールスターキャストの」
- [ ] stirring「感動的な；奮起させる」
- [ ] surface「表面化する；明るみに出る」
- [ ] tight-lipped「口を固く閉じた」
- [ ] with respect to ...「…に関して」

FINANCE

- [ ] alarm「警戒させる；不安にさせる」
- [ ] at the bell「終わりに；はじめに」
- [ ] be forced to ...「…を強いられる」
- [ ] close「畳む；廃業する」／「大引け；終わり」
- [ ] consecutive「連続した」
- [ ] consternation「驚愕；狼狽」
- [ ] departure「辞任；辞職」
- [ ] devastate「大きな打撃を与える」
- [ ] dire「差し迫った；ひどい」
- [ ] earlier「前場で」
- [ ] established「名声が確立した」
- [ ] executive「企業の幹部；取締役」
- [ ] flat line「平らな線」
- [ ] go out of business「廃業する」
- [ ] hamper「妨げる；邪魔をする」
- [ ] house「収容する」
- [ ] increase「増加する；増す」
- [ ] late trading「後場」
- [ ] namesake「由来になった名前」
- [ ] outperform「凌ぐ」
- [ ] perform「利益を上げる；達成する」
- [ ] perilous「危険に満ちた；危機的な」
- [ ] pickup truck「運搬用トラック」
- [ ] post「業績などを公表する」
- [ ] regulatory「規制の；安全認定の」
- [ ] S&P「S&Pダウジョーンズインデックス」
- [ ] second half「後半」
- [ ] semiconductor「半導体」
- [ ] send ... tumbling「…を暴落させる」
- [ ] share「株」
- [ ] shortage「不足」
- [ ] slightly「わずかに；少々」

- [ ] stock prices「株価」
- [ ] tick「小幅に値動きする」
- [ ] tumble「暴落する」
- [ ] up 0.6%「0.6%上げて」
- [ ] with positive gains「プラスとなって」

LIFESTYLE

- [ ] aesthetics「美学」
- [ ] animal protein「動物性タンパク質」
- [ ] auction off A for B「Aを競りにかけてBで売る」
- [ ] available「入手可能な」
- [ ] be highly regarded as ...「…として高く評価される」
- [ ] be meant to ...「…を意図して（作られて）いる」
- [ ] be reported to ...「…すると報告されている」
- [ ] bid「つけ値；指し値」
- [ ] bluefin tuna「クロマグロ」
- [ ] blur「ぼやけさせる」
- [ ] brewery「ビール醸造業者」
- [ ] brewing「ビール醸造」
- [ ] budget「予算；経費」
- [ ] catch「捕獲高；漁獲高」
- [ ] catch on「人気を博す；広まる」
- [ ] come a long way「大きな進歩を遂げる」
- [ ] compatible「互換性のある」
- [ ] concern「懸念」
- [ ] considerably「かなり；相当」
- [ ] counterpart「対の片方；片割れ」
- [ ] deem「…だと考える」
- [ ] dorm mate「僚のルームメート」
- [ ] dramatically「劇的に」
- [ ] entire「丸ごと全部の」
- [ ] exorbitant「法外な；途方もない」
- [ ] explosive「爆発的な」
- [ ] fad「（一時的な）流行」
- [ ] genderless「性差のない」
- [ ] go against the grain of ...「…にそぐわない；相性が悪い」
- [ ] go together「相性がいい；合う」
- [ ] go viral「瞬く間に広がる」
- [ ] grandkid「孫」
- [ ] ground beef「牛挽肉」
- [ ] harvest「収穫する；獲る」
- [ ] health-conscious「健康意識の高い」
- [ ] host「接待する」
- [ ] hot spot「賑やかな・活気のある地域」

- inadvertently「うっかり；不注意に」
- incredible「驚くべき」
- independently-owned「独立経営の」
- intersect「横切る；横断する」
- look to ...「…を目指す；試みる」
- make good on ...「…の約束を守る；責任を果たす」
- maximize「最大限に利用する」
- menu item「メニュー項目」
- microbrewery「小規模の地ビール醸造所」
- mix-and-match「うまく組み合わせる」
- net「利益を得る」
- non-meat「肉を使わない」
- outfit「洋服；衣類一式」
- outlet「直売店；店」
- overfishing「乱獲」
- phase「段階」
- plant-based「植物由来の」
- pound「ポンド」
- prime example「典型例」
- prize「高く評価する」
- recipient「受信者；受取人」
- replacement「代替品」
- replicate「再現する」
- resident「住人」
- restauranteur「レストラン経営者」
- resurgence「復活；再起」
- rise「増加；台頭」
- saturation「飽和状態」
- senior「（大学の）4年生」
- slow「減速する」
- social media「SNS」
- strain「負担；荷重」
- sustainable「持続可能な」
- table fare「テーブルに並ぶ食べ物」
- take ... by storm「…に嵐・旋風を巻き起こす」
- take over「取って代わる；優位になる」
- technically「専門的に言うと」
- Thanksgiving「感謝祭」
- thereby「それによって」
- thirst「渇き；渇望；（比喩的に）需要」
- tip the scales at ...「…の重さである」
- title「タイトルをつける」
- turn ... on one's head「…を覆す」
- turn heads「注目を集める」
- turn out「作る；製作する」／「判明する」
- ... was quoted as saying「…が話したと伝えられた」
- weigh ...「重さが…になる」
- wrap up「締め括る」

NATURE & ENVIRONMENT

- accelerate「速くなる；加速する」
- arctic「北極圏の」
- a spate of ...「連続する…」
- attraction「呼び物；目玉；名所」
- backup「渋滞」
- be prized for ...「…故に珍重される」
- be set free「自由の身になる」
- bounty「賞金」
- buildup「蓄積；増大」
- Burmese python「ビルマニシキヘビ」
- capture「捕獲する」
- cargo ship「貨物船」
- cash rewards「賞金」
- container box「コンテナ」
- cull「間引く」
- decimate「激減させる」
- deforestation「森林破壊」
- ... degrees Celsius「摂氏…度」
- delay「遅延」
- devastating「壊滅的な」
- dire「恐ろしい；ひどい」
- euthanize「安楽死させる」
- exacerbate「さらに悪化させる；深刻化させる」
- explode「爆発的に増える」
- garner「集める」
- gator = alligator「アリゲーター」
- go overboard「船外に落下する」
- government official「政府の役人；当局」
- greenhouse gas「温室効果ガス」
- growing「増加する；大きくなる」
- hazardous「有害な」
- hide「獣の皮」
- inclement「荒れ模様の」
- invasive species「侵入生物種」
- issue「発表する；発行する」
- lawmaker「（立法府の）議員」
- likely「おそらく；たぶん」
- mariner「船員」
- milestone「一里塚；指標；時点」
- mishap「不運な事故；災難」
- natural habitat「自然生息地」
- nuisance「厄介なもの・人」
- oil spill「石油流出」

- □ panel of ...「…からなる委員会」
- □ permafrost「永久凍土」
- □ population「個体数」
- □ pose「引き起こす」
- □ predator「捕食動物」
- □ property「土地；建物」
- □ railroad-car-sized「鉄道車両サイズの」
- □ regulate「規制する」
- □ relocate「移住させる」
- □ reptilian「爬虫類の」
- □ resident「定住動物」
- □ shipping container「輸送用コンテナ」
- □ somber「深刻な；陰気な；暗い」
- □ sulfuric acid「硫酸」
- □ tangible「明白な；有形の」
- □ threshold「基準値；境界値」
- □ tone「口調；論調」
- □ tons of ...「山ほどの…」
- □ tournament「競技会」
- □ track「追跡する」
- □ tragically「悲劇的なことに」
- □ transit「輸送」
- □ waterfowl「水鳥」
- □ waterway「水路；運河」

OBITUARY

- □ be survived by ...「…をあとに残し（死亡し）た」
- □ be to ...「…することになっている」
- □ diagnose with ...「…と診断する」
- □ difficult time「困難な時期；辛い時期」
- □ donate「寄付する」
- □ encourage「働きかける」
- □ foundation「基金；財団」
- □ funeral service「葬儀」
- □ liver cancer「肝臓癌」
- □ mourning「喪；悲嘆；悲しみ」
- □ Nobel Prize for Chemistry「ノーベル化学賞」
- □ pass away「亡くなる」
- □ private memorial service「内輪のみの葬儀」
- □ professor emeritus「名誉教授」
- □ statement「声明」
- □ succumb to ...「…で死ぬ」

POLITICS

- □ accord「合意；協定」
- □ accuse「告訴する；訴える」
- □ acre「エーカー」
- □ a flood of ...「…の殺到」
- □ aggressive「侵略的な；攻撃的な」
- □ agreement「合意」
- □ ahead of ...「…に先立って」
- □ allegation「嫌疑；疑惑；申し立て」
- □ asylum seekers「亡命を求める人々」
- □ ban「禁止する」
- □ be feared to ...「…すると懸念されている」
- □ berm「路肩」
- □ bid rigging「談合」
- □ breakthrough「進展；打開」
- □ bribery「賄賂」
- □ campaign trail「選挙遊説」
- □ capsize「転覆する」
- □ civil unrest「国内の（市民の）暴動」
- □ combat「闘う；立ち向かう」
- □ conserve「節約する」
- □ contention「議論」
- □ criticism「批判；非難」
- □ deal with ...「…に対処する」
- □ decade「10年」
- □ declining「減少しつつある」
- □ dialog「会談」
- □ downplay「重要視しない；控えめに扱う」
- □ drought「干ばつ」
- □ dub ...「…と呼ぶ；あだ名をつける」
- □ either A or B「AかBのどちらか」
- □ elect「選ぶ；選出する」
- □ elected「選出された」
- □ embroiled「巻き込まれて」
- □ exclude「除外する」
- □ expansionist「拡張主義的」
- □ fall through「失敗する；頓挫する」
- □ flashpoint「発火点；一触即発の状況」
- □ for show「見せるための」
- □ governor「知事」
- □ grass「芝生」
- □ greenery「草木」
- □ Gulf of Mexico「メキシコ湾」
- □ hail「歓迎する」
- □ hammer out「苦労して決着する；同意する」
- □ Head of State「国の長」
- □ home to ...「…がある」
- □ household「世帯；所帯」
- □ impropriety「不正」

- influx「殺到；流入」
- in general「概して」
- invest「投資する」
- involve「含む」
- isolated「他から孤立した」
- landscaping「造園」
- later this week「今週中に」
- lawmaker「議員」
- legislation「法律」
- lower-income「低所得の」
- maintain「主張を続ける」
- march「デモ行進」
- Mediterranean Sea「地中海」
- milestone event「画期的な出来事」
- missing「行方不明の」
- namely「すなわち」
- negotiate「（交渉・協議によって）取り決める」
- negotiator「交渉人」
- news outlet「報道機関」
- nonfunctional「機能しない」
- onboard「船に乗った」
- ongoing「継続中で；進行中の」
- opponent「反対者」
- Parliament「（英国の）国会」
- pass「通過する；可決される」
- passenger「乗客」
- perish「死ぬ；非業の死を遂げる」
- plague「長く苦しめる；はびこる」
- political issue「政治問題」
- preliminary report「暫定速報」
- preparedness「準備（のできていること）；備え」
- price increase「値上げ」
- property「所有物；土地」
- proponent「擁護者」
- proposal「提案」
- prosecutor「検察官；検事」
- protester「抗議者」
- protocol「ガイドライン；治療計画」
- quit「辞職する；辞める」
- rally「集会」
- refinement「精製」
- refugee「難民」
- refute「否認する」
- reserve「取っておく」
- resignation「辞職」
- response「対応」
- retreat「休養地」
- shrink「縮小する；小さくなる」
- single-family home「一戸建て」
- sink「沈む；沈没する」
- sitting「現職の」
- smear「中傷」
- stall「行き詰まらせる」
- strengthen「強化する」
- strife「紛争；闘争；対立」
- subject「（法律・規則などの）支配下にある」
- successfully「成功裏に」
- sweeping「広範囲にわたる；包括的な」
- tackle「取り組む」
- trade deal「貿易協定」
- transcontinental「大陸横断の」
- unpopular「不評な」
- wrongdoing「犯罪；悪事」

SCIENCE & TECHNOLOGY

- accumulate「蓄積する」
- afford「金を割くことができる」
- airline「航空会社」
- airliner「（大型）定期旅客機」
- alter「変える」
- altitude「高度」
- Alzheimer's disease「アルツハイマー病」
- application「応用」
- apply「（薬・塗料などを）塗る」
- approve「承認する」
- as much as ...「…も」
- available「利用できる」
- billionaire「億万長者」
- brainchild「頭脳の産物」
- call「動物の鳴き声；叫び声」
- cause「生じさせる」
- challenge「難問」
- collision「衝突」
- controversy「（多くの人を巻き込む）論争」
- creature「生物」
- cruise「進む；巡航する」
- cutting-edge「最先端の；最新式の」
- dementia「認知症」
- design「意図する；構想する」
- detractor「誹謗中傷する人」
- dinosaur「恐竜」
- down under「オーストラリアの」
- dub「あだ名をつける」

- ☐ duration「継続期間」
- ☐ effectiveness「有効性」
- ☐ energy-consuming「エネルギーを消費する」
- ☐ evidence「証拠」
- ☐ excavate「発掘する」
- ☐ federal insurance program「連邦保険制度」
- ☐ fleet「艦隊」
- ☐ flight time「フライト時間」
- ☐ fossilized「化石化した」
- ☐ fuel「燃料」
- ☐ hail to be ...「…であると認める;評価する」
- ☐ height「高度」
- ☐ herald「賞賛する;評価する」
- ☐ heretofore「これまでに」
- ☐ invent「発明する」
- ☐ journal「会報;定期刊行物」
- ☐ launch「打ち上げる」
- ☐ learn「経験を通して知る;わかる」
- ☐ live in a carbon-neutral footprint
「二酸化炭素の排出の均衡を保って生活する」
- ☐ lofty「高尚な;高遠な」
- ☐ longevity「寿命」
- ☐ look to ...「…を目指す;試みる」
- ☐ manner「方法」
- ☐ manufacture「製造する」
- ☐ manufacturer「製造業者」
- ☐ match「適合する」
- ☐ mating call「求愛鳴き」
- ☐ Medicare「高齢者医療保険制度」
- ☐ megaconstellation「巨大な一群(の衛星)」
- ☐ mind-boggling「想像を超えた;圧倒的な」
- ☐ noise「騒音」
- ☐ opponent「反対者」
- ☐ orbital「軌道上の」
- ☐ out-of-pocket costs「自己負担額」
- ☐ oversight「監視」
- ☐ painstaking「徹底した」
- ☐ paleontologist「古生物学者」
- ☐ passenger plane「旅客機」
- ☐ perspective「大きな観点」
- ☐ pharmaceutical(s)「薬」
- ☐ point of concern「懸念される点」
- ☐ pollution「汚染」
- ☐ pose「引き起こす」
- ☐ predator「捕食動物」
- ☐ predominantly「おもに」
- ☐ prohibitively「途方もなく」
- ☐ propel「前進させる;促す」
- ☐ proponent「擁護者」
- ☐ provide「提供する」
- ☐ rainforest「熱帯雨林」
- ☐ red flag「赤旗;危険(信号)」
- ☐ reflect「反射する」
- ☐ remains「化石」
- ☐ repertoire「レパートリー」
- ☐ reside「居住する」
- ☐ reveal「示す;明らかにする」
- ☐ roam「歩き回る」
- ☐ shorten「短縮する」
- ☐ skeletal「骨格の」
- ☐ species「種」
- ☐ specimen「標本」
- ☐ speed of sound「音速」
- ☐ supersonic「超音速の」
- ☐ thereby「それによって」
- ☐ the sun's rays「太陽光線」
- ☐ tout「ほめそぎる」
- ☐ typical「ふつうの;通常の」
- ☐ up and running「順調に機能している」
- ☐ via ...「…を通して;…によって」
- ☐ vocalize「声に出す」
- ☐ weigh ...「重さが…である」
- ☐ whopping「とてつもなく大きい;途方もない」

SOCIETY

- ☐ across ...「…中で;…のあちこちで」
- ☐ address「取り組む;対処する」
- ☐ amusing「おもしろい」
- ☐ apparently, ...「どうやら…のようだ」
- ☐ author「書き手;作者」
- ☐ beg the question
「疑問を投げかける;問題を提起する」
- ☐ be held accountable「責任を問われる」
- ☐ be just around the corner「すぐそこまで来ている」
- ☐ big-box store「超大型量販店」
- ☐ bullying「虐め」
- ☐ bring out「引き出す;連れ出す」
- ☐ compete for ...「…を求めて競う」
- ☐ criticism「非難」
- ☐ crumpled「潰れた」
- ☐ dismissal「解雇;免職」
- ☐ draw「引き寄せる」
- ☐ duty「職務」

- E-commerce「電子商取引」
- elected official「選出議員」
- entice「誘導して…させる」
- explode「急増する」
- flock「群がる；集まる」
- flood「殺到する；いっぱいにする」
- former「かつての；以前の」
- gear up for ...「…の準備を整える」
- gender identification「性同一性」
- handling「処理；取り扱い」
- in hopes of ...「…を期待して；願って」
- invent「創出する；考え出す」
- lawmaker「議員」
- miss「欠席する」
- network「(放送網に番組を提供する)キー局；テレビ局」
- notecard「メッセージカード」
- one-fifth「5分の1」
- ... or more「…かそれ以上」
- part ways「袂を分かつ；別の道を行く」
- persecution「迫害」
- Portuguese「ポルトガルの」
- post「投稿する」
- psychological「精神的な；心理的な」
- put a dent in ...「…を減少させる」
- reiterate「何度も繰り返し言う」
- relieve「解任する」
- retail sales「小売り」
- rush「殺到；激増」
- sexual preference/proclivity「性的嗜好／指向」
- sign「署名する」
- social media「SNS」
- spearfish「やす突き漁をする」
- statement「声明」
- termination「終了；満了；解雇」
- Thanksgiving「感謝祭」
- torment「精神的に苦しめる；虐める」
- trolling「ネット上の煽り；荒らし」
- truancy「不登校」
- turned「転向した；転職した」
- upset「腹を立てている」
- violation「違反；違反行為」
- voice「言葉に表す」

SPORTS

- accomplish「達成する」
- be born in ...「…に生まれる」
- boast「誇る」
- bottom「(野球の回の)裏」
- breakthrough「飛躍的な進歩；画期的な成功」
- bullpen「救援投手陣」
- closer「抑え投手」
- comeback「復活」
- come-from-behind win「逆転勝利」
- compete「競争する；競技に参加する」
- competitive「競争心のある」
- consistent「堅実な；一貫した」
- dash「落胆させる；打ち砕く」
- deliver「放つ；投げる」
- demoralizing「自信喪失させるような」
- down「負けて」
- effort「奮闘；頑張り」
- event「試合」
- fail to ...「…するのに失敗する」
- fastball「速球」
- forward「フォワード選手」
- 4-run homerun「満塁ホームラン」
- give up「ヒット・得点を与える」
- goaltender「ゴールキーパー」
- grand-slam home run「満塁ホームラン」
- Halos「ヘイローズ」エンジェルスの愛称。
- Hero World Challenge
  「ヒーローワールドチャレンジ」
- inning「回」
- load the bases「満塁にする」
- major「主要大会」
- major tournament「主要トーナメント」
- mark ...「…に当たる」
- Master's Tournament
  「マスターズ・ゴルフトーナメント」
- miss「逃す」
- notch a win「勝つ」
- originally from ...「もともと…の出身で」
- outfield「外野」
- out of the park「場外に」
- peer「同僚；同等の人物；ライバル」
- PGA = Professional Golfers' Association
  「プロゴルフ選手協会」
- plague「悩ませる；蔓延する」
- prestigious「威信のある；有名な」
- promising「前途有望な」
- qualify「資格を得る」
- qualifying stage「予選ステージ」
- qualifying tournament「予選トーナメント」

- resume「経歴」
- right field「(野球の)ライト」
- save the day「窮地を救う;土壇場で勝利を収める」
- side「チーム;組」
- stacked with ...「…が多くいて;山積みになって」
- starting pitcher「先発投手」
- stellar「際立った;一流の」
- strike out「三振に取る」
- suffer「被る」
- surpass「超える」
- tour「(スポーツの遠征)ツアー」
- up-and-coming「新進気鋭の;有望な」
- upset「番狂わせ」
- walk「四球で歩かせる」
- winning ... and earning 〜
  「…に勝利し〜を稼いだ」

TRAFFIC

- authority「公共機関;当局;局」
- Ave = avenue「大通り」
- backed up「渋滞して」
- bumper-to-bumper
  「数珠つなぎの;のろのろ運転の」
- collision「衝突」
- commuter「通勤者」
- construction「工事」
- delay「遅延」
- mass-transit「大量輸送の;公共交通の」
- ... MPH「時速…マイル」
- report「報告;報道」
- roadway「道路」
- southbound lanes「南方向車線」
- stop-and-go「のろのろ運転の」
- subway「地下鉄」
- surface street「道路」
- watch out for ...「…に気をつける」
- word「知らせ;情報」

TRAVEL

- across the board「全般にわたって」
- affect「影響を与える」
- at the height of ...「…の絶頂で」
- attraction「呼び物;引きつけるもの」
- be booked solid「予約でいっぱいだ」
- be hard on ...「…に悪影響を与える」

- billion「10億」
- book「予約する」
- boom「にわかに活気づく」
- brainchild「独創的な発案物」
- cater「要望に応える」
- chic「スタイリッシュな」
- COVID-19「新型コロナウイルス感染症」
- cuisine「(高級な)料理」
- culinary「料理の」
- eatery「飲食店」
- facility「施設」
- feature「目玉にする;呼び物にする」
- fly off the shelves「飛ぶように売れる」
- fusion「無国籍料理」
- gamble「賭ける;賭けをする」
- game-changing「革新的な」
- gaming「賭博」
- havoc「大惨事」
- head chef「料理長」
- high roller「大金をギャンブルに使う人」
- implement「実装する」
- incorporate「組み込む;受け入れる」
- investor「投資家」
- leisure products「レジャー用品」
- mark ...「…に当たる」
- negatively「否定的に」
- norm「標準;常態」
- novel「斬新な」
- predominantly「おもに」
- RV camper「RVのキャンピングカー」
- sector「分野」
- set ... back「…に費用がかかる」
- strip「歓楽街」
- table game「テーブルゲーム」
- upscale「高級向けの」
- US National Park Service「米国国立公園局」
- via ...「…を通して」
- visitation rates「訪問率」
- wreak「引き起こす」

WEATHER & NATURAL DISASTERS

- acre「エーカー」
- affect「影響する;作用する」
- affiliate「提携組織;系列企業」
- ash「火山灰」
- blaze「火事;火災;炎」

- boulder「巨岩；大きな石」
- brace「準備する」
- brisk「ひんやりと心地よい」
- build「発達する」
- bury「埋める」
- CAT-4＝category four「カテゴリー4」
- chance「可能性」
- classify「分類する」
- clear「（雨が）上がる」
- contain「封じ込める；延焼を防ぐ」
- debris「破壊物の破片；瓦礫」
- declare「宣言する」
- deploy「配備する」
- devastating「強烈な；破壊的な；壊滅的な」
- dormant「休止状態の；休眠中の」
- downgrade「グレードを下げる」
- dub「あだ名をつける」
- dump「どさっと落とす；降らす」
- erupt「噴火する」
- fatalities「死者」
- flee ...「…から逃げる；避難する」fledは過去形
- flood「水浸しにする；溢れさせる」
- form「発生する」
- freezing「氷点」
- governor「知事」
- Greater-Miami「マイアミ都市圏の」
- greater Miami area「マイアミ都市圏」
- hamper「妨げる；邪魔する」
- high「強い」
- highs「最高気温」
- hit「襲う」
- in the path of ...「…の進路に（当たる）」
- inferno「大火；燃えさかる炎」
- inundate「充満させる」
- landfall「上陸」
- landslide「地滑り；崖崩れ」
- lava「溶岩」
- lava flows「溶岩流」
- lay waste to ...「…を荒廃させる」
- lightning「稲妻；雷；落雷」
- locals「地元の人々」
- locate「場所を突き止める」
- low-pressure system「低気圧」
- lows「最低気温」
- make a direct hit「直撃する」
- mandatory evacuation「強制避難；待避」
- mid-Atlantic「中部大西洋（諸州）の」
- mid-to-upper「中位から上位の」
- military unit「軍の部隊」
- mobilize「動員する」
- mostly sunny「快晴の」
- mountainous「山がちの」
- ... MPH ＝ ... miles per hour「時速…マイル」
- National Hurricane Center「国立ハリケーンセンター」
- official「当局者」
- offshore「沖合の」
- oncoming「近づいて来る；迫り来る」
- out of control「制御できずに；手に負えずに」
- plume「（煙など）空中に上がったもの」
- plummet「急落する」
- pound「（長時間続けて）猛爆撃する；猛威を振るう」
- power「電力」
- precipitation「降水（量）」
- progress「経過する；進行する」
- pyroclastic flow「火砕流」
- rage「猛威を振るう」
- rain shower「にわか雨」
- record-low temperatures「記録的な低温」
- scattered「点在した」
- scorch「（焼き）焦がす」
- seaboard「海岸線」
- snow accumulation「積雪」
- snow removal「除雪」
- State of Emergency「緊急事態」
- storm「嵐」
- storm surge「高潮」
- struggle「苦闘する；苦労する」
- throughout ...「…の至る所で」
- thunderstorm「雷雨」
- tropical storm「熱帯低気圧」
- under control「制御して」
- upper「上方の」
- vast「広大な」
- volcano「火山」
- weather forecast「天気予報」
- wee hours「未明；真夜中過ぎ」
- well below ...「はるかに…を下回って」
- wildfire「山火事；野火」

■著者紹介

長尾和夫　Kazuo Nagao
福岡県出身。南雲堂出版、アスク講談社、NOVAなどで、大学英語教科書や語学系書籍・CD-ROM・Webサイトなどの編集・制作・執筆に携わる。現在、語学書籍の出版プロデュース・執筆・編集・翻訳などを行うアルファ・プラス・カフェを主宰。『見たまま英語スピーキング』『ビジネスデータを説明するための英語表現』（DHC）、『英語で話す力。』シリーズ全5点、『絶対「英語の耳」になる！』シリーズ全11点（三修社）、『ためぐち英語』（高橋書店）、『起きてから寝るまで英会話口慣らし練習帳（完全改訂版）』（アルク）、『つぶやき英語』（アスク出版）、『英語で自分をアピールできますか？』『英語でケンカができますか？』（角川グループパブリッシング）ほか、著訳書・編書は250点を超える。『English Journal』（アルク）、『CNN English Express』（朝日出版社）など、雑誌媒体への寄稿も行っている。

トーマス・マーティン　Thomas Martin
米国オハイオ州出身。南山大学卒業。日本語・日本史専攻。株式会社NOVAでの豊富な英語指導経験を活かし、同社出版局に移籍。雑誌『NOVA Station（ノヴァ・ステーション）』、語学書籍シリーズ『NOVA Books』をはじめ、数多くの英語・異文化交流関連出版物の編集・執筆・翻訳等に携わる。98年に独立後も、語学書籍の執筆・編集、知的財産権関連の翻訳、ビリヤード専門誌『CUE'S』の連載を手がけるなどマルチに活躍中。著書に『ビジネスデータを説明するための英語表現』（DHC）、『絶対「英語の耳」になる！音声変化リスニング・パーフェクト・ディクショナリー』『英語で書く力。』『英語で考える力。』（三修社）、『つぶやき英語 ビジネス編』（アスク出版）、『英会話8倍増量トレーニング』（アルク）、『イラスト会話ブック・アメリカ』（JTBパブリッシング）、『新方式対応TOEICテスト厳選トータル問題集』（すばる舎）などがある。

■企画編集　　　　本多真佑子
■装丁・本文デザイン　喜來詩織（エントツ）
■ＤＴＰ　　　　　小林菜穂美
■音　　声　　　　株式会社 誠音社
■ナレーション　　Josh Keller, Anya Floris

英語を聞きとる力が加速する！段階学習メソッド

3速リスニング

2021年10月20日　第1刷

著　者　　長尾和夫、トーマス・マーティン
発行者　　吉田嘉明
発行所　　株式会社DHC
　　　　　〒106-0041 東京都港区麻布台1-5-7
　　　　　03-3585-1451（営業）
　　　　　03-3585-1581（編集）
　　　　　03-5572-7752（FAX）
　　　　　振替 00160-6-716500
印刷所　　株式会社シナノ

©A+Café 2021 Printed in Japan
ご意見・ご感想は下記URLにあるお問合せフォームをご利用ください。
https://top.dhc.co.jp/shop/book/contact/
落丁・乱丁本はお取り替えいたします。
本書の無断転載・複製（コピー）は著作権法により禁じられています。

ISBN978-4-88724-654-6 C0082